潘雨廷／著

典藏本

潘雨廷著作集

第八册

易老与养生

上海古籍出版社

引　言

　　潘雨廷先生(1925—1991)，上海人，当代著名易学家。生前担任华东师范大学古籍研究所教授、中国《周易》研究会副会长、上海道教协会副会长。潘雨廷先生早年就读于上海圣约翰大学教育系，毕业后师从周善培、唐文治、熊十力、马一浮、杨践形、薛学潜等先生研究中西学术，专心致志于学问数十载，融会贯通，自成一家，在国内外有相当的影响。潘雨廷先生毕生研究的重点是宇宙与古今事物的变化，并有志于贯通东西方文化之间的联系，对中华学术中的《周易》和道教，有深入的体验和心得。潘雨廷先生著述丰富，其研究涉及多方面内容，具有极大的启发性。他的著作是二十世纪中国文化所取得的重要成果之一。本书由张文江根据潘雨廷夫人金德仪女士保存的遗稿整理而成。

　　《易老与养生》是作者论述中国养生学的专著，分前后两部分。前半部分论易老，分别介绍三千年前、二千年前、一千年前易学思想和黄老道教的关系。后半部分阐述了《参同契》、《胎息经》、《黄庭经》、《入药镜》、《悟真篇》五部典籍的功法。

目次

自　序

近十余年来，气功已逐步引起人们的广泛关注。因得气者日益增加，气血通贯者亦不乏其人，故确可了解每个人身体内部客观存在着运行不息的气。练气功与人的生理有关，当然也不可排斥心理作用，故宜合生理、心理为一。

综观气功发展的情况，是之非之，亦颇曲折。对气功的理解，尚有种种不同观点，似难一致。练气功而出偏差，屡见不鲜。以气功治病，亦未可遍治一切病。假如任何病症和病情都可治愈，则人人长生，此乃迷信，须纠正之。而气功对于养生，包括防病治病、优生优育和智能开发，实有重要的整体作用。今后当进一步与教育和医学相结合。于教育，当重视德智体的整体发展；于医学，尤其是中医，更能显出其理论的实用价值。

练习气功须以实践为主，决不可空谈理论，必须有逐步的成果以显示于人。既可于己有益，又可使人信服。然而显示于人者，其功力大有差别。唯有功力高者，能了解功力低者；功力低者，不可能了解功力高者。故欲明辨气功之功力，必须了解气功之理论。

本书以阐明理论为主，然而研究气功的理论，决不可不知气功的功法。能裒集众多功法并加以反身体验,才能综合得失,由实践上升为抽象性理论。虽似抽象,大忌于空谈而不合实用。或仅知实践者,其实践之功法必有所由来。由来之处有二:一师承,二家传,莫不因其功法而有其理论。或究其师承或家传之事迹,能口口相传全合于史实者,五代已很可贵,十代以上实不可多得。以文字为喻,就是十口为古。以平均三十年为一世论,能相传三四百年而不变者,属凤毛麟角。况经三四百年,时代思潮必当有变,则功法或同,其作用已不可不变,于表达方法亦势必有所创新。而中国是一个历史悠久的文明古国,千年以上的史实毫不为奇,故除师承或家传外,尤不可不重视文献。考养生理论存在至少有二三千年,而二三千年前当然亦有师承或家传,然何能代代明其一师一家的继承关系?故阐明气功的理论,决不可限于一师一家所传之功法。既能反身有得,必宜深入研究气功文献,尤其是古代文献。以各种古文献所显示的功法反之于身,才能有较高的理论和实践水平。

现存的气功文献,以先秦为概括性最强,且不限于气功,能由气功而认识生命整体的养生之道。然年代久远,于文献的形成二千年来众说纷纭,故不可不加以严密考核。先秦文献中,有《易》、老两大类各与养生理论相通,为秦汉以后养生理论的木本水源。于《易》当理解三古三圣,就是上古伏羲、中古文王、下古孔子。于老亦当理解其有阐于黄帝之风,是谓黄老。三圣云者,有得于三才阴阳之旨;黄老云者,有得于生命之奥秘。以三才整体的易学象数说明黄老医道所认识的人体生命,斯为中国养生术的理论所在。

近百年来考古所得层出不穷,对易老的认识已能纠正二千余年来的种种误解。凡三圣黄老所重视的养生,有其辗转变化的史实。今仍当继承易老为养生理论的根源,则认识三圣黄老必须重为筑基。不然命宫犹可得,究以性宫而茫然,如何可作为今日的养生理论。故对易老种种无稽的传说及神化,皆当予以澄清。且考核文献当有据于今存

2

二千年前最早的书目《七略》。《七略》以《六艺略》的儒术为主,亦著录当时风行的大批黄老典籍。虽然有关易学象数及黄老文献的原书什九已佚,然书目本身仍留存大量信息,可见战国中后期至汉初尚黄老的史实及其合诸易学象数的学风。惜为历代主儒术者所忽视,而养生理论实出于此类文献。

考易老的原文,今以长沙马王堆出土本为最早。于《易》的卦象,今以殷墟周原所得的数字卦为最早。自殷周以来至春秋早期,皆用数字以观阴阳的变化而尚无阴(--)阳(—)的符号。自汉以来所流传的大衍筮法,仍在筮得七八九六之数以成"之卦"之象,确可见由数字卦发展成阴阳符号卦的痕迹。而《周易》卦爻辞的文字,观象于卦数七八爻数九六而系,故所取用的部分资料确可甚古,而编辑成书已当春秋后期。所谓"文王演《易》"仅与数字卦有关,与今本文字无关。继之有作传以明卦爻象卦爻辞者,亦非一时一地之人。孔子晚年曾读《易》,当时尚无初九、初六及用九、用六等十四爻名,孔子亦未尝有《易传》之作。以马王堆本核之,尚有今本《易传》中所无者,故编定《易传》十篇,已在司马迁后之三家易,且家法不同,十篇亦异。今日所定的十翼为东汉郑学之徒所选,已有大量说《易》之传未能选入,如卦气图、京氏八宫世魂图等。已入《周易》十二篇的文字,有其深邃的内容,迄今仍放射无穷信息,实因其文字有据于易学象数,然决非周孔之言。作为养生理论的易学,应直入象数之原。今既得殷周之际已很复杂的数字卦,则其起源当更早于殷周。甲骨文中出土有六十甲子表,可证当时纯数学的思维能力已有相当水平,并已兼有阴阳五行思想。伏羲始作八卦之说起于战国中后期,反映了确立阴阳符号卦代替数字卦时的情况。至于殷之前或殷周以外其他地区是否已有阴阳符号卦的形象,以理推之,阴阳概念应产生于五行概念之前,然尚无完整的实物,不必妄测。且以养生理论言,人类生物钟的形成,时空数量级可及百千万年。距今一万年以上的山顶洞人,未尝不可当伏羲之象。然取之为理论的易学象数,则何可不以史实考核之。故二千年来误认为三古三圣所作的《周易》须加纠正,而延续三四千年的易学象数,则何可因不知作者之名而忽视其宝贵的理论;更何可否定历代发展之史实,包括陈抟所绘出的先天图等。

更观马王堆出土的乙本《老子》前,尚有《黄帝四经》。此证战国中后期黄老已结合,且与邹衍的思想有关。今存唯一的中医理论典籍《内经》既托名于黄帝,又用阴阳五行,且准七八九六以当三才的整体,更可证实养生的理论本诸易老。然《易》贵象数,老贵上应于黄而下及于庄,庶可见未裂成方术前之道术。以文献论,魏晋以后逐步衰集道书。最早的书目见《抱朴子·遐览》,是葛洪记录其师郑隐所收藏者,基本为东汉黄老道应用的文献。书目中《养生书》一百五卷虽失传,仍可见当时养生术之为黄老道所重视。其后道经日出,增加无已,有刘宋陆修静为之分类成三洞,梁孟法师加以四辅,始能建立《道藏》的纲要。于《七略》后有关养生文献的发展,凡属《数术略》、《方技略》等的专业文献,唯《道藏》中能保存之。惜历代道书的损失更为严重,今仅存明正统十年(1445)编成的《正统道藏》及万历三十五年(1607)编成的《万历续道藏》,尚可见及东汉以来继承易老之说以发展养生术的概貌,然亦仅百存一二,聊胜于无而已。今于《道藏》中特选出《参同契》、《胎息经》、《黄庭经》、《入药镜》、《悟真篇》五书,以介绍东汉至北宋具体的养生理论与功法。详究此五书之功法确未出易老之旨,而时代思潮已多变化。故今日阐明易老的养生理论,不可不以易学象数和老庄哲理合诸现代的认识论,乃特取中国古代已有其实而尚无其名的"多维空间"概念。

凡易学象数当六维空间,以 2^6 成 64 观之,毫不为奇,国内外早有言之者,要在能作为养生的理论。二千余年来,三才整体的易学象数在中国社会深入人心,其实即易老的哲理确可当维数变化的对偶关系。复卦曰"出入无疾",恰有出入于三维、四维、五维、六维间的情状。

古以易学象数示之,今以六维空间的几何图形示之,外形似异,内涵仍同,以当人身,亦何可不同。"有疾"与否,有志养生者宜慎思之。于已了解几何学者,由之可知蓍卦爻变化所示的内容;而养生有得者,亦可理解内气发生的种种景象犹多维空间中各种几何图形的变化,可不以为奇。而或合诸三维空间而为封闭的三维体所限,则不期而有种种不可思议之事实产生。今以多维空间观之,皆有理可喻。或以易学象数论,在中国知之者历代有其人,今化诸多维空间的概念,则易学象数所包含的神秘思想始可知其神秘所在,从而能作为科学研究的对象。老子曰"道可道,非常道;名可名,非常名",故不妨以正则六维空间的六维-七胞腔(6-7)、六维-十二胞腔(6-12)、六维-六十四胞腔(6-64)三图,作为养生理论的基础,而于实践时可逐步悟其理。

一九八七年十月潘雨廷序于沪滨

第一章

绪　论

　　本书的内容有三方面：第一，介绍易学；第二，介绍老子；第三，介绍养生学。三方面内容有其内在联系：易老为养生学的理论基础，养生学为易老用于人身的具体实践。本于实践，应该提升成理论；基于理论，可以指导实践。两者相辅相成，互为因果。

　　中国是一个古老的多民族国家，研究古代文化是一个复杂问题，决不能把某一时期、某一地区的思想文化作为整体中国的思想文化。然中国文化确有其划时代的变化时期，如秦始皇统一天下就属于这样的时期，因此先秦和秦汉以后的思想文化有明显差别。易老与养生的学问，先秦早已具备；而于秦汉以后，既有所损失，亦有所保存，更有所发展。能起划时代作用的变化时期，先秦有殷周之际、东西周之际、春秋战国之际；秦汉以后，有汉魏之际、隋唐之际、唐宋之际、明清之际等。虽属改朝换代，而思想文化确有变化。于变化前后，不可不注意其同异：有同其实而异其名，有同其书而异其文，有同其辞而异其义，有同其理而异其用。或不辨同异，又不详时代思潮的影响，乃于易老的内容每有不同的认识；于养生的宗旨与方法，又有不同的观点。混同而观之，错杂以明之，难免有神秘感。且经长时间流传，必多沉淀的渣滓,迷信成分亦难免产生。然决不可因噎废食,当去其渣滓而阐明易老与养生的实质,此为写作本书的目的。

先以易老论,虽同为养生学的理论基础,然《易》以象数为主,文字为辅,《老》以文字的意义为主,象数为辅。以下第二、第三两章详论包含在易老中的一切思想文化,且各分数节以见历代的具体变化。当然未能全面叙述,仅择取与养生气功有关的部分。

于《易》凡分五节。第一节论二千年前的易学——经学易。反观中国的一切文化,表面上经学确已成为二千年来的主导思想,然其既为专制迷信的渊薮,又为妨碍文化发展的最大阻力。自汉武帝(前140—前87)尊儒术、斥百家后,又经百余年积聚,由刘向、刘歆整理《七略》,班固于建初七年(82)完成《汉书》,将思想文化束缚于六艺已成定型,迄今仍受其影响。然而一言以否定之,不能解决问题,必须研究经学的根源,亦须明了六经的内容。尤其是当时已认定"《易》为六经之原",则对《易经》的内容更不可不考察。所谓"《易》为六经之原"者,因《诗》、《书》、《礼》、《乐》、《春秋》五经犹五行,而《易》以道阴阳,宜为五行之原。或仅以阴阳五行论,五行重变,阴阳重不变,故以重不变的《易经》,作为其他五经变化的根源。这一抽象的数学模式,应当加以重视。凡孜孜于六经文字的经学家,大半忽视阴阳五行的具体形象,则犹未理解中国思想文化的特色,尤其是易学的特色。且当时早已流行的中医理论文献《内经》所用具体的思想方法,就是阴阳五行。《易》、医是否同源,今人尚有不同的观点。如仅以《周易》的文字论,当然未可视之为一。唯能抽象认识易学当以象数为主,则殊途同归于阴阳五行,易学与医学当然同源。凡历代用卦爻象数作为养生的理论基础,莫不含有阴阳五行的意义,且确有所指,决非泛泛的空论。故经学可舍,归结于阴阳五行的象数则应深入研究,方见易学象数于人身的作用。

第二节论三千年前的易学——数字卦与象数易。近百年来对易学的主要研究方向全属考据,凡伏羲画卦、文王系辞、孔子作传的传说,已全部否定。这一成绩是古史辨派所起的作用,纠正了二千年来的误传,对学术有莫大的贡献。然迄今尚多囿于二千年来的思想,对文王孔子的时代背景仍多恍惚。关于《周易》十二篇文字的作者问题,保守思想还相当严重。自新中国成立后,出土文物层出不穷,有关古史及史前文化的内容日见充实。以今日而论,最重要的收获在于已发现新石器文化的遗址遍及全国各地,足可为夏商周三代思想文化的基础。及三千余年前的殷周文化,已全部属于信史。尤其是出土了周原文化,使核实二千年前的"经学易"有了充实的史料,所谓"文王演《易》"问题亦可作事实的介绍。凡三千年前的易学,不可能有今本的卦爻辞,尤其是不可能有二篇《序卦》的排列。已发现当时的卦象使用数字,特名之曰"数字卦"。至于数字卦的具体内容,今尚各抒己见,属开始认识的阶段。就客观事实而言,于殷墟甲骨中早已发现六十甲子的周期表,这一极重要的数学成就,尚未见学者加以应有重视。而数字卦的内容,似可联系阴阳五行的象数,亦可与天干地支及六十甲子表有关。汉后每分视卜筮,误认为殷尚龟卜重五行,周尚蓍筮重阴阳。然今于殷墟周原同得数字卦,且周室未尝不重视大宝龟,故殷周之际阴阳五行早已并重,决不应歧而为二而分属殷、周。对易学阴阳的认识,自然也不应放弃与五行的关系。第二节的下半部分,概述由三千年前至二千年前期间的易学发展状况,必须述及孔子与易学的关系,主要说明由数字卦如何变成阴阳符号卦。在认识数字卦前,二千余年来仅知有阴阳符号卦,然阴阳符号卦的形式于考古中无实物可证。而观各种文献记录,易象不应无原。今以数字卦作为阴阳符号卦的原始形式,于易学象数方可上推而及殷周之际。至于由数字卦改成阴阳符号卦后,对易学的认识有飞跃的进步,当然要结合象数易。或仅知阴阳符号而未知含有五行的信息,此为一般经学易所以无大作用的原因。若经学易中的《序卦》问题,虽与文王、孔子无关,其包含的象数明辨天地人三才之道,对于易学的发展有独特的地位。《论〈周易·序卦〉作者的思想结构》(文见拙著《易学史发微》),此文似与养生无直接关系,然《参同契》已用《序卦》之次作为火候而研究其变化。因于天地人三才之异,决不能具体说明,唯能以数喻之。故易学象数爱好者于《序卦》可反复阅读之,由文字而直观卦象,或可有得。

第三节论一千年前的易学——二进制与先天易。观察经学易发展成玄易后,分裂成所谓经学易与术数易的情况更为突出。所谓经学易者,实即重视十二篇文字,于象数不得不略谈阴阳而根本不谈五行。由是自《汉志》起至《四库全书》,历代重视经学易而轻视术数易。不期术数易部分实为易学之本,最富于科学价值。惜迄今尚未能全部否定术数易所包含的迷信外衣,以提取其合理的内核。此书中的《易》什九属象数,然限于篇幅未能全部加以阐明,仅择取与养生理论有关的主要方面。本节特别提出一千年前陈抟(890?—989)所创立的先天易。今日认为易学与现代科学有关者,大部分学者取先天易的二进位制,这一问题必须详加说明其事实。因迄今为止尚未发现陈抟前有依照"先天图"排列的卦次。然即使为陈抟所创立,亦何可不加重视?考传统的研究方法每每是古非今,且越古越好。这一不正常的心理意识必须加以纠正,后人的心得与创造,亦何必托名于古人。如《序卦》作者约生于战国末及秦汉之际,托言文王或孔子,则《序卦》自然有神秘性。二千年来,除十余家易学象数爱好者,能各为说明《序卦》部分原理外,大部分易注对《序卦》之次皆陈陈相因,毫无真知灼见。此二千年来的易学,所以无大发展。及陈抟出,始能彻底研究阴阳符号卦的次序。由《序卦》的哲学思想化于数学二进制的科学思想中,形成两种相反观点:其一,必认为文王前确有伏羲氏画成先天图;其二,因见先天图于古无据乃小视之,认为道士陈抟之说,何可与三圣的易学相比。且对文王、孔子的《序卦》仍敬之若神,而问其排列《序卦》的原因,则茫然不知所云。对先天图之截然整齐而于数学原理有大发展的创举,又贬之为排比黑白。如清代经学家必去先天图而后快,其何能理解易学? 以上两种情况,全属谬误。如未能以历史唯物主义的原则从学术发展角度认识先天图的价值,则何能继承并发扬易学之理? 又陈抟重视河图洛书,事实上已继承阴阳五行的象数易,无极太极之理,亦自然可通。

最后第四节论贯通古今的三才易学——整体易与科学易,作为本书论易学的要旨。必须客观认识数千年来所发展的易学象数,使之与今日自然科学认识论并观,实事求是地既见其同又见其异。而以易学象数合诸养生,配合人身以归结为三才之道的整体易学,实为中国易学的特色。至于"多维空间",乃今日西方通用的数学概念,且为物理学所应用,在中国本无其名。然合诸思想意识,《庄子》本有"六合之内"、"六合之外"诸名词,且早知时空合一。更考之以固有的易学象数,则阴阳干支五行生克以及八卦六爻等内容,早有"多维空间"之实。《老子》曰:"道可道,非常道;名可名,非常名",正宜重视其哲理。唯借用"多维空间"的概念,殊可说明易学象数的变化规律,更可见象数的神秘性犹多维形象。故提及多维空间,乃使易学象数之神秘性化为今人可理解的数学形式,由此作为全人类研究三才之道有整体性的方法论。

第三章论老子,凡分四节。第一节论黄老与易学,仍从《汉志》谈起,以见六艺以外的易学亦即黄老易,当重视有专业知识的尹咸所校的《数术略》。黄老易的可贵,就是更接近于自然科学。幸有马王堆大量文献的出土,可见汉初尚黄老的具体事实。《易经》在其中,自然通于黄老。当时未尝有儒道之辨,故研究易学岂可限于"《易》为六经之原"。况先有黄老易的象数,其后始有经学易。本节说明战国时黄老结合的情况。

第二节论黄老与医学,庶见黄老之学确已兼及养生与医药。此于《汉志》中已有专业知识,即侍医李柱国所校的《方技略》。《内经》一书约成于汉初尚黄老的时期,地点宜在燕齐,与"方仙道"派有关。阴阳五行、五运六气,本与易学象数可通,而其形式二千年来早已成为中医养生的理论基础。

第三节论黄老与老庄,所以示汉魏之际的情况。这一时期正属中国思想文化起大变化的动荡时期,汉初的尚黄老至汉魏之际变成尚老庄。王弼注易老,于六艺中仅取《周易》,并加以划时代的"扫象"概念,且重视《老子》而注之,似在恢复经学前的学风。然王弼的易老思想,与汉初思潮完全不同,因汉初的"老"尚上承于"黄",王弼所注之"老"已下接于"庄"。汉初所尚的黄老易,实以象数为主,王弼起所重视的易老,反以扫去象数为主,故黄老易由经学易而成为魏晋易。魏晋重视易、老、庄称为"三玄",故魏晋易又名玄易。玄易的意义在于全不谈象数,基本已与数字卦绝缘,仅由阴阳符号略抒所见。王弼对大衍不用之一致其深思,于具体万物之情状皆忽而不言,其实未合《周髀算经》之理。故王弼易不可不知,然决不可仅知王弼易,嵇康《养生论》尚可代表当时的养生思想。

至于养生中结合象数的方法论,于汉末起已归于道教。故第四节论老子与道教。今日论养生、论气功,如推本于古代,必当重视佛道思想,因其中确有养生气功的高级境界。本书讨论中国本有的养生气功,必须说明老子与道教的关系,尤其是道教有取于易学象数的思想,这类思想继承于汉初的黄老易。汉初佛教尚未传入中国,故于西汉仅有儒道的不同。而于东汉初,已有光武之子、明帝之弟楚王英祭祀黄老与浮屠,浮屠就是佛教。佛教最初传入已与黄老结合,欲进一步了解黄老道,必须研究佛教的理论。中国传统的说法,儒释道早已合称为三教。教的内容并不全同于今日的宗教,故不必讨论儒术是否宗教的问题。因三教各与养生气功有关,乃不得不兼及之。

了解易老两者的基本变化,又使其适应于今日通用的科学概念,不妨用先秦早已相通的原理综合之,以反求诸身。于《易》所谓"近取

诸身"，于《老》所谓"修之身，其德乃真"。经反身而有得，始可明易老
与养生的关系。以养生学论，当以实践为主。于实践时，当以知宗旨
为主，方法为次。或不辨主次，难免有无所适从之感。将实践提升为
理论时，又当知易老内容必与时代思想相互影响。以今日观之，中国
的养生学为全人类所需要，对开发智能、提高身体素质及健康长寿等
尤有作用。能以今日自然科学所达到的认识水平以认识易老，可以了
解以易老为理论基础的中国养生学确有特色，与西方的认识方法及其
所达到的结果既有所同，亦有所异。故第二、第三两章为读第四章的
基础知识，第四章说明中国养生学的基本理论。

　　论养生凡分三节。第一节论养生与气功。此不得不加分辨者，有
重视养生者，未必重视气功；而对气功有心得者，亦未必了解有人参天
地的整体思想作为养生的究竟。今既加分辨，又当使之相合。经此分
合之变，或能提高气功的思想境界，亦可以使气功能进一步合于有整
体思想的中医理论。

　　第二节论养生与长生者，所以明道教中长生概念的变化。至于养
生方法，始终在道教中有主要地位，其间多神秘色彩，部分情况与特异
功能相同。观察特异功能的事实，虽已认识其存在，然尚未能用今日
所认识的科学概念加以说明，此实与生物的本能有关。狭而言之，与
人类的本能有关。当用极长的时空结构，本诸生物遗传的原则研究
之，决难以有限的时空间隔且什九不满百岁的一生事实所可说明。然
亦不妨试述其研究方向，长生犹遗传密码结构本身，确已存在三十亿
年。当生命起源后，进化的事实粲然分明。然生物的特性贵有其活
力，《易》所谓"生生之谓易"，《老》所谓"绵绵若存"。今观六十四种密
码的事实，可见其有长生的分子结构式，然决非个别一人的生命。

　　由上两节的认识，方可结合易老的理论以归诸实践。第三节论养
生的理论与实践，总论人类的养生，为练气功者的实践提供理论基础。
此理论与实践又须相互促进。中国传统的名词于理论研究谓"穷理"，

于实践体验谓"尽性"，《周易·说卦》曰："穷理尽性以至于命"，"命"即理论与实践相互促进后所达到的境界。故人之命各不相同，然莫不具有 DNA 的遗传密码。且既已进化成参天地的万物之灵，何可自暴自弃。了解遗传工程的作用，人类定将更加进化。

准以上二、三、四章的原则，考察先秦及秦汉以来有关养生的专著，庶可知其所本。第五章从先秦起综论历代有关养生的主要文献，以讨论养生与气功的具体功法。以先秦论，取老子、孔子、孟子、庄子，于考古文物已得战国时的"行气玉佩铭"，实可相互印证。秦汉以来，于黄老道中保存较早的养生文献仅有《参同契》一书。此书成于东汉顺帝时，全书的内容取大易、黄老、服食三者，能见其所同而契合为一，方可有得于养生之旨。以今日的概念论，所以重视大易，实取易学象数作为律历及本身的坐标，方可观象而成为养生的方法论；重视黄老者，有取于黄老思想作为养生的认识论；又须重视服食，方可有益于少年的发育、中年的强壮、老年的防衰，以使人身适应于客观自然界。

服食有两方面，即服气与食物。服气后世名之曰炼内丹，食物指平时的饮食及病时的服药。药物有提炼法，制药的过程，后世谓之曰炼外丹。中医服中草药治病，包括提炼成膏丸等制药方法，此有其独特的科学价值。而道教深信有长生不死的金丹妙药，致使大量迷信者服食铅汞化合物而丧失生命。此一沉痛的教训，今日仍当引为深戒。《参同契》中的确记述炼外丹，且与铅汞化合物有关，然不可忽视其制药，且亦重视养生的服气法。于治病的药物，并不一定指铅汞化合物，因当时尚未分内外丹。故今日研究《参同契》，正可分两方面深入之。一方面专门研究其外丹，可与制药及化学有关，一方面专门研究其服气。本书虽兼及两方面，然以服气法为主。故《参同契》所提出两孔穴法的养生原则，当与同时存在的《胎息经》相结合。《参同契》与《胎息经》，似可代表继承先秦至汉魏时期的养生术。《胎息经》以后，特取《黄庭经》者，因其分为《内景》《外景》，既深入《参同契》的服气法，而又不放弃外丹的理论,并对人体作具体的解剖,属中医经典《内经》的发展。又《胎息经》与《黄庭经》本有其内在联系,唯有胎息的基础,方可放弃外丹而理解"黄庭"的《内景》与《外景》。内外一如,古以为须熟读《黄庭》而得之,其实仍宜了解章节的分合。及唐白履忠始为《黄庭》分章,或分或合以反身体验三丹田中的情况。唐崔希范《入药镜》,有总结《黄庭经》之象。要而言之,将功法提高为理解,得气归结于似醉。最后介绍《悟真篇》及其功法。因张伯端已继承陈抟三教合一的观点,了解先后天的变化,其功法归诸禅机之参悟。宋代以后的发展有南宋北方的王重阳创立全真教,今日已成为道教主流之一。或仅以气功的理论观之,仍多相似处,故本书以《悟真篇》作结。

至于所介绍的五种著名文献,皆附原文。于《参同契》重新为之考订编次。于《黄庭经》重视章次的分合以见其义。于《悟真篇》亦为说明其章次之数学形象。《胎息经》、《入药镜》置于《参同契》、《黄庭经》之下,实有以得其理论之精华。或能通贯以得此五种功法,则更可有得于由汉迄宋时代思潮变化之概貌。识此时代思潮的变化,才能了解具体功法的价值,又可有概括功法的能力,以合于理论而成整体之象。

第二章

论易学

第一节 二千年前的易学——经学易

易学的内容非常广泛,任何学科的原理都可以纳入其中。因此在未理解易学真相前,每对之有神秘感,其实并不如此。合诸今日科学的概念,易学的基本原理在象数,象数的实质就是数学。数学可渗透于各种学科,未尝神秘。主要应理解数学的原理及其因时代而发展,作为比较有规律的思想方法,可形成各种分支以应用于各种学科。如能以此概念研究易学,方能深入理解易学的究竟及其作用。

先须说明易学的原始资料是什么?对于这一问题,不妨先从距今约二千年前说起,当时对易学的原始资料有一划时代的总结。于西汉末刘向(前77—前6)校书秘府,未完成部分由其子刘歆(?—23)继之,最后整理成《七略》。班固(23—92)于所著的《汉书》中录其要旨,就是《汉书·艺文志》,为我国现存最早的书目。于距今二千年前已有如此众多的文献,可见中国文化发达之早。惜传至今日,原书已佚失十之六七,而犹可概见当时的学术风貌。在此书目中,有关易学的文献已遍及各类。所谓《七略》者,指"辑略"、"六艺略"、"诸子略"、"诗赋略"、"兵书略"、"数术略"、"方技略"。其中"辑略"为总纲,书目的大类实为六。《汉书》记整理遗书的经过:"成帝时(前32—前7在位)以书颇散亡,使谒者陈农求遗书于天下,诏光禄大夫刘向校'经传'、'诸子'、'诗赋';步兵校尉任宏校'兵书';太史令尹咸校'数术';侍医李柱国校'方技'。"且当时距汉武帝(前140—前87在位)的尊儒术斥百家已近百年,故《七略》的分类必须以儒家的"经传"即"六艺"为主,于"六艺"中又以《易经》为主,亦即全部书目以《易经》为首。此一分类法,直至清乾隆四十六年(1781)编成《四库全书》仍同。故二千年来在传统的学术中,《易经》的地位始终未衰,此确非偶然。先示《汉书·艺文志》(以下略称《汉志》)中所收的易著:

　　《易经》十二篇。施、孟、梁丘三家(师古曰:上、下经及十翼,故十二篇)。

　　《易传》周氏二篇(字王孙也)。

　　《服氏》二篇(师古曰:刘向《别录》云:服氏齐人,号服光)。

　　《杨氏》二篇(名何,字叔元,菑川人)。

　　《蔡公》二篇(卫人,事周王孙)。

　　《韩氏》二篇(名婴)。

　　《王氏》二篇(名同)。

　　《丁氏》八篇(名宽,字子襄,梁人也)。

　　《古五子》十八篇(自甲子至壬子,说《易》阴阳)。

　　《淮南道训》二篇(淮南王安聘明《易》者九人,号九师易)。

　　《古杂》八十篇,《杂灾异》三十五篇,《神输》五篇图一(师古曰:刘向《别录》云:神输者,王道失则灾害生,得则四海输之祥瑞)。

《孟氏京房》十一篇灾异,《孟氏京房》六十六篇,《五鹿充宗略说》三篇,《京氏段嘉》十二篇(苏氏曰:东海人,为博士。晋灼曰:《儒林》不见。师古曰:苏说是也,嘉即京房所从受《易》者也。见《儒林传》及刘向《别录》)。

《章句》施、孟、梁丘氏各二篇。

凡《易》十三家二百九十四篇。

自古至西汉末,《易》仅十三家,可见当时具体注释《易经》的书尚未多,要在能以易学的象数作为各类文献的理论基础。《汉志》总结易书说:

《易》曰:"伏羲氏仰观象于天,俯观法于地,观鸟兽之文与地之宜,近取诸身,远取诸物。于是始作八卦,以通神明之德,以类万物之情。"至于殷周之际纣在上位,逆天暴物,文王以诸侯顺命而行道,天人之占可得而效。于是重《易》六爻,作上下篇,孔氏为之《彖》、《象》、《系辞》、《文言》、《序卦》之属十篇。故曰:易道深矣,人更三圣,世历三古。及秦燔书而《易》为筮卜之事,传者不绝。

此说明易道历三古三圣而成。就是伏羲氏为上古圣人,始作八卦;文王为中古圣人,重《易》六爻且分六十四卦为上下篇;孔子为下古圣人,为之《彖》、《象》、《系辞》、《文言》、《序卦》之属共十篇。故合伏羲氏的卦象及文王孔子的十二篇,是名《易经》。由汉至清末的经学家对此三古三圣的传说,深信不疑,事实上与历史事迹全不相同。唯其流传有二千年之久,且在此二千年中历代有易家加以注释并有所发展,使易学的内容日益丰富。今准《汉志》之说以推其原,首当重视伏羲氏始作的八卦。凡卦为象,八及六十四为数,所谓文王孔子的《易经》十二篇,莫不本诸卦象而言。故研究易学,当以八卦及六十四卦的象数为主,而以十二篇为辅。然迄今留有大批易著,仅反复注释十二篇的文字而未能直入卦象以明易学之理。此类易著当然亦有所得,但与养生无关。作为养生学原理的易学,基本以象数为主,文字为辅。于文字中,择取能说明象数及与养生有关者,并不研究《易经》十二篇所有文字。

考二千年来的易学,贵为六艺之原,其义亦起于《七略》。其言曰:

> 六艺之文,《乐》以和神,仁之表也;《诗》以正言,义之用也;《礼》以明体,明者著见,故无训也;《书》以广听,知之术也;《春秋》以断事,信之符也。五者著五常之道,相须而备,而《易》为之原。故曰:"《易》不可见,则乾坤或几乎息矣。"言与天地为终始也。至于五学,世有变改,犹五行之更用事焉。

此节的文义精深之至,决不可忽视。明"《易》为之原"者,归诸天地自然,更非贸然之言。分六艺为阴阳五行的象数,与养生有关,先以下表示之:

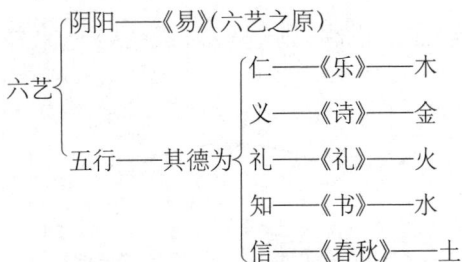

```
            ┌ 阴阳——《易》(六艺之原)
            │              ┌ 仁——《乐》——木
六艺 ┤              │ 义——《诗》——金
            │              │ 礼——《礼》——火
            └ 五行——其德为┤ 知——《书》——水
                           └ 信——《春秋》——土
```

更以五行五德合诸八卦方位,可成下图:

上图具有极深邃的理论,当详为论述。先谈当时如何认识《易》为

離南夏至礼(礼)　火　中土信(春秋)

巽東南立夏　木　　　坤西南立秋

震東春分仁(乐)　　　兑西秋分义(诗)　金

坎北冬至智(书)　水　乾西北立冬

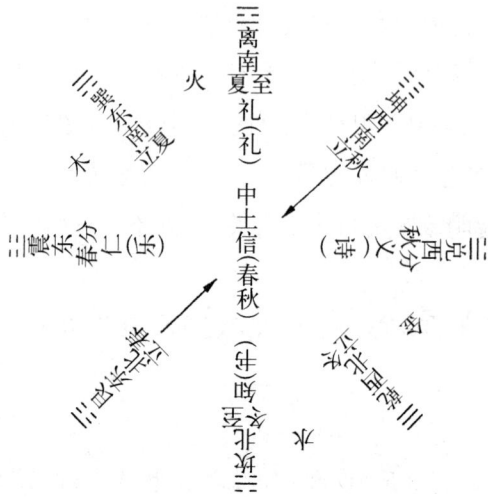

六艺之原。以中土《春秋》论,司马迁(前 145—前 86)已认识与《易》相对,于《司马相如传赞》曰:"《春秋》推见至隐,《易》本隐之以显。"他的意思是:《春秋》记录二百四十余年(前 722—前 481)的史迹,然而研究这段历史,不能单看表面现象,当有隐在其中的原因,而此隐在其中的原因就是易理。且易理更能本隐在里面的理论,发展成明显的世事。推而广之,时时有显在表面的现象,亦时时有隐在里面的原理。故于显明的世事不应执于《春秋》的二百四十余年的历史,隐在里面的理论亦不应执于《易经》十二篇的文字。然则显事隐理并存的概念确可以用易学象数加以说明,则《易》为《春秋》之原并非空谈。图示如下:

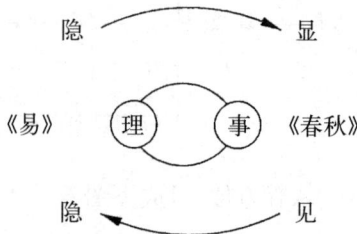

隐　———→　显

《易》　理　事　《春秋》

隐　———→　见

此外,《书》、《诗》、《礼》、《乐》同为事的变化,《汉志》于《书》曰:"《易》曰:'河出图,洛出书,圣人则之',故《书》之所起远矣。至孔子纂焉,上断于尧,下讫于秦,凡百篇。而为之序,言其作意。"此以《易·系辞》所言"河出图、洛出书"作为《书》的要旨,实本自古已有左图右书的传说,河指黄河、洛指洛水,似可无疑。黄河之图,在《洛书·顾命》中,本有"天球、河图在东序"的记载。河图与天球相对,可能指山水地形图,天球当然是星象图。西周成王时,已可能了解北斗及二十八宿等星座。至于洛水的书亦可能以文字记录洛水流域的情况。此为极早的文献图像。今以洛水之书,合诸东都洛阳言,至迟不晚于东西周之际。至于十数及九数两个组合图,当时未必名为"河图"、"洛书"。此两图与阴阳五行有密切的关系,其产生至迟不晚于东西周之际。今已得殷周之际有"数字卦"的事实,故知易象本于数,数各有其象的概念,吾国在三千年前早已应用。且于殷墟甲骨中已发现六十甲子的次序表合于阴阳五行,自然可联系于"数字卦"。当时能对象数达此认识水平,确实惊人(详见下节)。故虽可不信伏羲时有龙马负图,亦可不信大禹时有神龟负书,然结合时代背景观之,"河图"、"洛书"形成的时间当以东西周之际为下限。以文献论,今准《周易·系辞》之言,可得"河图"的形象:

天一、地二、天三、地四、天五、地六、天七、地八、天九、地十。

天数五,地数五,五位相得而各有合。天数二十有五,地数三十,凡天地之数五十有五。此所以成变化而行鬼神也。

又准《大戴礼记·明堂》"二九四、七五三、六一八"的记载,已成"洛书"的形象。由汉武帝时的孔安国"河图则八卦也,洛书则九畴也"的说明,可见二千年前已认为河图洛书与象数有关,实与《尚书·洪范》的五行数互相启发。及宋更以圈(〇)点(·)的多少示奇偶之数,吕祖谦(1137—1181)、朱熹(1130—1200)始正名十数为"河图",九数为"洛书"。清儒严辨其名实,以斥图书,殊可不必。而此二图确属易学中所固有的象数,与养生更有重要的关系。《汉志》准之可为《书》之原,有其识见,先示其形,其理详下:

四　九　二　　　　七

三　五　七　　八　三　五　四　九

八　一　六　　　　十

　　　　　　　　　　一

　　　　　　　　　　六

　　洛　书　　　　河　图
《书·洪范》　　《易·系辞》

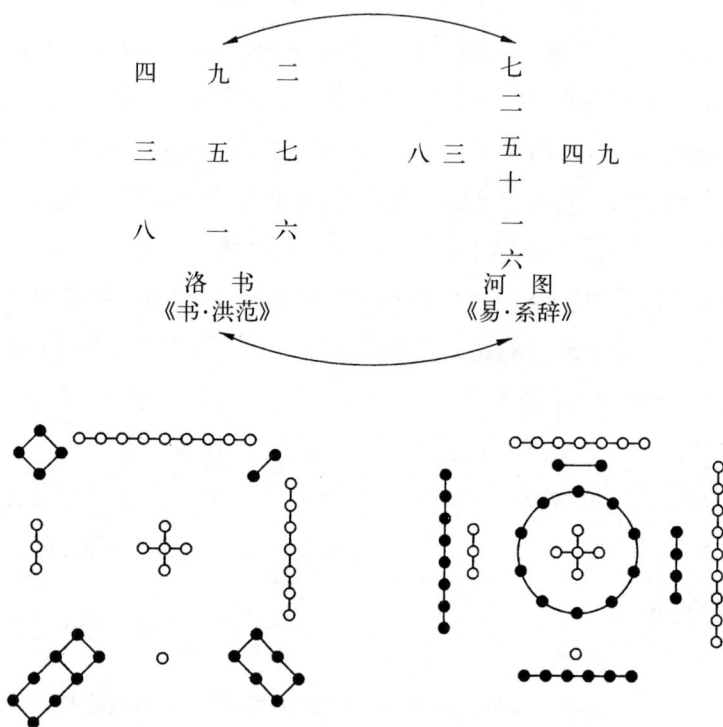

以《书》归诸当时已认为是数的"河图""洛书",犹以数的概念说明历史发展的规律,有其高度的抽象原则。

《汉志》于《诗》曰:"《书》曰:'诗言志,歌咏言。'故哀乐之心感而歌咏之声发。诵其言谓之诗,咏其声谓之歌。"此说明《诗》的语言,应当合于音乐。故咏其声之歌,同于诵其言之诗,皆以见作诗者之志。其志起于心,有哀乐之感。至于心有感,自然生情。养生者,首当注意其感,而易学象数之理,本有化其情之用。《易·文言》有言:"六爻发挥,旁通情也。"《易·系辞》亦言:"八卦以象告,爻象以情言。"故以《诗》原于《易》,所以正其志。合于易象,就是正六爻之位。位为圣人之大宝,正位的意义,恰合于《论语》所谓"《诗》三百,一言以蔽之,曰:思无邪"(《为政》)。作诗者的思想及其志向,完全是正常的、诚恳的,吟诗而抒其情,以平稳其哀乐之感,作乐的意义亦在这一点。即此无邪之思,方可合诸"六位时成,时乘六龙以御天"之利,此所以《易》通于《诗》。

　　《汉志》于《礼》曰:"《易》曰:'有夫妇、父子、君臣、上下,礼义有所错。'而帝王质文,世有损益。至周曲为之防,事为之制,故曰:'礼经三百,威仪三千。'"此说明礼的本原在安定人与人之间的关系。取《周易·序卦》之说,由夫妇、家庭、国家之次以定上下的礼义,亦重视明堂阴阳的象数。当时已著录有《明堂阴阳》三十二篇及《明堂阴阳说》五篇等著作,故知《大戴礼记》幸存的明堂数,本为极重要的礼制,宜与《书·洪范》的九畴相合。所以《书》与《礼》的关系,同于《诗》与《乐》的关系。凡《诗》、《书》为文字属阴,《礼》、《乐》为具体的行动与思想属阳。

　　《汉志》于《乐》曰:"《易》曰:'先王作乐崇德,殷荐之上帝以配祖考。'故自黄帝下至三代,乐各有名。孔子曰:'安上治民莫善于礼,移风易俗莫善于乐。'二者相与并行。"此用《周易》豫卦的大象,说明作乐的目的在以祖配天。又谓礼乐合一而各有其作用,礼能安上治民,乐能移风易俗。则礼乐与《诗》《书》,好比一年的四时,春夏为阳、秋冬为阴。春见万物之生气,当天籁之音乐;夏见万物之盛,贵有并行不悖之礼;秋见万物结果之利,犹《诗》之各有其志;冬见万物之各有所归,归而藏之,以待来春之复元,义同《书》的记录史事,当知抽象成数而藏之,足以为鉴。此四时运行的现象,完全是农业社会春生夏长秋收冬藏的思想意识。故以《乐》、《礼》、《诗》、《书》当春夏秋冬,毫无神秘的意义,且符合日月运行的客观事实。又以《春秋》处中为信,重在当孔子身处的三世,犹如今日的近现代史。然二千年来的儒者仅知执其文字,而极少学者能见及六艺之原的《易》以天地为终始,以今而言,就是由社会科学推本于自然科学。其间人类社会结构的变化与太阳系的成毁,有差别极大的时空数量级。故孔子晚年,亦有"予欲无言"的愿望,子贡曰:"子如不言,则小子何述焉?"子曰:"天何言哉。四时行焉,百物生焉,天何言哉。"(《论语·阳货》)惜汉代以后的儒者不能返归自然,不能理解《易》所以为六艺之原的原因。且误认为"道法自然"之思想仅属于老子,而孔子未尝注意自然,不知此一问题实是孔老所同。

今准《汉志》的意义,拟分六艺为二类。阴类重文字,《诗》、《书》、《春秋》当之。于阴类中又分阴阳,能识其全书的结构为阳,仅研究逐篇的意义为阴。更以内容论,《诗》犹文学,包括一切艺术;《书》犹史学,主要取其能以史为鉴;《春秋》犹哲学,因其中有孔子处世的原则及对《春秋》三世的评论。更上一层观之,必须抽象以得文史哲的原理为阳,《乐》、《礼》、《易》当之。于阳之三类中亦当分阴阳,阴指时空数量级较短的社会科学,阳指时空数量级较长的自然科学。于《乐》阴为乐曲,历代有变化,表达当时人的志向。于《礼》阴为仪则,包括官制及吉凶军宾嘉五礼等,具体内容亦历代有变化,表达当时人的行动标准。于《易》的文字,其内容历代亦有变化,此所以历代有不同的注释。凡属被认为是经典文献的文字,主要为《诗》、《书》、《春秋》、《易》四种,莫不因时代思潮而需另加注释。而《易》的文字,为文史哲之原,尚属阳中之阴。若此三艺的阳中之阳,于《乐》为三分损益、隔八相生的乐理,于人耳闻声的生理结构当有所同;于《礼》为天之历数,并抽象成数的组合,于人对数学及逻辑思维的知识亦有所同;于《易》的象数,贵能为律历之原,结合天地人以成三才之易道,基本以象数为主。总以下表示六艺的意义:

$$六艺\begin{cases}阳——《乐》\begin{cases}阳\quad 乐理\\阴\quad 乐曲\end{cases}\\\\\updownarrow\\\\阴——《诗》\begin{cases}阳\quad 雅颂得所\\阴\quad 思无邪\end{cases}\end{cases}\quad\begin{cases}《礼》\begin{cases}阳\quad 历数\\阴\quad 仪则\end{cases}\\\\\updownarrow\\\\《书》\begin{cases}阳\quad 二帝三王之史\\阴\quad 三代损益\end{cases}\end{cases}$$

　　　　　　文学艺术　　　　　　　　　史学史鉴

$$《易》\begin{cases}阳\quad 象数(自然科学)\\阴\quad 义理(社会科学)\end{cases}隐之以显\begin{cases}由科而技\\由理而事\end{cases}$$

$$\updownarrow$$

$$《春秋》\begin{cases}阳\quad 推见至隐\\阴\quad 三世异辞\end{cases}$$

　　　　　　哲学政教

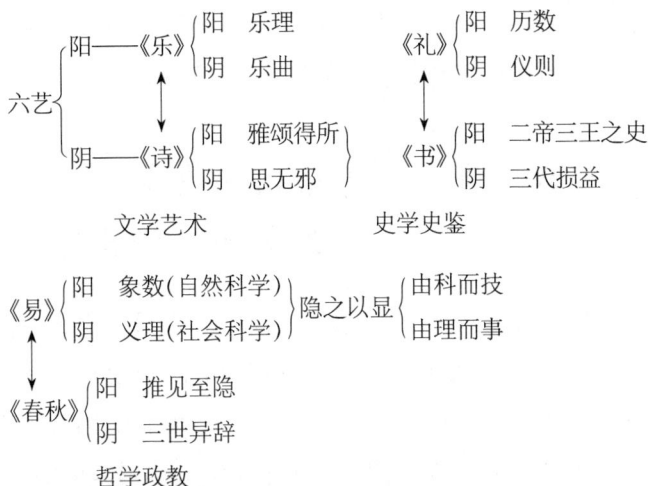

　　此书论易学,既不可不知二千年来儒家以《易》为六艺之原的"经学易",然不打算详为研究。如果为其囿,就不能推前一步以认识"经学易"之前尚有"黄老易"。与养生有关的易学是"黄老易"而非"经学易",且"黄老易"可包括"经学易",而"经学易"不能包括"黄老易"。至于"黄老易"与"经学易"的主要不同处,就是不应为《诗》、《书》、《春秋》的文史哲所限。凡文史哲之范围极广,于中国的思想文化中决不可不注意《诗》、《书》、《春秋》三书,然决非仅此三书可代表中国的文史哲。以时空数量级言,《春秋》仅二百四十余年,《书》亦仅一千余年,《诗》的时间已在《书》中。故未能推广时间长流,决不能解释生物之本能及人类养生的原理。唯易学的象数本于天地人三才之道,故决非二帝三王之史实所可尽。当战国时已知由尧舜而黄帝,由黄帝而神农,由神农而伏羲,此见时代的进步。或以养生的原理言,《易》本伏羲的卦象,老本黄帝的《内经》,以卦象合于身,始可了解养生之道。

　　以上仅说明《易》为六艺之原,实为二千年来传统文化的主流。以当时所有的文献观之,"六艺略"仅属六大类之一。故以养生论,除"六艺略"外,宜兼及"诸子略"中以黄老为主的诸子哲理,及具体有应用价值的"数术"与"方技"两略，且皆与易学象数有直接联系。故知经学利用易学象数为其原，而易学象数决不可为经学所限。

第二节　三千年前的易学
——数字卦与象数易

清末尚多重视"六艺"的经学家，基本已陷入今古文之争而不能自拔。其时由考古而得殷墟甲骨文，则研究中国古代文化自然可开创新局面。要而言之，中国的文化可提前一千年，并有实物可供研究。以象数论，于甲骨卜辞中得六十甲子的周期表，此为最重要的抽象数学，然迄今尚未得到应有重视。是否与易学有关，更有不同的观点。观此六十甲子的变化，与阴阳五行有关。上节已详细说明了《汉志》总结成最初的"经学易"时，就利用了阴阳五行的象数。然仅执《周易》十二篇文字者，则认为五行与易学无关。对殷周文化的认识，以为殷尚五行属卜，周尚阴阳属筮，所存的《易》是《周易》，由文王所作，已不论五行而仅论阴阳。今核实于史，情况完全不同。以所得的实物论，殷与周同用龟卜。且于殷墟与周原又同得"数字卦"，故知阴阳五行之理，在殷周时代早已相合。况《周易》二篇的文字，何尝是文王所系。然二千年来的易学，由是而分为两类：一、不论五行仅论阴阳，以文字为主的"经学易"。二、兼论天干、地支、阴阳五行，不专重文字的"象数易"。

这两类中，历代以"经学易"为主，然继承先秦的"象数易"流传亦广。阴阳五行的最大应用，就在养生医学上。惜象数之理未能探得其本，乃无稽之论日增不已。故二千年来的易学，裂为"经学易"之迂腐，"象数易"之迷信，且始终未能相合。今必去此两端，方能重见整体的易理。而其本原，贵有象数的基础，方有文字的义理。今幸有六十甲子表，且最近又得"数字卦"，始可进一步了解易学与干支及阴阳五行的基本关系。亦即象数易可推源于三千年前的"数字卦",而"经学易"的文字实在其后。深入研究三千年前的易学象数的发展情况,可从六十甲子表谈起。

究此六十甲子的周期表,可兼有两种周期。下录殷墟所得的甲子周期表:

甲子,乙丑,丙寅,丁卯,戊辰,己巳,庚午,辛未,壬申,癸酉。

甲戌,乙亥,丙子,丁丑,戊寅,己卯,庚辰,辛巳,壬午,癸未。

甲申,乙酉,丙戌,丁亥,戊子,己丑,庚寅,辛卯,壬辰,癸巳。

甲午,乙未,丙申,丁酉,戊戌,己亥,庚子,辛丑,壬寅,癸卯。

甲辰,乙巳,丙午,丁未,戊申,己酉,庚戌,辛亥,壬子,癸丑。

甲寅,乙卯,丙辰,丁巳,戊午,己未,庚申,辛酉,壬戌,癸亥。

以上形式以十天干为主,由甲子至癸酉为第一周,由甲戌至癸未为第二周,依次由甲寅至癸亥为第六周,此六周是谓六甲。后人名之曰"甲子之旬"、"甲戌之旬"、"甲申之旬"、"甲午之旬"、"甲辰之旬"、"甲寅之旬"。凡十日名旬,三旬为一月。然一月的周期实不足三十日,约为 29.53 日,故殷墟甲骨文中,已有"小旬"之名,"小旬"当九日。约积三十日合成一月,基本为三旬,唯有小旬的事实,故六十周期的一周,已超过二月。且利用干支以纪日,每日用一干支,六十日后寒暑的气象,自然有不同的情况。更积花甲六周,亦相应于寒暑的周流,然回归年约为 365 1/4 日,则花甲六周仅 360 日,尚未及一年的周期。有此记月有余、记年不足的不同,故六十数的周期实不以日月的周期为主。虽然于天文历法确为其主要的应用,而其本身更有数学的独立性。今圆周分三百六十度,实与六十数的周期有关。且除六甲的周期外,同时有五子的周期。详以下表示之:

甲子,乙丑,丙寅,丁卯,戊辰,己巳,庚午,辛未,壬申,癸酉,甲戌,乙亥。

丙子,丁丑,戊寅,己卯,庚辰,辛巳,壬午,癸未,甲申,乙酉,丙戌,丁亥。

戊子,己丑,庚寅,辛卯,壬辰,癸巳,甲午,乙未,丙申,丁酉,戊戌,己亥。

庚子,辛丑,壬寅,癸卯,甲辰,乙巳,丙午,丁未,戊申,己酉,庚戌,辛亥。

壬子,癸丑,甲寅,乙卯,丙辰,丁巳,戊午,己未,庚申,辛酉,壬戌,癸亥。

　　上述之次,虽未见诸殷墟甲骨,然早已同时并用。由甲子至乙亥为第一周,由丙子至丁亥为第二周,依次由壬子至癸亥为第五周,此五周是谓五子。上已引及《汉志》有《古五子》十八篇(自甲子至壬子,说《易》阴阳),正指此义。此两种形式,一以天干十为主的周期,故有六甲;一以地支十二为主的周期,故有五子。且以十与十二数,可排成120种不同名称的矩阵。然以最小公倍数核之,实仅六十种。此所以数有奇偶之辨,而天干地支本身亦各有阴阳之异。凡天干之阳者唯能与地支之阳者结合,天干之阴者唯能与地支之阴者结合;而天干之阳者不可能与地支之阴者结合,天干之阴者亦不可能与地支之阳者结合。以下先以天干十、地支十二列成矩阵,示其有一百二十种的不同名称:

癸	壬	辛	庚	己	戊	丁	丙	乙	甲	天干／地支
癸×子	壬✓子	辛×子	庚✓子	己×子	戊✓子	丁×子	丙✓子	乙×子	甲✓子	子
癸✓丑	壬×丑	辛✓丑	庚×丑	己✓丑	戊×丑	丁✓丑	丙×丑	乙✓丑	甲×丑	丑
癸×寅	壬✓寅	辛×寅	庚✓寅	己×寅	戊✓寅	丁×寅	丙✓寅	乙×寅	甲✓寅	寅
癸✓卯	壬×卯	辛✓卯	庚×卯	己✓卯	戊×卯	丁✓卯	丙×卯	乙✓卯	甲×卯	卯

续　表

癸	壬	辛	庚	己	戊	丁	丙	乙	甲	天干／地支
癸✗辰	壬✓辰	辛✗辰	庚✓辰	己✗辰	戊✓辰	丁✗辰	丙✓辰	乙✗辰	甲✓辰	辰
癸✗巳	壬✗巳	辛✓巳	庚✗巳	己✓巳	戊✗巳	丁✓巳	丙✗巳	乙✓巳	甲✗巳	巳
癸✗午	壬✓午	辛✗午	庚✓午	己✗午	戊✓午	丁✗午	丙✓午	乙✗午	甲✓午	午
癸✓未	壬✗未	辛✓未	庚✗未	己✓未	戊✗未	丁✓未	丙✗未	乙✓未	甲✗未	未
癸✗申	壬✓申	辛✗申	庚✓申	己✗申	戊✓申	丁✗申	丙✓申	乙✗申	甲✓申	申
癸✓酉	壬✗酉	辛✓酉	庚✗酉	己✓酉	戊✗酉	丁✓酉	丙✗酉	乙✓酉	甲✗酉	酉
癸✗戌	壬✓戌	辛✗戌	庚✓戌	己✗戌	戊✓戌	丁✗戌	丙✓戌	乙✗戌	甲✓戌	戌
癸✓亥	壬✗亥	辛✓亥	庚✗亥	己✓亥	戊✗亥	丁✓亥	丙✗亥	乙✓亥	甲✗亥	亥

上述为十与十二数列成的矩阵，然用半数（加✓示之），勿用半数（加✗示之）。故六十花甲的次序，于天干的十数与地支十二数中已分阴阳。以下表示之：

天干 { 阳——甲,丙,戊,庚,壬。
       阴——乙,丁,己,辛,癸。

地支 { 阳——子,寅,辰,午,申,戌。
       阴——丑,卯,巳,未,酉,亥。

凡干支组合成 60 种变化,宜列成阴阳两种矩阵。示如下：

壬	庚	戊	丙	甲	天干＼地支 阳/阳
49壬子	37庚子	25戊子	13丙子	1甲子	子
39壬寅	27庚寅	15戊寅	3丙寅	51甲寅	寅
29壬辰	17庚辰	5戊辰	53丙辰	41甲辰	辰
19壬午	7庚午	55戊午	43丙午	31甲午	午
9壬申	57庚申	45戊申	33丙申	21甲申	申
59壬戌	47庚戌	35戊戌	23丙戌	11甲戌	戌

五子→（第一行）　六壬↑（壬列）　六甲↑（甲列）

阳干支矩阵

癸	辛	己	丁	乙	天干＼地支 阴/阴
50癸丑	38辛丑	26己丑	14丁丑	2乙丑	丑
40癸卯	28辛卯	16己卯	4丁卯	52乙卯	卯
30癸巳	18辛巳	6己巳	54丁巳	42乙巳	巳
20癸未	8辛未	56己未	44丁未	32乙未	未
10癸酉	58辛酉	46己酉	34丁酉	22乙酉	酉
60癸亥	48辛亥	36己亥	24丁亥	12乙亥	亥

阴干支矩阵

　　由上阴阳二矩阵,庶见六十花甲的实际意义。所注的数字为六十花甲的次序,阳干支矩阵为奇数,阴干支矩阵为偶数。可见于三千年前,已知应用十与十二数的最小公倍数。相应的事实,犹以大小两个齿轮的配合旋转。大齿轮为十二齿,小齿轮为十齿,经大齿轮五转,小齿轮六转必恢复为原状。故其间于天干十数、地支十二数的周期中,已了解有二数为其共同的因子。此二数的概念就是奇偶,就是阴阳。凡十天干依次配合十二地支,不可能有十二甲十二壬等,仅有六甲或六壬;于十二地支配合十天干,亦不可能有十子等,仅有五子。此纯属数学进位制的周期,有其不可忽视的基本原理。凡具体祭祖之必分昭穆,可认为与此象数有关。故于天干十数的周期,当分成奇偶后,就成为二数五数以当阴阳五行;地支十二数分成奇偶后,就成为二数六数以当阴阳六爻。此五数、六数的周期,既保存在六十花甲中,而其来源必早于六十数及十数、十二数的周期。今推究三千余年前的事实,十数分成阴阳五行,当时已用于卜筮。然十二数分成阴阳六爻,当时是否亦已应用,这关系到八卦六十四卦的起源。传说八卦的起源极早,惜未能得到考古的实物,直至近代在周原殷墟先后发现了"数字卦",才可证明与阴阳六爻有关。于"数字卦"的情况,须简单介绍其发现的经过。

　　当宋徽宗政和八年(1118),于湖北孝感县麻城曾出土六件西周初期的铜器,都有铭文,学者称为"安州六器"。于其中的一件中方鼎,在铭文末有 、 两组字,见《啸堂集古录》。当时且不知以数字观之,如释以数字则为"七八六六六六"与"八七六六六六"。此两组数字是何意义,八九百年来始终未为学者所了解。及郭沫若作《两周金文辞大系》亦收录此器,谓"末二奇字,殆中之族徽"。自徽宗后,此类奇字于公私藏品中,如《三代吉金文存》、《袁米山房吉金图》、《西清古鉴》、《邺中片羽集》等亦屡见著录,然未有学者加以考证。直至一九五〇年,于安

阳四盘磨村西区又得三组数字,其文为 (八六六五八七),相背方向

另刻二组为 (七五七六六六)曰魁, (七八七六七六)曰隗。一九

五六年,又于周原张家坡一带发现卜骨,一片上有 (六八一一五

一)、 (五一一六八一),另一片上有 (六六八一一六)、 (六一

六六六一)。唐兰准此新发现的七个奇字,合于古已发现的五个及最后补入新出土的一个奇字,总有十三个奇字,于一九五七年六月写成《在甲骨金文中所见的一种已经遗失的中国古代文字》一文,发表于一九五七年第二期《考古学报》。此为进一步明确有数字卦存在的前奏,然当时尚未思及可与易卦相联系。于陕西周原经二十年的考古发掘,一九七七年秋于岐山凤雏村发现卜甲一万多片,此为殷墟甲骨发现后的一件大事。唐兰虽曾亲临现场,然对奇字未及作进一步的研究。一九七八年冬,吉林大学召开古文字讨论会,徐锡台作周原出土甲骨文字的报告,最后一节是奇字问题。会上张政烺作了《古代筮法和文王演周易》的报告,即认奇字为"数字卦",徐锡台亦改写奇字一节为《西周卦画探源》。一九七九年春张政烺亦亲临周原发掘工地,见到许多筮数,由是彻底检查自宋以来所有著录及最新发现。适逢纽约大都会博物馆一九八〇年开"伟大的中国青铜器时代"展览会,同时开殷周青铜器讨论会,张政烺应邀参加,自报题目为"试释周初青铜器铭文中的易卦",此论文于国内发表于《考古学报》一九八〇年第四期。由是卦象可推本于数字卦,以复活二千余年前的易卦原形,已引起国内外学者的重视。继之于一九八二

年春,在安阳又发现"数字卦"六组,详见郑若葵《安阳苗圃北地新发现的殷代刻数石器及相关问题》,见《文物》一九八六年第二期。

总上所述,可证殷周时代易学就是数字卦。首先宜加说明者,"数字卦"基本为三个数字或六个数字,此与地支数有明显的联系。凡龟卜取阴阳五行,与天干数有关;易筮取阴阳六爻,与地支数有关。而阴阳更为卜筮所通用,五行六爻亦有其相通处。故初步可认识数字卦的六个数字以奇数为阳、偶数为阴,在殷周之际的思想水平早已理解有阴阳变化的事实,如白昼变为黑夜,黑夜变为白昼等。更考察当时所用的数字,最初为一、五、六、七、八五个数字。如于五个数字中任取一数,且可兼取六次,则所有的变化总数为 5 的 6 次方,即 $5^6 = 15625$。在当时不可能分析一万五千余种不同的情况,故于所筮得之卦自然有神秘感。更进一步研究当时所利用的五个数字,其间一、五、七为奇数阳,六、八为偶数阴,此与战国时所谓"参天两地而倚数"的理论相同。最宜重视的是"五"字,"五"有阴阳相交的意义,亦就是阴阳可以相互变化。"五"位处于中央,来源极早,殷周之际可能已有此思想。其他四字,示阴阳两端变化的情况:凡"一"为一个整体,有阳的意义;"八"为阴阳相对,有阴的意义;"十"为一个整体有分而为二的形象,亦就是阳将变阴;"ㅅ"为阴阳相对的二方,又有相交的形象,亦就是阴将变阳。至于由阴阳两端(一与八)经或分或合(十与ㅅ)而可相互变化,必须经过中央"五"字的作用。详以下图示之:

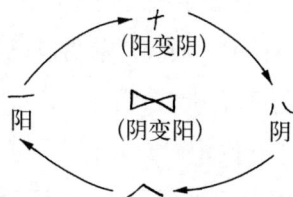

以上虽是推测,然与东周的易象已有相似的意义,至少可认识由殷周之际起已有用数字代表阴阳及其变化的痕迹。且"数字卦"于西

周中期已用"九"字,此又为重要的进展。1980年春,于陕西扶风齐家村发现了一些西周中期以后的卜骨,内有一片正面横刻着一个卦（一六一六六八）,背面在骨脊两旁各刻一行两个卦,左边是（一八六八五五）、（六八一一一一）,右边是（六九八一八六）、（九一一一六五）。此五个卦中,第一次发现有二卦中已用了"九"字,然未用"七"字,更难得又见到连用二个"五"字。以东周后的情况论,爻字的来源,就是两个五字。至于不用七而用九,似同为阳将变阴,然已与东周时阳爻用九的意义相同。故由此片卜骨可见西周中期后的数字卦,已有变七为九,重五为爻的形象,则由"数字卦"变成"阴阳符号卦",有了进一步可能性。

由是可推测数字卦的发展情况。当殷周之际用五个数字,已有五行的意义,亦即由中五以观四方的阴阳变化。于代表四方的数字,有用"七"字及用"九"字的不同。当利用"九"字,已可能与《洪范》九畴有关。传说箕子授《洪范》于武王事,未可全认为子虚乌有。故九畴的九数,在殷周之际可能已存在,属天干地支以外另一个抽象数字。能分析地支的阴阳六爻为二个三爻,合诸历象约当三个月为一时,取三三而九,乃形成与干支周期不同的另一象数系统。九畴传说为大禹治水时用之,合诸井田制的史实,九数的应用在殷周之前可能已存在。今须重视者,由九数排列成"戴九履一,左三右七,二四为肩,六八为足,以五居中"的形象。此图的形象又可与"五位相得而各有合"的十数形象约同时形成。且自认识"阴阳符号卦"的卦象来源于"数字卦"后,乃可证实其间的变化阶段约当东西周之际,正为形成"河图"、"洛书"的下限。唯有此九、十两数的组合图,易学象数庶可综合天干地支、阴阳五行、三才六爻而得一整体。能以整体的形象合诸数字的组合,此方为易学象数的特色。

凡十数的组合图,其实就是天干十数分成阴阳五行的情形。且此十数可配合于《洪范》的五行数,即"一曰水,二曰火,三曰木,四曰金,五曰土"。由天干部分分为阴阳五行,仅可说明当时已知阴阳的互变,然五行间关系如何? 是否已理解生克制化之原则? 尚难肯定。今由编钟的大量出土,可证传说西周时已知七音。又准十二地支数而有十二律吕,特于六律六吕中取五音七音。有此音乐的周期概念,方可进入有思想意识的文明社会。在三千年前,似已有此精神享受。且识此宫商角徵羽的关系,又能合诸万物而考察万物间的相互关系。由五音而五行,有其相似处,综合利用五音,可作成种种乐曲。乃推及万物的根本,亦可仅取简单的五种。当周朝已增至七音,由三分损益的象数核之,则变徵当蕤宾午,恰与宫当黄钟子相对,有矛盾最突出的形象。中国乐律的变徵取蕤宾午而不取仲吕巳,迄今仍为不同于西洋音乐的关键所在。此由五音而七音,乃见阴阳有不可相合的两端。或以不可能相合的阴阳两端以合于五行,则阴阳就成为五行中的生克。考五行在中国的思想文化中所以能盛行数千年而不衰,其可贵处就在能兼取生克两种不同内容的循环融合于一个结构中。

先论当时在万物中择取五行及其生克的情况。一曰水者,人类生存不可一日无水。二曰火者,人类食火化之物由来已久,此为人类与动物重要分辨之一。三曰木者,于五行中唯一代表生物现象。四曰金者,以见当时早已利用并提炼矿物。五曰土者,人之所居及一切生物生于土。所以择此五者,尚考察此五种基本物质间之关系。先以相生言。凡钻木取火且见及森林有火焚现象,故定为木生火。以火烧土为陶器,故为火生土。土中自然有矿金,故曰土生金。金器寒冷凝水,故曰金生水。水润泽以生木,故曰水生木。更以相克言。木生长可裂土,故为木克土。土可以止水,故为土克水。水可以灭火,故为水克火。火可冶金,故为火克金。金可断木,故为金克木。其间最有趣的是火生土与火克金。因同为以火烧炼,唯其使土坚硬成陶器故为生,唯其金本为坚强能使之变形故为克。凡生克之象,可因火而得其概念。今人每以中国的五行与印度的地水火风四大相比,其实完全不同。先以相似者言之,则地水火相同,风与木亦相似,皆取其动性。以易象论,巽为木为风,正见其可通。然风指自然界,木指生物界,此不可不辨。况其间四数与五数,有绝对不可并论者,因四数不可能兼及生克二种周期,只有五数才可能兼及。又印度亦知有坚硬的金属,然认为是金刚不坏之体,而中国能知火克金的事实,此见当时冶炼术已有高度成就,领先于印度。至于五行能兼及生克,其形象全在九、十数的组合图中出现。此二图就是表示阴阳生克及九畴组合的数学模式,历代神化之,决非偶然。可惜仅知神化而未知发扬先秦学者创此数学模式的功绩。清代的汉学家每误认为宋代始出,其实大误。今于认识"数字卦"后,可证由"数字卦"逐步转化成二千余年所应用的"阴阳符号卦",其间必然已有"河图"、"洛书"的形象。先以河图论,就是阴阳五行的相生形象。以下图示之:

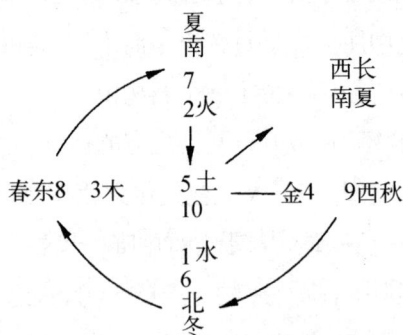

夏南 7 2火 西长南夏 5土10 金4 9西秋 春东8 3木 1水 6 北冬

此象全据《洪范》的五行数加以"五位相得而各有合"一语,最重要的原理是明确时—空坐标,即1、6水为北方冬,2、7火为南方夏,3、8木为东方春,4、9金为西方秋,5、10土为中央,可配西南长夏。今以五行相生之次观之,就是东方木在春天有生长的现象。由春而夏,由东而南,生长无已,就是木生火,有茂盛灿烂的现象。由夏而长夏,由南而西南,实即天气的生长,将归诸地气的结果,其象就是火生土。土中有因天气(阳)而生长的,为春天的生物(木),土中更有因地气(阴)而凝结的,相应于秋天矿物金属,其象就是土生金,而茂盛灿烂的生气基本皆因秋气而凋谢。生物的生气由向外而向内,所谓由开花而结果,其果实之生气收藏于核中,能得到密封的保存。今已得一二千年前的果实,给予发育的条件,仍能照常生长,此见生物有保存自身的本能。不但植物如此,动物亦如此,况最进化的人类。以人而言,这一保存自身的本能,就是千万代形成的民族体质及民族性。代代相传,除生理遗传外,必有总结一生的经验以留于后代。由是逐步有图画、文字相传而不限于一代的遗传。至于由文字而抽象成数字,乃由五个数字间的关系,更观其生克的抽象意义。这一不寻常的抽象方法,唯中国所独有,何可不加重视。以生理的遗传言,关键在金生水,一切最重要的遗传性深藏于深渊之中。故以养生论,能识金生水的现象而思想与之相应,则上下千万年,中外万亿里,不啻即在眼前。此天一生水的真谛,在中国至少已存在二千多年,识者继承之,迄今未已,故为养生最根本的认识基础。且有相应的时间数量级,各可用其循环而继之为水生木。故"河图"的形象,简单视之则为一年的周期,亦为生物一代的遗传。或能大之而以人类文化、人类养生视之,以人参天地视之,此水生木的现象,当然有宏观、微观两端大相径庭的时—空数量级。此可见"河图"当五行相生的数学模式,实含有内容丰富的中国哲理,下节尚可进一步研究。

以上既说明"河图"取法于《洪范》五行数,以完成其五行相生的时—空坐标,同时亦当说明"洛书"取法于《洪范》五行数,以完成其五行相克的时—空坐标。在说明之前,先须了解"河图"、"洛书"间的变化。凡河图当四方与中央,可一览而知其为阴阳五行,具体的形式则为五行相生。然洛书的形式已化成奇数当四正、偶数当四隅,象成三三而九,故不易了解其阴阳五行的具体形式,更不知其为五行相克。今使"洛书"的四隅合于四正,乃成如下形式:

② ↓

9

④ ——→ 4

8　3　5　2　7

1

⑧　　　6 ←—— ⑥

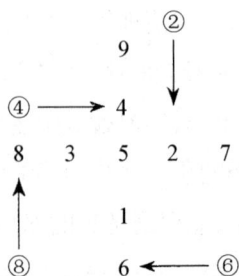

以上形式与"河图"相比,其差别不大,即南方的 2、7 与西方的 4、9 相互易位。此西与南的变化,就是"河图"与"洛书"的变化,亦就是五行相生相克间的变化。以下先示"河图"、"洛书"的基本形式:

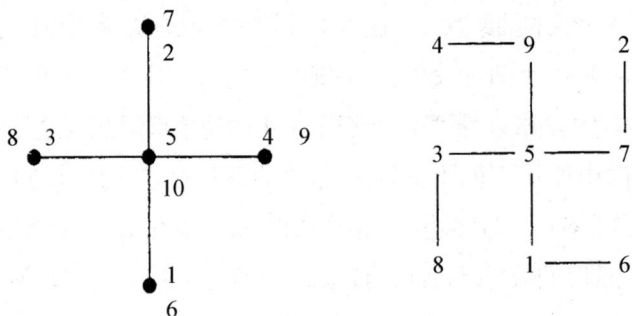

7
2

8　3　　5　　4　9

10

1
6

4 ——→ 9　　2

3　　5 —— 7

8　　1 —— 6

河图为纵横及中央的"十"字坐标,洛书推偶数至四隅,故成为"卍"字坐标。凡十字坐标,今可视之为"—"为空间,"∣"为时间。而以河图的形象观之,本身已为时空合一的坐标。尚分南北与东西者,合诸一年的时间,以南北当冬至、夏至,东西当春分、秋分。以星象论,南北当两极的定点,东西当四时二十八宿的周行,故实为三维天球的旋转。至于变成"卍"字的"洛书"坐标,乃更视纵横二轴在作顺时针的旋转,而巧妙的象数,即依逆时针的方向示五行的相克。其次为北与西北的 1、6 水克西与西南的 2、7 火,又火克南与东南的 4、9 金,金克东与东北的 3、8 木,木克中央的 5 土,土克北与西北的 1、6 水。其关键的变化,于河图的相生在西南进入中央,而洛书的相克在东北进入中央。西南与东北两隅,正属中土所分居之位。于《周易·坤卦》卦辞曰:"西南得朋,东北丧朋,安贞吉。"系辞者早已理解西南当五行相生,故得朋;东北当五行相克,故丧朋。然或生或克,乃自然规律本身所具有,犹阴与阳,故不论生克,仅须安贞之,同可获吉。相反,当生而克之,当克而生之,则自反于自然规律的阴阳,而将获凶。此义于养生中亦属基本的原理,如不知兼用生克,殊难理解养生必达到的坦然境界。

识此九、十两数组合图所包含五行生克的左右旋,可喻阴阳五行之理,贵有《洪范》的五行数。而此两图亦能作为数学模型而存在。且除1、2、3、4、5当五行数所谓生数外,其他为成数。以《洪范》九畴论,即为六、七、八、九四数,这四个数字就是表示阴阳的变不变。《洪范》"次七稽疑"曰:"七稽疑,择建立卜筮人,乃命卜筮,曰雨、曰霁、曰蒙、曰驿、曰克、曰贞、曰悔。凡七,卜五,占用二。"此处已说得非常明白,卜筮相合即卜五行筮阴阳当同时兼用,故次七为稽疑,七数即阴阳五行。于龟卜的五行,其法用龟甲钻孔,于钻孔处以火灼之,然后观察孔旁的裂纹。凡分五种形象以当五行:如孔旁裂为若干点,其像似雨,于五行当属水;如裂纹呈若干清晰的点划,形似白云朵朵为天霁一色,于五行当属火;或裂纹蒙昧不清,即点划未能分明则曰蒙,于五行当属木,以喻生物的生长形象;若裂纹划划连续,由孔旁四向外出,一如分布的驿站,是谓驿,于五行当属金;更有划划交错相合,即裂纹重叠,是谓克,于五行当属土。因龟卜当战国时尚在应用,于汉后已基本不用,其详情未知。然今得实物甚多,故所谓雨霁蒙驿克以当水火木金土的形象,尚可深信。据《内经》考察人的性格,凡分五五二十五种,这一极科学的分类法,对治疗疾病确有帮助。于养生时,选择用何种功法最为适宜,尤当有自知之明。古以五类分辨,今仍有其价值。除五行外,更宜重视"占用二"之贞悔,贞悔就是阴阳。且须分辨阴阳的变与不变,凡不变曰贞,变曰悔。在未理解有"数字卦"前,贞悔用卦变中的"之卦"释之。今考知作《洪范》时或尚在使用"数字卦",未必已有"阴阳符号卦"的阴(- -)阳(—)符号,故不变的贞,其数阳为七、阴为八;变的悔,其数阳为九、阴为六。这一贞悔卦爻问题,就是由"数字卦"变化成"阴阳符号卦"的关键问题。

上述"数字卦"的情况,初用一、五、六、七、八五个数字,西周中期已出现九字代七字。其后更有"数字卦"发现,然时间已在战国,当公元前三五〇年左右。今以客观史实及时代背景核实之,若《洪范》九畴及"河图"、"洛书"的数学模式等在东西周之际已可能存在。唯有此五行生克的数学模式,方能使阴阳的变化汇合于五行的生克,则于阴阳的概念有更深的含义。亦就是《洪范》所记录的卜筮人,是一人而不必为二人。于《左传》中分辨龟筮的长短,正见卜筮的分裂,其时当晚于《洪范》。故必先叙述图书及七、八、九、六的贞悔数,然后可说明战国时"数字卦"的具体内容。

于"数字卦"方面,更有极重要的考古收获。时当一九七八年春,在湖北江陵天星观出土战国中期(约前 350)邸阳君番敕墓中的竹简,其间有卜筮记录,记墓主有关卜筮之事。此可证当时楚国重视卜筮的事实,于所记的卜筮,仍以数字表示。所用的数字中不用五字,且必为两卦并列,更见已全同于"之卦"的意义。唯七与九尚兼用,然未见同时用七、九,可见战国中期楚国所用"数字卦"实仅用四字,已合阴阳变不变以当卦(不变)爻(变)的意义。凡《左传》、《国语》中所引用的卜筮法与此相同。故发现此批数字卦的重要意义,就是阴阳相交的五字,已不必列入变化数之中,由是所得到的形象可大大减少。以数计之为 $4^6=4096$,此与 5 的 6 次方相比,变化总数仅及四分之一。然在战国时,尚不可能分析四千余种不同的情况,故观邸阳君番敕墓的卜筮记录,不可能有卦爻辞。在同时且更早的三晋地区,已能明辨卦爻,故观象所系的卦爻辞大体完成,此不可不知各国有不同的情况。

由是可总结"数字卦"的变化情况。初用五个数字,于五个数字中有七字改用九字的事实。其后第一步的重要进展,就是五个数字改用四个数字。此四个数字又经辗转变化,各国所用的数字可能不全同。及《洪范》的五行数既固定,又可形成"河图"、"洛书"二种数学模型,此在中国的象数中,为继承天干地支的又一伟大成就。"河图"十数,就是天干分阴阳五行;"洛书"九数,更能四分地支数,以当三个月一时,而取三三得九的变化。此二图的抽象作用逐渐为人所理解,则"数字卦"所用的四个字,无形中可逐步固定为七、八、九、六四字。第二步的重要进展,是在三晋地区分贞悔以当卦爻,卦不变数为七、八,爻变数为九、六。由是不变的卦仅存七八两数,则其变化的总数为 $2^6 = 64$。于 64 数当然很简单,在殷周之际已有六十甲子,何况在东周的春秋中晚期。于是自然能择取六十四节卦辞,其中既有古传之内容,亦可能有当代重要的事实或重要的思想。至于卦凡六爻,兼及一爻、二爻至六爻皆可变,就成为 4096 种变化,如皆系之辞,当然尚不可能。此于重筮的楚国,所以直至战国尚未有卦爻辞。而在三晋地区,既能明辨卦爻,则每一卦各为六爻,64 卦共有 384 爻,此数尚简单,仍可于每爻系以爻辞,爻辞内容较多辑入古代史实及哲理,当然亦可能补入春秋时的思想。其间最重要的事实乃系辞者确在观象,象即阴阳五行等数学模式。当辑成卦爻辞后,《周易》犹未完成,关键更须说明阴阳变化的二用,于是特加乾之坤与坤之乾以总结卦爻的变不变。故《周易》的文字实为四五〇节,以下式示之:

$$64 \text{ 节(卦辞)} + 384 \text{ 节(爻辞)} + 2 \text{ 节(乾坤二用)} = 450 \text{ 节}$$

凡此四五〇节的文字,各与卦爻的变不变有关,而或不理解象数而仅究其文字,何能得全书之旨。据《左传》记及蔡墨论龙之事(前513),仅曰"乾之姤"、"乾之同人"、"乾之大有"、"乾之夬"、"乾之坤"、"坤之剥",因知尚未有"初九"、"九二"、"九三"、"九四"、"九五"、"上九"、"用九"、"初六"、"六二"、"六三"、"六四"、"六五"、"上六"、"用六"共十四爻名。约于春秋战国之际,更有通《易》者出,乃据"之卦"之例另加爻名,唯爻名既定,整体的《周易》始可视为已完成。象数的结构非常简单,以下图(《〈周易〉卦爻辞结构图》)示之:

七七七七七七乾卦辞

用九

上九　五　四　九三　九　初九　乾爻辞

用六

八八八八八坤卦辞

上六　五　四　三　二　初六　坤爻辞

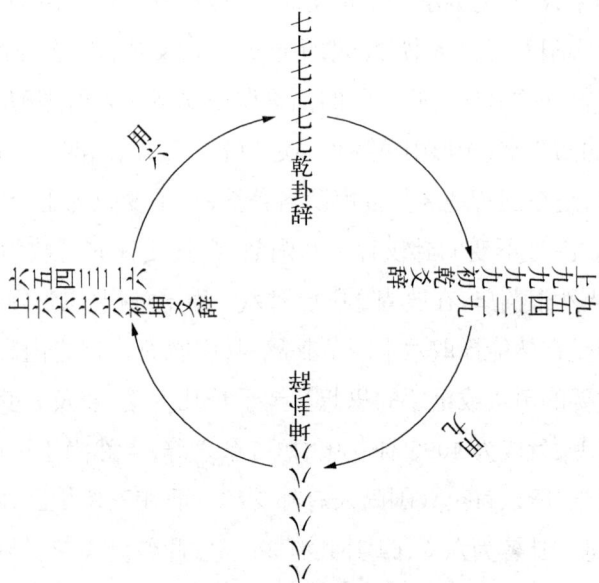

六爻用九相对为六爻用六

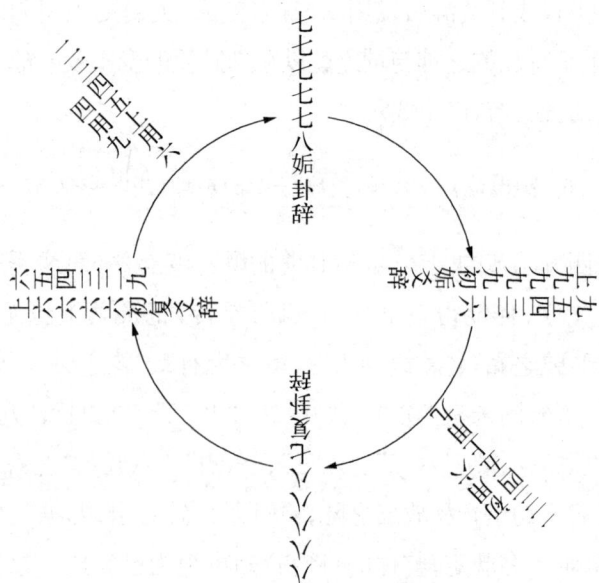

七七七七七八姤卦辞

九四用九　初上用六

上九　五　四　九三　九　初六　姤爻辞

初九用六　上四用九

八八八八复卦辞

上六　五　四　三　二　初九　复爻辞

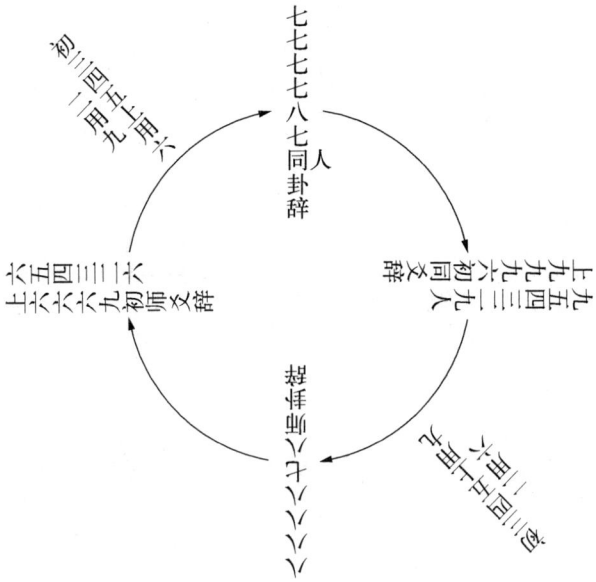

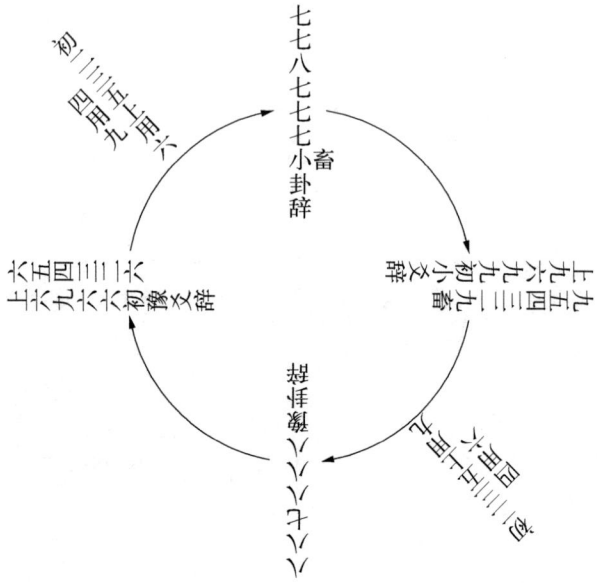

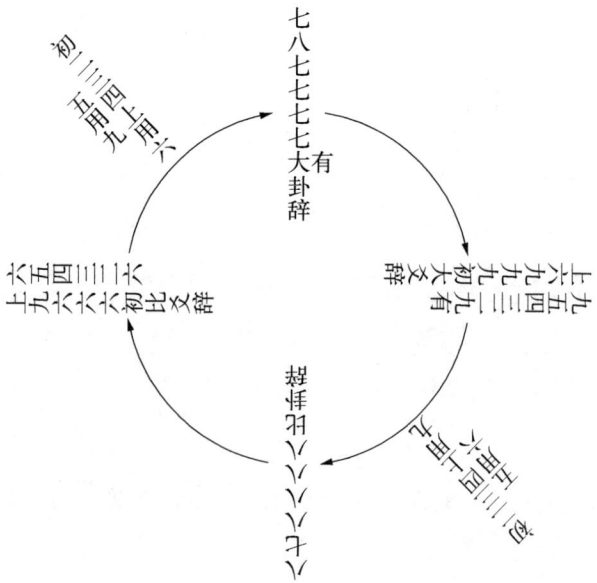

八七七七七七夬卦辞

六五四九九九夬爻辞

上五四三二初九

姤卦辞

辞剥九五四三二二

上六六六六初

易三四五上初

用九 用六

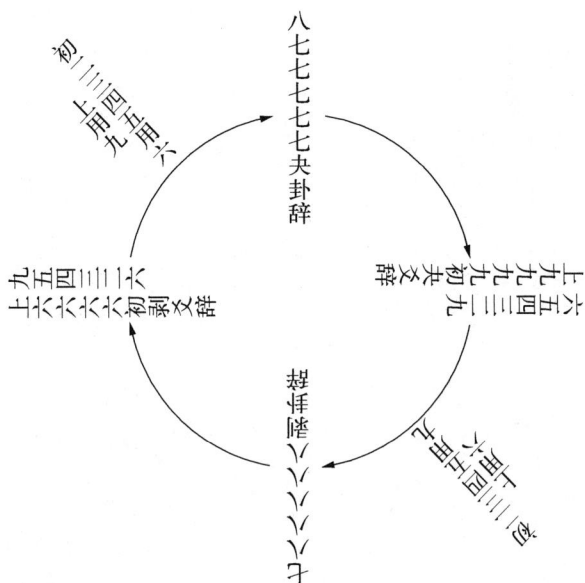

五爻用九一爻用六相对于五爻用六一爻用九

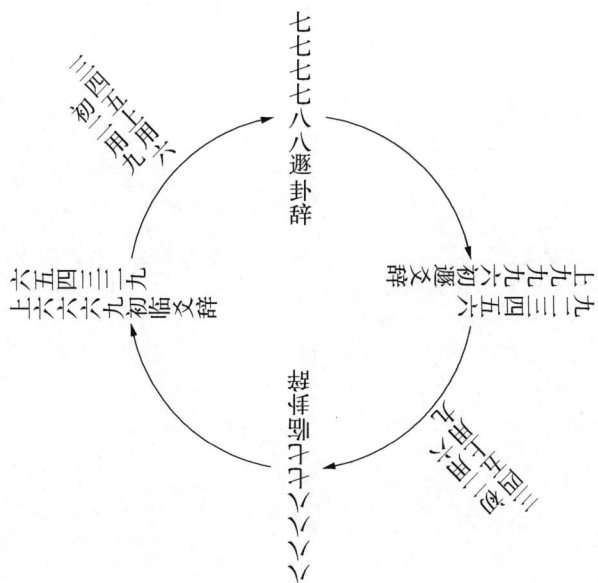

七七七七八八遯卦辞

九四九五六遯爻辞

上九三六

临爻辞六五四三九

上六六九初临卦辞

三四五上初

用九 用六

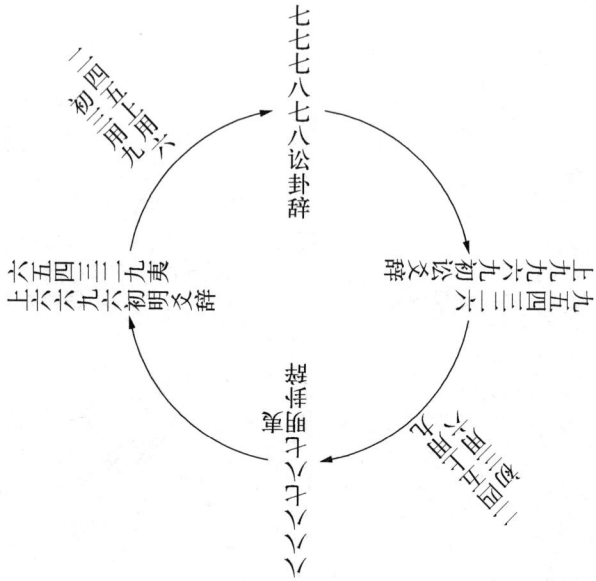

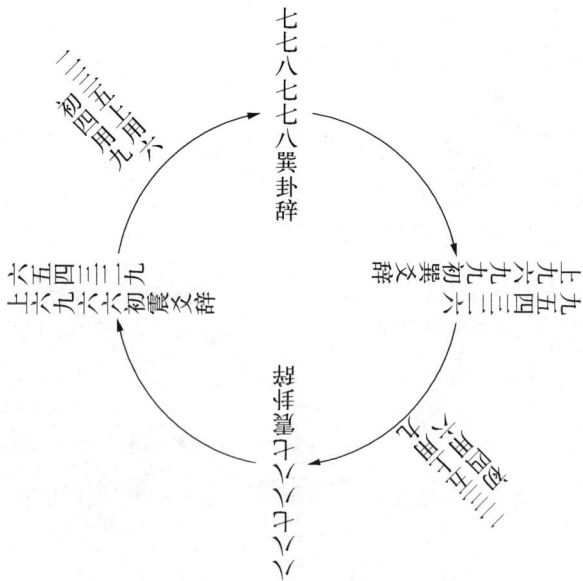

七八七七七八鼎卦辞

上六
六五
九四
九三
九二
初六
鼎
爻辞

六五
四
三
二
九
上
九
六
六
六
初
屯
爻辞

初九
用九用上
乾

八七七七七八大过卦辞

上六
九五
九四
九三
九二
初六
大过
爻辞

九
五
四
三
二
九
上
六
六
六
初
颐
爻辞

初九
用九用上
乾

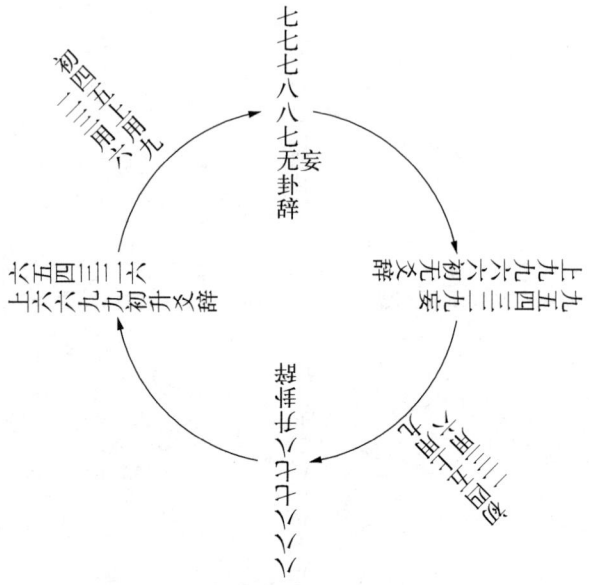

43

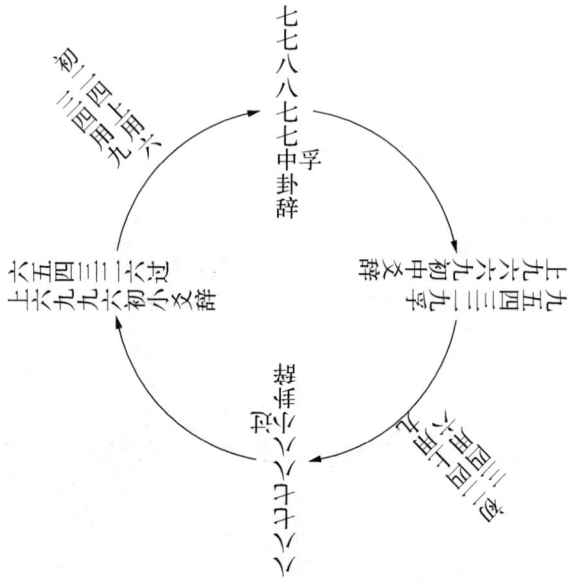

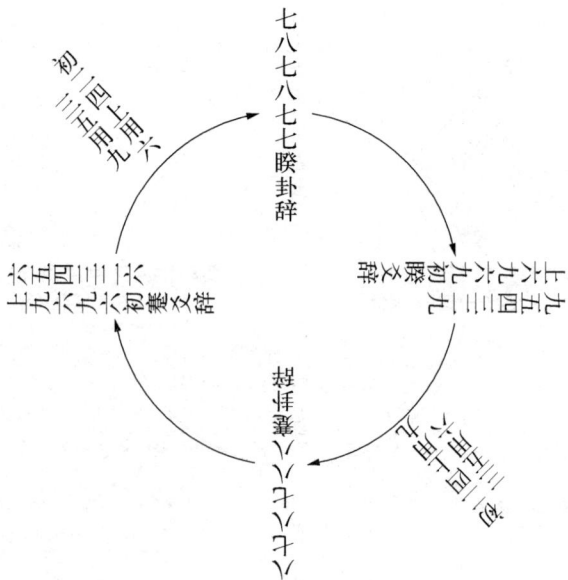

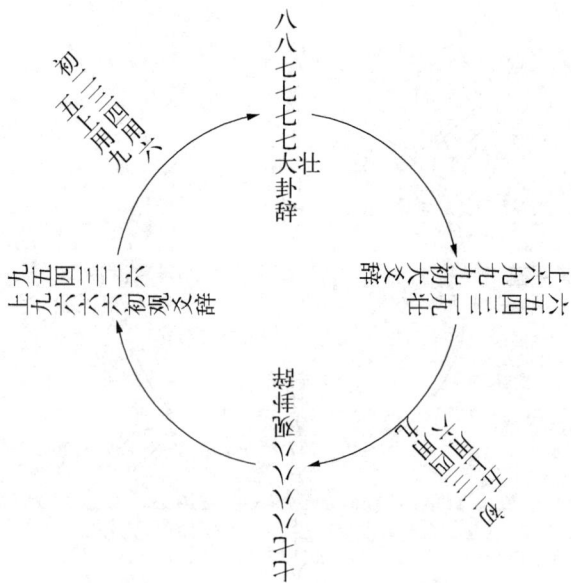

四爻用九二爻用六相对于四爻用六二爻用九

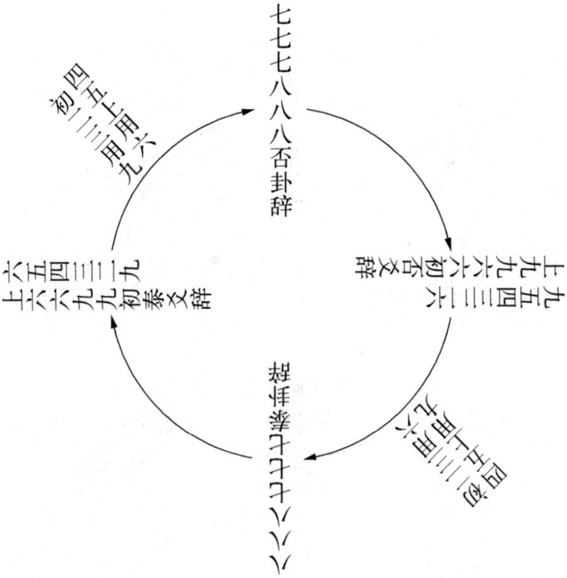
七七七八八八否卦辞

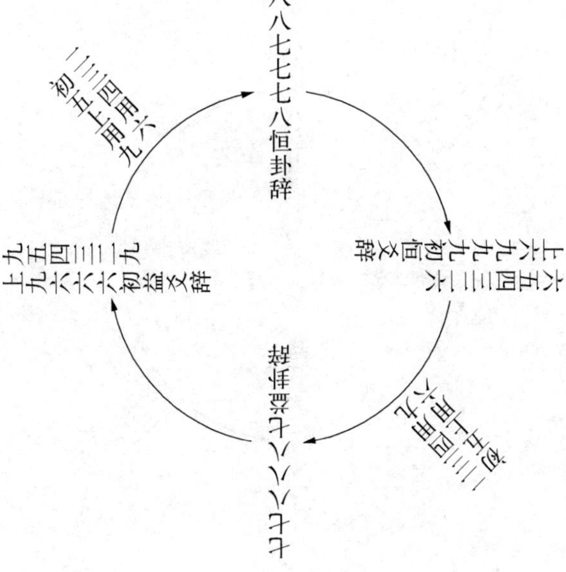
八八七七七八恒卦辞

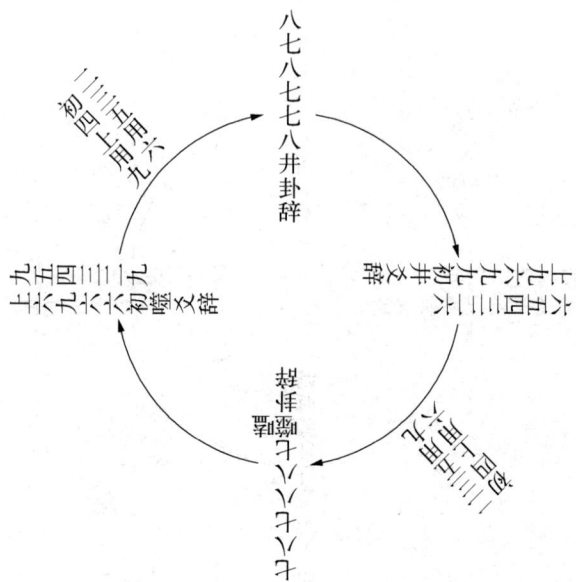

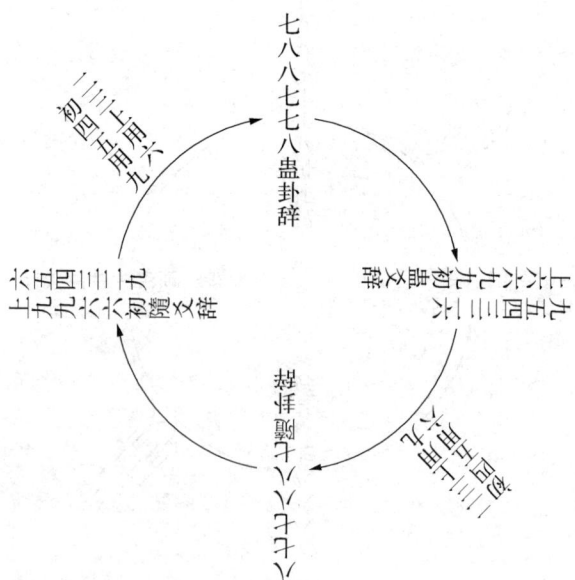

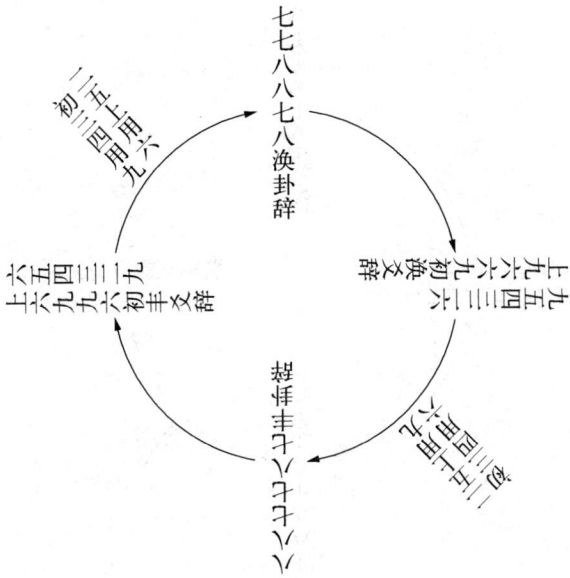

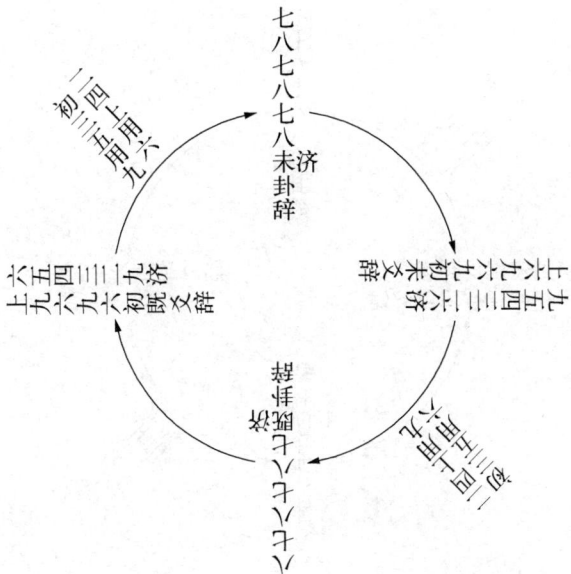

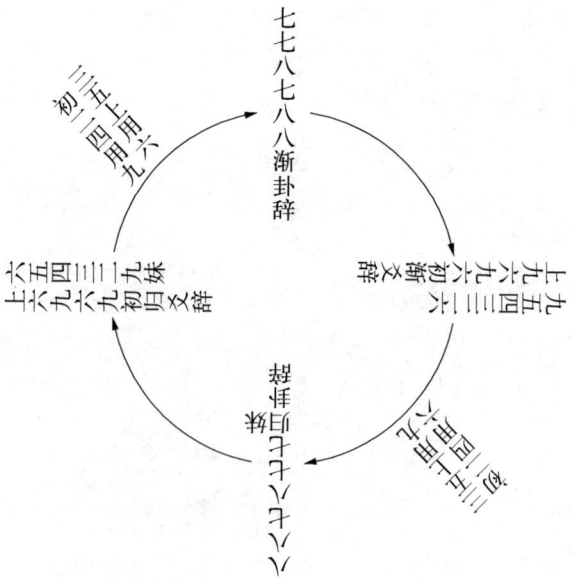

七八七七八八旅卦辞

上六　九五　九四　九三　六二　初六　旅爻辞

初　二　三　四　五　上　用九　用六

上九　六五　六六　九三　初九　节爻辞

丰卦辞七八八八七七

八七七七八八咸卦辞

上六　九五　九四　九三　六二　初六　咸爻辞

初　二　三　四　五　上　用九　用六

上九　六五　九四　九三　初九　损爻辞

恒卦辞七八八八七七

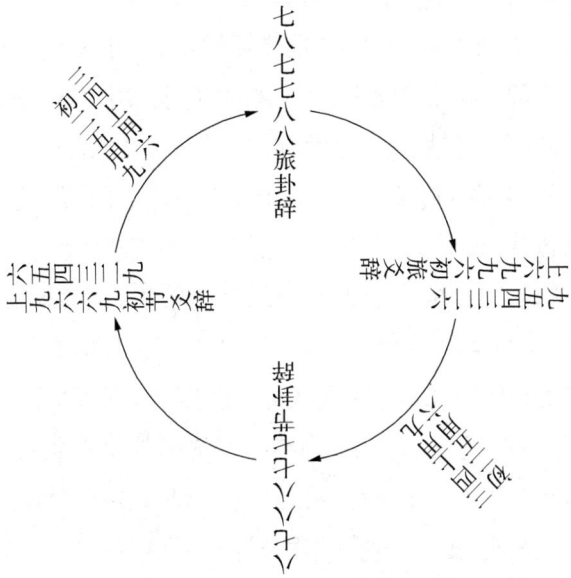

三爻用九三爻用六相对于三爻用六三爻用九

《周易》卦爻辞结构图

这一《周易》卦爻辞结构图的形象直至汉初长沙地区的马王堆帛书《周易》仍同,唯七字据传统的"数字卦"仍简化用一字,而八字相同,以当卦辞。爻辞则用十二爻名,并于乾坤加用九用六。当三晋及齐鲁地区可能于战国中晚期已重视阴阳而改用阴阳符号的卦象,此由齐稷下派所编成的《周礼》可证,所谓"一曰《连山》,二曰《归藏》,三曰《周易》,其经卦皆八,其别皆六十有四"是其义。既从"数字卦"变成"阴阳符号卦",于"数字卦"的大义大部分保存在象数易中,故未能了解象数,决不可以论易学。至于除四五〇节的《周易》外,尚有《易传》问题,亦须作概要的说明。二千年来误认文王已分上下篇而"序卦",为最大错误。又谓《序卦》之文,乃孔子因韦编三绝恐卦次颠乱而作,事实亦非如是。今有马王堆本帛书《周易》出土,可证汉初在长沙地区尚未知用《序卦》。进而观《史记》,所谓"序象"亦不是指《序卦》,仅指序六十四节《象传》之次,此详读《象传》及《序卦》可知。而《淮南子》已引《序卦》之文,故知《序卦》之成可能在汉初东南地区,其对"阴阳符号卦"的认识有飞跃的进步,实为极重要的象数著作。其理须直观其象而知之,决不可仅读《序卦》之文。这一问题历代已有很多学者研究,今酌取前人之说而综合之,成《论〈序卦〉作者的思想结构》一文,详见拙著《易学史发微》。

故文王之演《易》犹在演"数字卦",用数字以明阴阳变不变之理,且可合于五行。其辞犹甲骨文的各种卜辞,根本不可能有卦爻辞,何有《序卦》上下篇的问题。及春秋末逐步编辑成《周易》四五〇节的文字,最后补入十四爻名,方完成《周易》的整体结构,其时已在孔子后。至于孔子晚而喜《易》完全可能,然决非《易传》的作者。于《易传》而分为"十篇"、"十翼",更是后起之说。"十翼"之名,今存世最早的出处在《参同契》中,其言为:"若夫至圣,不过伏羲,始通八卦,效法天地;文王帝之宗,结体演爻辞;夫子庶圣雄,'十翼'以辅之。三君天所挺,迭兴更御时;优劣有步骤,功德不相殊。"此能知三圣之功德不相殊,有其卓见,然于三圣之史迹,又何可不加分辨。此节当为魏伯阳出示《参同契》于徐从事,而徐从事所作的赞言(详下)。所谓"易学三圣",已本班固之说,改"十篇"为"十翼",所以为文。然今所谓"十翼",指"上《彖》一、下《彖》二、上《象》三、下《象》四、上《系》五、下《系》六、《文言》七、《说卦》八、《序卦》九、《杂卦》十",是郑学之徒所数(见《孔疏》)。当时已有多家,皆欲有合于班固所谓"十篇",因《汉志》并未确指"十篇"之名。推而上之,观《史记》仅曰"孔子晚而喜《易》,序彖、系象、说卦,文言",何尝有十篇之说。要而言之,《易传》的纲领唯此四者,且为燕齐鲁易之大义。《彖》明其时,《小象》论其位,所以成为读卦爻辞的原则,此为三晋易所无。汉初杜田生由齐徒步关中授《易》而传于天下,故汲冢本、马王堆帛书本皆无《彖》《小象》。作者问题,当属子家、子乘辈,时间在战国中晚期。《说卦》极早,《左传》记载易象在鲁者,尚能保存西周以来"数字卦"之象,今本《说卦》之象所以未合于卦爻辞,即此原因。然今本《说卦》后人已为重编。以马王堆帛书本核之,部分《说卦》当时并入《系辞》。因在三晋地区,观卦爻而系辞,故《说卦》与《系辞》之义可收入一篇中。而杜田生传出者,则以《说卦》之象为主。又《文言》为玩辞之例,相应于马王堆帛书本的"二三子问"等。而今本《文言》,义通《中庸》,当属子思之门人辈所作,其时已有"初九"等十四爻名。此外最重要的哲学思想,大部分在《系辞》中。今推究《系辞》若干章节的作者,上距《周易》四五〇节的编辑者时间很近,亦可能为一人。而二千年来误认为文王、孔子,则有五六百年之差,且卦象为伏羲所画,更属古代不可究诘的王者。故三古三圣,有其恍惚而极长的时空间隔。

其实,由"数字卦"变成卦爻的四个数字,经编辑者系以四五〇节文字,且系以系辞之理,今名其《传》为"系辞",犹后世编辑成书时所作的凡例。如能详读《系辞》而究其旨,可见其若干章节与阴阳符号卦的卦象及卦爻辞等四五〇节文字有密切相应处。故虽非一人所作,相差的时空间隔极短。这一事实,初读者或不易理解,尤其是已为伏羲、文王、孔子三个历史人物的时空间隔所蒙蔽者。然读之再三,必能知卦象与经传确可通,于是就有三圣同心的思想。这种思想,就是孟子所谓"先圣后圣,其揆一也"、"禹稷颜子,易地则皆然"(《孟子·离娄下》)之旨。或能通贯古今,确能在思想意识上产生另一天地。必达此境界,才能认识养生的理论基础。而三圣的易学,核诸历史事实,完全不同。然于汉后即以"阴阳符号卦"为本,以"十二篇"为经传,经过若干时间的研究,可悟其通贯处。当既得三圣同揆之旨,则《易》的作用就有了不可思议的能力。惜以"经学易"为主旨,于既悟三圣同揆后,更不顾历史事实,此所以伏羲画卦、文王二篇、孔子十篇的错误,积二千余年而不能纠正。今已能基本了解史实,然既破除其外衣,于意识中当有超越时空的思想以认识易地皆然的境界。此一境界在中国传统文化中唯易学象数足以当之。

第三节　一千年前的易学
——二进制与先天易

朱熹著成《周易本义》于淳熙四年(1177),图首载"河图图"、"洛书图"、"伏羲八卦次序图"、"伏羲八卦方位图"、"伏羲六十四卦次序图"、"伏羲六十四卦方位图"、"文王八卦次序图"、"文王八卦方位图"、"卦变图"等九幅图。知此九图之价值,方可认识朱熹有总结宋代易学的地位。今观此九图,可分三类:其一为"河图图"、"洛书图"。此二图于古有据,唯数字改成白圈(○)为阳数,黑点(●)为阴数。且"河图"、"洛书"之名,古今未必相同,如能循名以核实,此九、十两数的组合图已存在二千数百年,实为中国数学特色之一。其间示阴阳五行的生克外,于象的变化尤妙,实有其极丰富而灵活的内容,可示种种信息。而为有心人用作养生的数学模型,更有其不可思议的作用。清代的经

学家,谓宋代创此图书之说,以惑乱三圣的《易经》,殊非事实。自最近
了解"数字卦"为"阴阳符号卦"之本,则图书之数更显重要,确为易学
象数的基础所在。今宜继承宋明所发展之说,并进一步阐明象数之
蕴。其二于宋代易学最有代表性的就是伏羲四图。此四图及朱熹之
注,大可观玩,以下将详为阐明。其三为最后三图。文王二图为汉易
中所固有,上已提及。卦变图为朱熹本于李之才,能总结汉易中如荀
爽、虞翻等之卦变。其与养生的象数关系在已应用十二辟卦等,此图
可略之。故此三类中,可代表一千年前的易学而须深入研究者,就是
陈抟所创作的伏羲四图。

　　此四图于古无据,迄今为止,尚未得见在陈抟前有此次序与方位
的排列。或推原于魏伯阳的《周易参同契》,纯属清代经学家的无知。
如深入了解《参同契》所取法的易学,于八卦之次用"纳甲",于六十四
卦之次用《序卦》,提出乾坤坎离使六十四卦合于六十花甲,可知为继
承"卦气图"提出震离兑坎之象而加以变化。于"卦气图"中仅取其十
二辟卦作为十二爻辰,且除六画辟卦的消息外,亦重视三画卦的消息,
其实就是"纳甲"。凡此种种与陈抟的先天图截然不同,于魏伯阳思想
中,未尝有先天图加一倍法的次序及乾南坤北离东坎西的方位。以儒
为主者,必因陈抟为道士,魏伯阳亦为道士,乃以意结合之,且同加排
斥,罪名为有以污辱三圣的《易经》,其实未尝如是。况魏伯阳本人,亦
误信《易经》为三圣所著,并继承京氏易(西汉早已立于学官,要在能利
用易学象数,为汉后的经学易所否定),因而其实为经学易前的黄老易
(详下章第一节)。至于陈抟所创立的先天图,乃自得于易学象数。因
其一生,生当唐末,经五代之乱,于世事变幻和出世的佛道思想早已了
然于心,自然以独善其身为是。晚见赵宋开国,及太宗光义即位后强
邀入朝,已不可再避。幸有此事实,故百岁左右之陈抟,犹可确知其事
迹及卒年,决不是民间所尊为陈抟老祖的传奇人物。究其所以能创立
先天图,其思想基础出于"由无而有"。既知老子之"有生于无",亦当

观察"从无而有"。今尚存陈抟《观空》一文,可见其深通三教及明确有无的事实,此文见于《道枢》。《道枢》为南宋初至游子曾慥所集成(见涵芬楼本《道藏》六四一——六四八册),基本为抄录前人有关内修的文献,《希夷观空》一文赖以幸存,虽仅三百余字,内容极精深。全文录于下:

> 希夷先生曰:"欲究空之无空,莫若神之与慧,斯太空之蹊也。于是有五空焉。其一曰'顽空',何也?虚而不化,滞而不通,阴沉胚浑,清气埋藏而不发,阳虚质朴而不止,是为至愚者也。其二曰'性空',何也?虚而不受,静而能清,惟任乎离中之虚,而不知坎中之满。局其众妙,守于孤阴,终为杳冥之鬼,是为断见者也。其三曰'法空',何也?动而不挠,静而能生,块然勿用于潜龙,乾位初通于玄谷,在乎无色无形之中。无事也,无为也,合于天道焉,是为得道之初者也。其四曰'真空',何也?知色不色,知空不空,于是真空一变而生真道,真道一变而生真神,真神一变而物无不备矣,是为神仙者也。其五曰'不空',何也?天者高且清矣,而有日月星辰焉;地者静且宁也,而有山川草木焉;人者虚且无也,而为仙焉。三者出虚而后成者也。一神变而千神形矣,一气化而九气和矣。故动者静为基,有者无为本,斯亢龙回首之高真者也。"

陈抟凡分空为顽空、性空、法空、真空、不空五位,始能无中生有。然此太空之蹊,非综合儒释道三教的经典,殊难加以说明。于此可见五代宋初的时代思潮,亦可见陈抟的思想确已贯通三教,故于道教为革新派,于易学亦能开创新局面。唯其能知由无而有,故对"阴阳符号卦"的所有排列方法全部空之,包括三索八卦及卦气图、八宫世魂图、《序卦》、《杂卦》等等,绝无丝毫之保存。然后能畅行于太空之蹊,有以见易道阴阳之自然生生。故于太极两仪四象八卦之言以另作加一倍法解之,成为乾一、兑二、离三、震四、巽五、坎六、艮七、坤八之次。此实出于陈抟之神慧,未尝有所安排,所以易学至宋能大放光明。故伏羲四图为宋易的惟一特色,经四传而大兴于邵雍,其相传诸人皆可考实。详以下表示之:

陈抟(890?—898)——穆修(?—1032)——李之才(?—1045)——邵雍(1011—1077)

考邵雍于李之才处继承陈抟先天图及李之才已有所发展的卦变图等,由二进位制加倍而取四进位制以寓其哲理。于自然界有日月星辰、石土火水,于人事有皇帝王伯、道德功力,于教育有《易》、《书》、《诗》、《春秋》,化教劝率等,其间变化于数又取四四而十六的加一倍法,而一生的巨著则为《皇极经世》。

《皇极经世》继承并改革用天干地支作为记录时间的方法,贵能扩大时间的数量级。考殷周时基本以干支纪日,其后用以纪年。然而历史既长,用六十年周期时见重复,故邵雍特取元、会、运、世四单位作为时间数量级,分别利用干支,使一元的时间为十二万九千六百年。一元分十二会,一会的时间为一万又八百年。一会分三十运,一运的时间为三百六十年。一运为十二世,一世的时间为三十年。以下式示之:

一元=十二会=三六〇运=一〇八〇〇世=一二九六〇〇年

一会= 三十运= 三六〇世= 一〇八〇〇年

一运= 十二世= 三六〇年

一世= 三十年

此理取三十年当一世的古义,且以三十与十二相间乘之,乃以十二世为一运,一运凡三百六十年,略可见时代思潮之变。以唐末上推观之,《史记》用甲子纪年,始于周召共和,其间约当 5 运:一、周召共和(前841—前828)至孔子;二、孔子至汉武帝(前140—前87在位);

三、汉武帝至三国(220);四、魏晋南北朝(220—589);五、隋唐(581—907);此即邵雍所重视的时代变化。更可推广之,于人事始于尧舜,此仍为孔子之《尚书》所限。凡三十运为一会,一会的时间为一万零八百年,则迄今所了解的全人类的文化,由进入早期的农业社会起,约当万年,故可用会级计时。最后以十二会为一元,已可及天道变化的周期。今以天象核之,且为当时邵雍所注意者,此 1 元数的时间间隔约当五个岁差周期。以今日的实测数,对比如下:

$$
岁差周期
\begin{cases}
《皇极经世》129600 \div 5 = 25920\ 年 \\
今测\qquad\qquad\quad 25725\ 年(黄道固定) \\
\qquad\qquad\qquad\ 25784\ 年(黄道移动)
\end{cases}
$$

$$
差\ 1°之时间
\begin{cases}
《皇极经世》\quad 25920 \div 360 = 72\ 年 \\
今测\qquad\quad\ 25725 \div 360 = 71.622\ 年 \\
\qquad\qquad\qquad\qquad\quad (黄道固定) \\
\qquad\quad\ 25784 \div 360 = 71.458\ 年 \\
\qquad\qquad\qquad\qquad\quad (黄道移动)
\end{cases}
$$

$$
《皇极经世》\quad 3600'' \div 72 = 50\ 秒/年
$$
$$
3600'' \div 71.622 = 50.2\ 秒/年
$$
$$
(黄道固定)
$$
$$
3600'' \div 71.458 = 50.3\ 秒/年
$$
$$
(黄道移动)
$$

(今测数据引自 C. W. 艾伦编写之《天体物理量》,1973)

此见《皇极经世》的价值,凡分元、会、运、世四种层次记时,有不同的数量级,以相应于不同的客观情况,此为记录时间极科学的方法。

至于卦象的变化,仍取春秋蔡墨所用的一爻变,且法先天图之次,辗转取之而遍及六十四卦。则此一卦变六卦的爻变法,深合编辑成《周易》时的客观事实。故邵雍所发展的先天图,其作用又可相应于古义,然仅属当时一部分的思想,未可与已深通三教的陈抟相比。以易学象数论,则宜合视陈、邵,朱熹取此四图时已兼言之。且幸有朱熹之重视,故直至清康熙(1662—1722 在位)时犹大行。其时有传教士鲍浮(Bouvet)来中国,来中国前曾与莱布尼兹(Leibniz)通信。莱氏极重视、且极希望了解中国的各种文化,故鲍氏在中国于康熙四十年(1701)十一月四日寄信于莱氏,并附寄伏羲四图。当莱氏见图后,即知与他所发明的二元算术相同,详见莱氏复信:

　　……这里,再回到贵翰的重要问题罢,这就是我的二元算术和伏羲易象的关系。大家都相信伏羲是中国古代的君主、世界知名的哲学者,并且是中华帝图和东洋科学的创造者。这易图是留传于宇宙间的科学中之最古的纪念物。但是,依我愚见,这四千年以上的古物,数千年来没有人能了解它的意义。它和我的演算术完全符合。当贵师(称鲍浮)正努力于理解这记号时,而我在接到贵翰以后,即与以适当的解答,这是不可思议的。我告诉你,我若没有早发明二元算术,我也不能明白六十四卦的体系和算术画图的目的,只能望洋兴叹,不知所云。我发明这算术在距今二十年前。我认定这以 0 与 1 简括的算术,把从来局于某部分的数的科学进于更完全的领域,这是有不可思议的效果的。然而,我在没有成功更大的效用的时候,我暂时保留没发表。以后又因种种的事业和默想,对我在这点上的努力妨碍不少,因而在任何刊物上,我还没有把它公布于世。不料到了现在,偏于阐明中国古代的纪念物上发生了更大的效用,并以献于贵师参考,不胜喜悦之至。我想,这是冥冥中有若主宰之者,是天助也。若果有适当的人,更好好应用算术,对于贵师的解释,更加入一种新方法,可以唤起中国皇帝及大官的注意。……

其后莱氏说明二元算术,即以《易》的阴爻为 0,阳爻为 1,并在鲍浮寄给他的伏羲易图上附记数字,表示《易》的排列次序与他的二元算术完全吻合。此手稿尚存于德国汉诺威(Hansnover)图书馆(以上引文见刘百闵《莱布尼兹的周易学》,载《学艺》1935 年第十四卷第三号)。然在当时二进位制的作用并不大,仅能应用于极简单的计算机上。于数学方面重要的事,是莱氏与牛顿(Newton)争夺微积分的发明权。不期自量子论建立后,因有不可分的能量,故对不分的正整数,又引起重视。且以阴阳二数进位可相应于电子的变化,归功于发明二元算术的莱氏,亦不期而对中国易学感兴趣。故莱氏为以象数角度最早认识易学的外国哲学家。凡易学象数可自然合诸各种数学,数学方法当然可为物理、化学、生物等利用,故易学能应用于自然科学,毫不为奇。然在中国自康熙后所发生的学术变化,必以由宋学反诸汉学为是,故于易学不遗余力地排斥陈抟所发明的"伏羲四图"。至于正面的收获在能由王弼扫象上推而及汉易的尚象。惜上推的事实,因为文献所限,仅知东汉的易学,于西汉的情况仍多茫然,此即为"经学易"所误。而宋易所发展的易学象数,反能直承"黄老易"而及"数字卦"。故今日能以易学象数合诸西方各种自然科学之理,必须重视朱子已取之九图,于伏羲四图尚当进一步加以说明。朱熹注"伏羲八卦次序":"《系辞传》曰:'《易》有太极,是生两仪,两仪生四象,四象生八卦。'邵子曰:'一分为二,二分为四,四分为八也。'《说卦传》曰:'《易》逆数也。'邵子曰:'乾一、兑二、离三、震四、巽五、坎六、艮七、坤八,自乾至坤,皆得未生之卦,若逆推四时之比也。'后六十四卦次序放此。"

今示其图,并加二进位制的次序,可见与今日起大作用的电子计算机,其原理完全相同(图见下页):

朱注"伏羲八卦方位图":"《说卦传》曰:'天地定位,山泽通气,雷风相薄,水火不相射。八卦相错,数往者顺,知来者逆。'邵子曰:'乾南、坤北、离东、坎西、震东北、兑东南、巽西南、艮西北。自震至乾为顺,自巽至坤为逆。后六十四卦方位放此。'"图示如下:

0	1	2	3	4	5	6	7	十进制
000	001	010	011	100	101	110	111	二进制
☷	☶	☵	☴	☳	☲	☱	☰	卦象
八	七	六	五	四	三	二	一	卦数
坤	艮	坎	巽	震	离	兑	乾	卦名

伏羲八卦次序图

伏羲八卦方位图

　　当陈抟定此方位后,于反身的功法,更可以卦象示之,极为方便,此所以《悟真篇》的功法与《参同契》不同(详下)。

　　朱注"伏羲六十四卦次序图":"前八卦次序图,即《系辞传》所谓'八卦成列'者。此图即其所谓'因而重之'者也。故下三画即前图之八卦,上三画则各以其序重之,而下卦因亦各衍而为八也。若逐爻渐生,则邵子所谓八分为十六,十六分为三十二,三十二分为六十四者,尤见法象自然之妙也。"图示如下:

61

0	1	2	3	4	5	6	7	8	9	10	11	12	13	14	15	16	17	18	19	20	21	22	23	24	25	26	27	28	29	30	31	32	33
000000	000001	000010	000011	000100	000101	000110	000111	001000	001001	001010	001011	001100	001101	001110	001111	010000	010001	010010	010011	010100	010101	010110	010111	011000	011001	011010	011011	011100	011101	011110	011111	100000	100001
六十四	六十三	六十二	六十一	六十	五十九	五十八	五十七	五十六	五十五	五十四	五十三	五十二	五十一	五十	四十九	四十八	四十七	四十六	四十五	四十四	四十三	四十二	四十一	四十	三十九	三十八	三十七	三十六	三十五	三十四	三十三	三十二	三十一
坤	剥	比	观	豫	晋	萃	否	谦	艮	蹇	渐	小过	旅	咸	遁	师	蒙	坎	涣	解	未济	困	讼	升	蛊	井	巽	恒	鼎	大过	姤	复	颐

伏羲六十四

62

十进制	34	35	36	37	38	39	40	41	42	43	44	45	46	47	48	49	50	51	52	53	54	55	56	57	58	59	60	61	62	63
二进制	100010	100011	100100	100101	100110	100111	101000	101001	101010	101011	101100	101101	101110	101111	110000	110001	110010	110011	110100	110101	110110	110111	111000	111001	111010	111011	111100	111101	111110	111111
卦数	三十	二十九	二十八	二十七	二十六	二十五	二十四	二十三	二十二	二十一	二十	十九	十八	十七	十六	十五	十四	十三	十二	十一	十	九	八	七	六	五	四	三	二	一
卦名	屯	益	震	噬嗑	随	无妄	明夷	贲	既济	家人	丰	离	革	同人	临	损	节	中孚	归妹	睽	兑	履	泰	大畜	需	小畜	大壮	大有	夬	乾

卦象、六十四卦（6维）、三十二卦（5维）、十六卦（4维）、八卦（3维）、四象（2维）、两仪（1维）、太极（0维）

卦次序图

此图虽同八卦,然以数及象,八卦当代数的三次方程,故属三维空间,此及六次方程,故属六维空间(详下节)。

朱注"伏羲六十四卦方位图":"伏羲四图其说皆出邵氏,盖邵氏得之李之才挺之,挺之得之穆修伯长,伯长得之华山希夷先生陈抟图南者,所谓先天之学也。此图圆布者,乾尽午中,坤尽子中,离尽卯中,坎尽酉中。阳生于子中,极于午中;阴生于午中,极于子中。其阳在南,其阴在北。方布者乾始于西北,坤尽于东南;其阳在北,其阴在南。此二者阴阳对待之数,圆于外者为阳,方于中者为阴;圆者动而为天,方者静而为地者也。"此图可分为方圆二图,如下:

坤 8	艮 7	坎 6	巽 5	震 4	离 3	兑 2	乾 1	八卦 悔贞
坤	剥	比	观	豫	晋	萃	否	坤 8
谦	艮	蹇	渐	小过	旅	咸	遁	艮 7
师	蒙	坎	涣	解	未济	困	讼	坎 6
升	蛊	井	巽	恒	鼎	大过	姤	巽 5
复	颐	屯	益	震	噬嗑	随	无妄	震 4
明夷	贲	既济	家人	丰	离	革	同人	离 3
临	损	节	中孚	归妹	睽	兑	履	兑 2
泰	大畜	需	小畜	大壮	大有	夬	乾	乾 1

方图

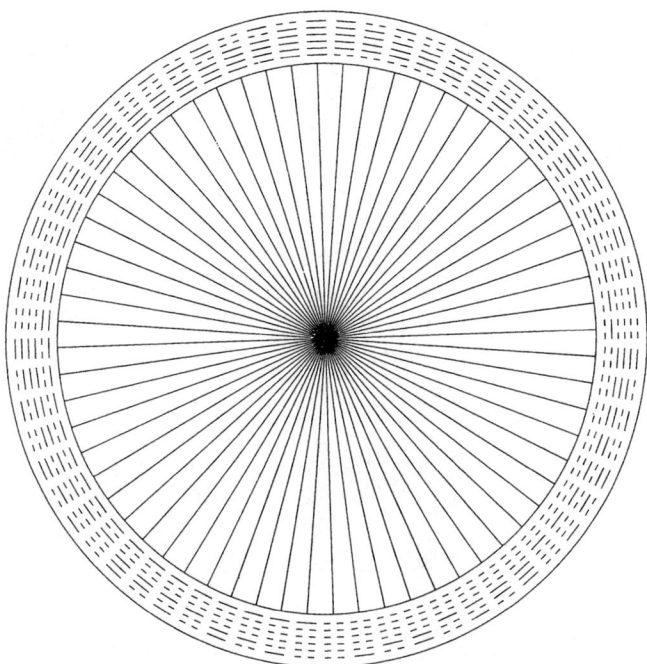

圆图

圆图犹进一步分辨方位,凡相对二卦间的连线,必通过同一中心,于八卦当三维空间的中心,于六十四卦当六维空间的中心,于方圆,可用贞悔八数以示卦象的变化,式如下:

$$\begin{cases} 贞 & 1 \quad 2 \quad 3 \quad 4 \quad 5 \quad 6 \quad 7 \quad 8 \\ 悔 & 1 \quad 2 \quad 3 \quad 4 \quad 5 \quad 6 \quad 7 \quad 8 \end{cases}$$

此用贞悔数的意义与矩阵的理论完全相同(二图的作用详下)。且自宋起早已利用伏羲四图作为反身练功的指导思想,主要一语为"取坎填离"而"后天返先天"。至于返先天后的情况,所有的气功文献中基本不谈以神其说。其实有未济变既济、否变泰的重要概念,见下图:

南首 取坎填离 先后天合一 ←→ 南首

北腹既济后天 北腹 泰 先天

↕ ↑

南首 取坎填离 后天返先天 → 南首

北腹未济后天 北腹 否 先天

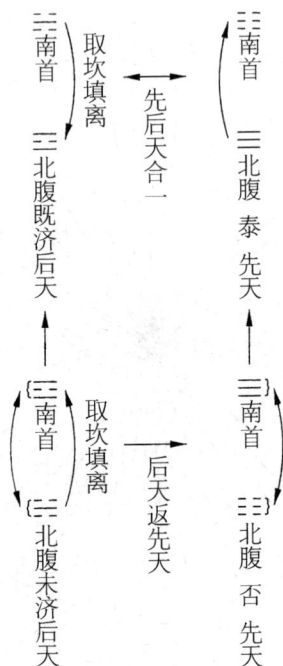

故自陈抟后的养生功法有大进步,此可见于《悟真篇》。

第四节　通贯古今的三才易学
——整体易与科学易

易学象数的考古文献,可以追溯到三千年前已具备的天干地支、阴阳三才、四方四时、五行六爻及"数字卦",由数字合成能说明阴阳五行生克变化的"河图"、"洛书"。"数字卦"发展成"阴阳符号卦"的变化过程,当完成七八卦数九六爻数的乾坤动静后,约在春秋末。此时一方面编辑成《周易》,一方面又深入研究"阴阳符号卦"的作用。有关时空的认识,如消息旁通、贞悔反复、参伍错综等内容,莫不因时代而增加新概念、新思想。战国时各国的卜筮法及说《易》文献并不相同,基本已能得人参天地的三才整体。易简而天下之理得,故能以包括五行

的阴阳总结先秦的思想文化。至西汉中期,方总结前人之说以编成
"易传"十篇。至一千年前,有陈抟创立先天图,既有据于古义,又贵能
自创新意,要在能得"阴阳符号卦"加一倍法的排列次序(今名二进
制),故有划时代的作用。因此,研究象数易,既不可忽视历史的发展
史迹,更不可不理解数千年来始终有三才的整体结构。同一卦爻象的
信息,确可因人而有不同的感受,是所谓"神而明之,存乎其人"。唯其
人之有神,始能综合三千年来学易者的心得,且使之为现代所用。至
于古为今用的原则,于古不可不知整体易学象数中本具的科学思想及
其具体内容;于今又须理解西方自然科学的发展情况,即如何由古希
腊、罗马的文化,经历中世纪的黑暗,由文艺复兴而有宗教革命;又如
何由伽利略(Galilei,1564—1642)、牛顿始确立以实验为主的科学思
想。及二十世纪开始,又有普朗克(Planck,1858—1947)量子论及爱
因斯坦(Einstein,1879—1955)相对论的建立,更大大超过牛顿力学的
体系而于认识论之内容有完全不同的面貌,若爱因斯坦所建立的四维
时空连续区,尤属划时代的创举。生物学方面,一九五三年有沃森
(Watson,1928—　)和克里克(Crick,1916—　)准实验基础而提出
DNA的双螺旋结构,由是从孟德尔(Mendel,1822—1884)到摩尔根
(Morgan,1866—1949)的基因研究而成为遗传密码的研究,方可更深
一层以了解生命起源的事实。凡此具体的发展,仍本物理思想的逐步
前进。而认识论的工具则用数学的方法,其达到的认识境界亦须用数
学表示,方能有比较正确的概念。以数学本身论,为人类所利用早有
数千年的历史。而中国所形成的易学象数结构复杂,内容丰富,用于
易理的哲学思想及养生医学的具体方法,迄今仍在流传。惜尚未能抽
象出易学象数本身的原理,故为种种附入的迷信思想所混淆。今必须
直探本原以究易学象数的种种结构,方能与西方纯数学的原理及其发
展情况比较,然后由数学而及物理、化学与生物医学,始可明了中国的
养生与医学必须合以易学象数,实为二三千年来最伟大的成就之一。

以下先从易学的方位图说起。此图已见于上,此处仅列八卦的形象与方位("易学八卦方位图"相对陈抟的"先天图",又名"后天图"),以便参阅:

易学八卦方位图

上图的原理,当详为说明,以见易学象数的精蕴。此图所列的方位今见诸《说卦》,至迟在战国末早已安排定型。《说卦》曰:

> 帝出乎震,齐乎巽,相见乎离,致役乎坤,说言乎兑,战乎乾,劳乎坎,成言乎艮。万物出乎震,震,东方也。齐乎巽,巽,东南也。齐也者,言万物之洁齐也。离也者,明也,万物皆相见,南方之卦也。圣人南面而听天下,向明而治,盖取诸此也。坤也者,地也,万物皆致养焉,故曰"致役乎坤"。兑,正秋也,万物之所说也,故曰"说言乎兑"。战乎乾,乾,西北之卦也,言阴阳相薄也。坎者,水也,正北方之卦也,劳卦也,万物之所归也,故曰"劳乎坎"。艮,东北之卦也,万物之所成终而所成始也,故曰"成言乎艮"。

此节定八卦的方位,其下限距今已有两千一二百年。最堪玩味者,于兑卦不言西而曰正秋,可见至迟在战国时已取天时的时令与地势的方位合一而言。尤要者荀子非子思、孟子创五行说以合诸五德。此虽为荀子所非,然早已大行于天下,且确有其不可废的大义。凡天

68

时与地位相合,以见八卦为时—空合一的坐标;更合于人的德行,又可视为天地人三才合一的坐标;此方为整体易学的特色,且有合于西方自然科学发展的情况。笛卡尔(Descarles,1596—1650)于一六三七年出版《几何学》,并使几何、代数合一而创立解析几何,要在有明确的坐标概念。若"八卦成列"而有方位,义同坐标。继之牛顿完成有整个体系的力学原理,才能进入科学时代。不朽的三定律实有其历史价值,故爱因斯坦仍主张学科学当开始于牛顿力学。然今已了解牛顿力学与爱因斯坦相对论的主要不同点在于,牛顿用绝对时间,认为与空间的变化无关,而爱因斯坦的相对论已结合时间与空间,建立四维时—空连续区的概念,且已得实验证明。这一二十世纪的新成就,对人类的影响尚在发展。而反观易学的坐标,早已时—空合一,视东南西北可通于春夏秋冬,这一重要原理确存于易学中。且此合时空为一的思想,中国古代其他相关著作亦有言及,如汉初《淮南子·齐俗训》说:"往古来今曰宙,四方上下曰宇。"先秦《庄子·庚桑楚》也早说:"有实而无乎处者,宇也,有长而无本剟者,宙也。"以宇宙当时空的本义,要在能二字连用。

爱因斯坦于一九五三年有给美国加利福尼亚州圣马托的 J. E. 斯威策的信,全文为:

西方科学的发展是以两个伟大的成就为基础,那就是希腊哲学家发明形式逻辑体系(在欧几里得几何学中),以及通过系统的实验发现有可能找出因果关系(在文艺复兴时期)。在我看来,中国的贤哲没有走上这两步,那是用不着惊奇的,令人惊奇的倒是这些发现在中国全都做出来了。(录自《爱因斯坦文集》第一卷)

爱因斯坦这封复信并未说明"中国全都做出来了"什么。以文义观之,是说中国虽然没有能走上这两步,亦能做出走上这两步后所得到的结果。至于由此两步所得到的结果是什么? 当以爱因斯坦的相对论为准,就是已能结合时—空而做出四维时—空连续区的宇宙形象,亦就是已了解时间与空间为不可分割的整体。而上面所示的易学坐标非但能结合时空,且早已形成了三才合一的坐标,此似非爱因斯坦仅专心于物理学者所能重视。因人属生物,更当注意生物的特性。于爱因斯坦生前与玻尔(Bohr,1885—1962)等的争论,可以说一直争论到生命结束。爱因斯坦以决定论的思想为主导,玻尔以统计论的思想为主导。且爱因斯坦以物理学为主,玻尔已注意由物理学可及生物学。玻尔于一九三二年讲演"光和生命",就应用原子物理学概念移入生物学。未久,又有现代波动力学的创立者薛定谔(Schrödinger, 1887—1961)于一九四四年出版一本小册子《生命是什么》,亦以量子原理说明遗传基因的变化,则与玻尔的思路不谋而合。这两位物理学家的可贵在于能亲身体验到现代物理学的精微概念应当相应于生物学。这一思路在西方社会的影响极大,于一九五三年就有沃森与克里克根据 X 光衍射实验的资料,提出 DNA 双螺旋结构模型,为现代分子生物学建立了划时代的里程碑。一九七〇年又有量子生物学的国际性组织成立,由是可使现代生物学相应于现代物理学。进一步考察现代物理学的理论,早已深入于原子核的内部研究基本粒子的变化,且正在建立夸克的模型。此于生物体内尚无相应层次的理论,且西方于生物理论的发展,每走在物理理论之后。故研究物理者仍视物理理论为一切自然科学之本,其实并不如此。因为对生物的物质基础的确不可忽视,然于物质已突变而成为有生命的生物,更不可不注意其特殊性。生物学就是研究有生命的物质,故其理论决非物理理论所可尽。准此研究生物学的原则,当生命起源后,更有生物进化的原理。迄今为止,地球上的生物当以人类为主。人与其他生物,应该明确其同异;于有生命的生物与无生命的物质,更当重视其同异。

如能认识由物理而生物学,则爱因斯坦对中国的发展可不必惊奇,因为中国的贤哲早已走上这两步。且更能由"宇宙"而"世界",世犹宇,界犹宙。然"宇宙"指客观的时—空结构,"世界"乃指人类的时—空结构,亦就是人类的生物钟。世指三十年为一世,界为划田四界。三十年之时间,约当人类遗传一代的平均时间,划田四界以耕种其中,当已进入农业社会而有定居的空间概念。埃及发明几何学,亦起于度量土地。我国文化的有规矩以成方圆,作用全同于西方的圆规与三角尺。故在我国亦有利用几何学以发明的形式逻辑体系,此一体系就是在易学中。更重要的第二步,所谓"通过系统的实验"实已超过西方科学,因实验对象除天地万物外,早已注意动植物,且已及万物之灵的人类本身。其间最有收获者,就是能以自身为实验室而得养生之道。故由"宇宙"而"世界",由客观无穷的时—空结构反诸人生有限的时—空结构,且以人的时—空合诸天地的时—空,能利用八卦的形象以示天地人三才合一的坐标,此易学的原理所以能容纳一切学科的原理。或未明八卦所示的内容,未究三才之道的实质,自然对易学有神秘感。合诸今日的概念,于天为宇宙演化,于地为物质结构,于人为生命起源,这三个今日仍在继续为全人类所研究的课题,全部可纳入易学的三才之道。此可说明易学的原则、所研究的对象和方法,尚可为今日利用。况易学对人类本身的实验,就是养生与医学问题,更有特殊的成就。今日约知在地球上生命起源已有三十亿年,及进化而成人类亦可以百千万年计,大部分属史前文化,有文化记录基本不出万年。而我国于二三千年前,已知反身而得其理。以生物进化的长流观之,以遗传密码核之,二三千年的时间,人类约传一百代,差别并不大。二三千年前古人确有得于养生之理者,其理对今日之人基本仍可适用,所以研究古代的养生方法及其原理,依然有重要价值。况利用易学象数,与今日的利用数学,原则全同。故研究古人的养生法,必须了解易学象数。上述一图,就是最基本的三才坐标。进而观其时空的安排,则与今日地图的画法恰颠倒。

凡今日世界通行的平面地图画法,上为北,下为南,左为西,右为东。而易学的三才坐标,二千余年来的传统画法,必以上为南,下为北,左为东，右为西。观今存北宋黄裳地理图的方位，已与今日世界通行的方位同，而唯画八卦的方位仍用传统的画法，于上下左右相反。当马王堆的大批文献出土，间有一幅地图，而其方位为上南、下北、左东、右西。此可证我国自先秦以来，早已定此标准，而唯有八卦方位图尚能保存至今。如仅以时—空论，于上下左右代入东南西北与春夏秋冬，颠倒之亦无妨。而合诸人类，尤其是论及养生与医学问题，则易学的方位决不可改变。因由天时地空而人参之，于人身有其固定的方位，即首当属南在上，腹当属北在下，左手左足属东而左为阳，右手右足属西而右为阴。且因人而定时空方位，于《易》的文字，就是"元亨利贞"，庶见八卦图的大义。更示如下：

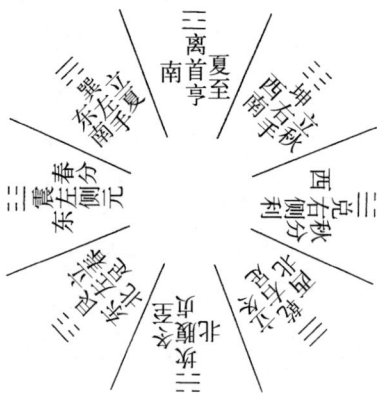

（八卦方位图：离南首当亨夏至、坤前右手商秋、兑西右侧分秋利、艮东北……、坎北……、巽……、震东左侧元春分、乾东南左上南手夏）

又人身左右侧的标准，因我国地处北半球，故以面南而定。《说卦》"离也者，明也，万物皆相见，南方之卦也。圣人南面而听天下，向明而治，盖取诸此也"是其义。故人身有其明确的卦象，可面向东南西北一周以论之。凡人身的中轴脊椎当之，人之直立（所谓顶天立地）确为与动物主要分辨处之一。于卦象头顶当天为上离，腹部应地为下坎，其他六卦的位置，将因不同的面向而起变化。当面南面北时，相应于人身为十二经络的运行。故面南时左手左足为阳，右手右足为阴。当日出时在左肋，经左手而至日中当百会，午后经右手而至右肋当日没，经右足至夜半当会阴，经左足至左肋又当日出，如是为一日的运行。而或面北时，自然可变为左手左足为阴而右手右足为阳。则一周的运行,有向量的不同,此面南面北的左右旋,须同时理解,以取其适当的南北方位。更重要的变化,于养生时有面对日光的要求,即日出面东,日落面西,此当卯酉周天。亦可从子午周天,当夜半至日中面东,日中至夜半面西。而于面东面西时所相应的卦象在任督脉上作顺逆的运行,基本认作面东时为顺行,面西时为逆行,顺逆之间有重要的区别。详下四图:

面东

面北

面西

面南

这一八卦方位配合于人身的坐标,为理解易学象数与养生气功有关的基本原则,也就是由客观的时空深入到生物的时空。且于生物已进化为最高层次的人,能掌握易学象数的三才坐标与自身的配合关系,则人身内部的种种变化,皆可以卦象喻之。且八卦的方位,尚有进一步的变化。《说卦》的文字已示阴阳相对之象,然未说明其方位。原文为:"天地定位,山泽通气,雷风相薄,水火不相射。"此乾天、坤地、艮山、兑泽、震雷、巽风、坎水、离火之象,为八卦取于自然界的形象,而《说卦》使阴阳相反者并言,此明阴阳相对之义。迨唐末宋初的陈抟,能深入认识阴阳相反的事实以排列成先天图,于易学象数更有划时代的进步。上节已加说明,今更可以先天图反诸身。于后天图中,仅顶天立地之脊椎不变,其他六卦必须旋转;而以先天图观之,则相对的二点,皆可不变。或理解养生之气功必以运行为是,有所谓"小周天"、"大周天"种种现象。然合诸卦象,仅知运行同属后天功法。以先天功言,要在得其核心之点,何必观其周天,而无穷的周天,莫不起于中心之点。此中心点以具体的人身言,则不但在首腹之间,亦在左手右足之间,右手左足之间及左右肋之间等。然事实上虽可定为心的位置,而人生之奥秘,以历代养生术语喻之,唯由命宫而达性宫,庶足以得其旨。以性宫云者,方属体内之中心。更以天地人三才言,中心是否在体内,亦有变化。若由生命起源以进化成今日之人类,莫不有此生命。所以成为生命之故,与无生命的物质有本质的不同。合诸西方的生物学论,即由认识细胞而达基因,由基因而达分子生物学的遗传密码及其结合的能量。故中国养生学中所谓性宫的概念,今日唯遗传密码的意义可相互比喻而合观之。先言其要,凡养生气功而达体验性宫的阶段,犹在认识自己的遗传密码及其结构,如何由遗传而得 DNA 的组合长链,又如何于出生后受 RNA 的影响,今又如何观察 DNA 与RNA 之关系。根据客观事实,如何见及人类社会思潮的发展趋势,如何认识人类的标准以及如何改变遗传密码以治先天遗传病等。用中国的养生术语论,是之谓"推情合性"、"修真养性"。今分子生物学及量子生物学正在研究遗传工程,乃从微观入手,而中国的养生学实于人类本身的巨系统入手以体验其微观形象,如何由 DNA 及 RNA 之关系经三十亿年的发展进化而成为今日的人类。中华民族早在数千年前已在反身体验人参天地之情况,故易老与养生这一课题虽古犹新,今日正宜引起世界学者的注意。以上初步以易学先后天的三才坐标,说明中国有其独特的思维方法,以下更述对三才整体的认识。

天地人三才之道,其本归诸易学象数,在中国二三千年来早已成为老生常谈,不以为意,且亦乏人重视其内含的实质,实仍可在今日人类的认识论中起大作用。《老子》曰:"一生二,二生三,三生万物",此仅以数言。更抽象三才,凡一、二、三,三数实为极重要的概念。以几何学观之,人类生活在三维空间中,且已经过三种无穷的认识:其一,认识无穷点可连成一线,不论曲线直线,皆有无穷点;其二,认识无穷线可包含在一个平面中,不论方或圆,皆含有无穷线;其三,认识无穷面可包含在一个立体中,不论六合的立方体或练功时弄丸的球体,皆含有无穷面。此无穷的点、线、面就是一、二、三,这三数的几何形象亦为老子所理解,而当时认为不必加以说明者。继之曰"三生万物",已一语点破,凡天地间莫非万物,而万物有万千的外形,以象数归纳之,不外点线面三种无穷的组合。此在西方,自埃及重视几何学,经希腊柏拉图(Plato,前 427—前 347)加以哲理化,欧几里得(Euclid)集合成《几何原本》,虽在千余年的黑暗时代中,视此三维几何尚为不可否定的真理。直至康德(Kant,1724—1804)的哲学思想,仍立足于欧氏几何学。高斯(Gauss,1777—1855)虽已认识平行线可能相交,然碍于欧氏的历史地位,未敢作贸然否定。俄国的罗巴切夫斯基(Лопачевский,1793—1856)、匈牙利的波里埃(Bolyai,1802—1860)约同时提出非欧几何的概念。其后更有黎曼(Riemann,1826—1866)提出有拓扑多维性质的"黎曼几何",始可全部超过欧氏几何的概念。而西方自然科学的突飞猛进,决不可忽视作为认识论基础的几何学有此大发展的事实。且几何、代数经笛卡尔创立解析几何加以结合,于多元方程自然可相合于多维几何。然自柏拉图、亚里士多德(Aristotle,前384—前322)起至十九世纪初期,多维几何虽屡次有人提出,而结论莫不认为不可能,被认为是自然界里的怪物。故格拉斯曼(Grassmann,1809—1877)于一八四四年才第一次正面提出多维几何的概念,并研究五个早已名为"柏拉图体"的正多面体。因柏拉图生前热爱几何学,得"正四面体"、"正六面体"、"正八面体"、"正十二面体"、"正二十面体"五个正多面体,特别制成模型悬挂在学园之门,且谓不理解此五个正多面体者,不必进其门。此见柏拉图的思维方式,全以几何学为主。这一事实在黑暗时代尚盛传,五个正多面体就名为"柏拉图体"。图示于下:

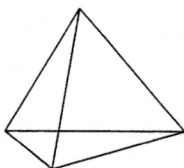

正四面体

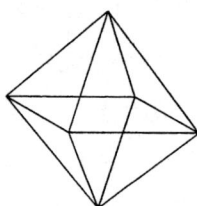

正八面体

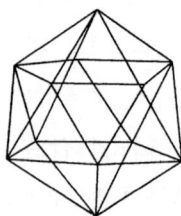

正二十面体

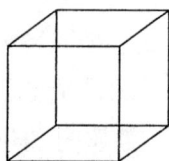

正六面体

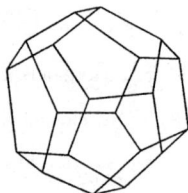

正十二面体

以几何形象论,三维的正多面体的确仅此五种,故为其束缚达二千余年,直至格拉斯曼始为能正面研究多维的正多面体的第一人。

格拉斯曼在一八四五年发表一篇札记中说:

> 我的扩张的演算,建立了空间理论的抽象基础:即它脱离了一切空间的直观,成为一个纯粹数学的科学,只是在对(物理)空间作特殊应用时,才构成几何学。
>
> 然而扩张演算中的定理,并不单单是把几何结果翻译成抽象的语言,它们有非同寻常的重要性。因为普通几何学(物理)受空间的三个维数的限制,而抽象科学则不受这个限制。
>
> (见《古今数学思想》)

然多维空间的概念,在西方已被否定二千余年。n 维几何的概念,即使在引进以后很长一段时期,还是受到一些数学家的顽固抵抗,同负数、复数当初的情形一样。当初步被接受时,只是认为数学能引进并研究一些相当任意的概念和理论,如四元数的情况,它们没有直接的物理解释,但却是有用的,可满足一种普遍性的要求。如等同于物理空间,则 n 维几何仍遭非难。能使多维空间合诸物理学者,第一人为爱因斯坦,就是于一九〇五年所创立的狭义相对论。利用四维时—空连续区,实属西方物理学史上的新纪元。这一情况,在中国思想家的头脑中就完全不同。《庄子·齐物论》:"六合之外,圣人存而不论;六合之内,圣人论而不议。"此明辨六合内外,六合者,就是三维空间的正立方体。"之内"指三维空间内,"之外"就是多维空间。且更有"方内"、"方外"之称。《庄子·大宗师》中孔子曰:"彼游方之外者也,而丘游方之内者也。"又曰:"彼方且与造物者为人,而游乎天地之一气,彼以生为附赘悬疣,以死为决疣溃痈。夫若然者,又恶知在生死先后之所在。"秦汉后,早以"方内"、"方外"作为儒道之代名词。而"方"

字以二维面的方域解之,殊未合庄子之本义。今知"方"字宜以三维立方体当之,游方之外,犹游乎"六合之外",故谓之"游乎天地之一气";游方之内,犹游乎"六合之内"。此见庄子的思想,虽然无多维空间的名词,已具多维空间的概念。更观《礼记·大学》:"所谓平天下在治其国者,上老老而民兴孝,上长长而民兴弟,上恤孤而民不倍,是以君子有絜矩之道也。所恶于上,毋以使下;所恶于下,毋以事上;所恶于前,毋以先后;所恶于后,毋以从前;所恶于右,毋以交于左;所恶于左,毋以交于右。此谓絜矩之道。"究此上下前后左右的絜矩之道,絜矩就是六合,就是三维立方体。所得的道,是指立方体的中心点。尤重要者,此絜矩之道须合以过去、现在、未来三时,于人类则为上一辈(老老)、平辈(长长)和下一辈(恤孤)。孔子的志向就希望做到"老者安之,朋友信之,少者怀之",故庄子认为孔子游于方之内,恰可当此絜矩之象,然不可不知絜矩之道已及三时。而庄子所谓"六合之外",更有多维空间的形象。故时—空结合,秦汉后之儒道皆同,"方外"云者,尚有超过时—空结合之义。

当爱因斯坦第一个利用四维时—空连续区的几何形象以说明其相对论,有闵可夫斯基(Minkowski,1864—1909)第一个为之指出,第四维就是时间。其后至一九一六年爱因斯坦完成广义相对论,于数学方面利用黎曼几何为基础,即由欧氏几何而及非欧几何,至于维数问题,则直到最后仍以四维为限。爱因斯坦于一九五四年十二月为第五版《相对论的意义》自写说明,因于场论问题中有人提出须增加维数,爱氏曰:"增加连续区域的维数,在这种情况下必须解释为何连续区域外观上限于四维。"因爱因斯坦以物理学角度考虑,除时间连续于空间三维作为第四维外,殊无其他"实在"可合于客观的"实在"中作为第五维。或纯以数学言,则既有四维,又可上推至无穷维。故今日论多维空间,仍有数学与物理学两种不同的概念。此处合诸中国的"六合内外"及"方外"、"方内"论,暂可归诸数学,则凡天干、地支、五行、六爻、七蓍、八卦等,莫不可合诸欧氏几何的多维形象。唯由抽象而得其理,

其理必凌驾于三维空间之上。且取多维空间作为数学坐标,仍可准柏
拉图体的形象。其间尚有对偶的概念,对偶者以三维论,指二维面数同
于零维点数、一维线数相同的两种几何形象,故正四面体为自对偶,正六
面体与正八面体则互为对偶等。于五维以上,正则多维空间的形象仅
有三种,即 $n+1$、$2n$ 及 2^n(n 为维数),依次相当于三维空间的正四面体、
正六面体及正八面体,对偶亦相同。而三维以上,于减一维的边界,另有
专名为胞腔。详见希尔伯特(Hilbert,1862—1943)《直观几何》。下列六
维以下正则多维空间之间的关系表:

2n 类型	n+1 类型	2ⁿ 类型	
(6-12) 边界为 12 个(5-10)	(6-7) 边界为 7 个(5-6)	(6-64) 边界为 64 个(5-6)	6 维
(5-10) 边界为 10 个(4-8)	(5-6) 边界为 6 个(4-5)	(5-32) 边界为 32 个(4-5)	5 维
(4-8) 边界为 8 个(3-6)	(4-5) 边界为 5 个(3-4)	(4-16) 边界为 16 个(3-4)	4 维
(3-6) 边界为 6 个(2-4)	(3-4) 边界为 4 个(2-3)	(3-8) 边界为 8 个(2-3)	3 维
(2-4) 边界为 4 个(1-2)	(2-3) 边界为 3 个(1-2)	(2-4) 边界为 4 个(1-2)	2 维
(1-2) 边界为 2 个(0-1)	(1-2) 边界为 2 个(0-1)	(1-2) 边界为 2 个(0-1)	1 维

表头:→相互对偶←　自对偶

注:表中所用括号(X-Y)的意义,前一数 X 代表维数(dimension),后一数 Y 代表边界数。三维以上的边界,另有专名为胞腔(cell)。

上表宜由下及上以观之。最下为一维,同为二个零维点连成的一维线。二维已有不同,有三线围成正三角形及四线围成正方形。于三维起三种形象各不相同,始有相互对偶与自对偶之分辨。$2n$ 类型是 6 个正方形为边界以围成立方体;2^n 类型是 8 个正三角形为边界以围成正八面体。这两个形象相互对偶,象数各可与三画八卦相通,以下图示之:

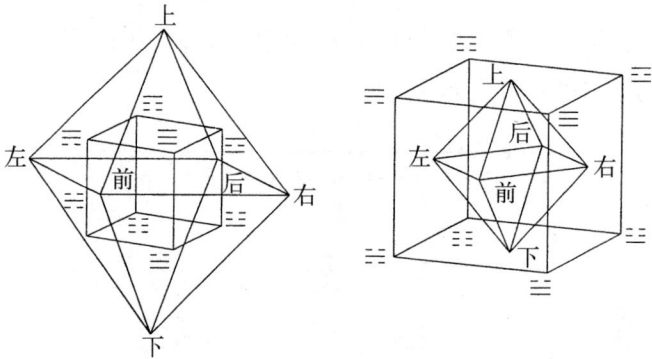

$n+1$ 类型为 4 个三角形为边界,以围成正四面体,且为自对偶,此自对偶的四点,犹元、亨、利、贞,以下图示之:

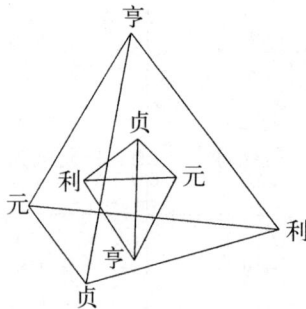

继之为四维。于 $2n$ 类型为八个立方体所围成,希尔伯特已画出其投影图形,科普文章介绍爱因斯坦四维时一空连续区的几何结构,基本用此形象。然尚有属 2^n 类型的对偶形象,为 16 个正四面体所围成。图见下:

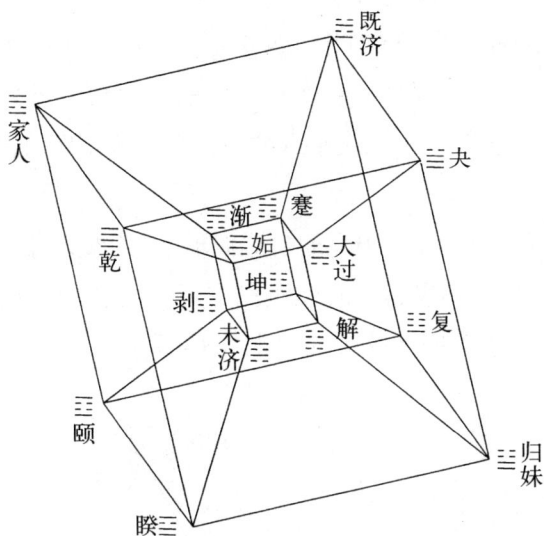

四画阴阳为十六卦
当四维八胞腔有十六顶点

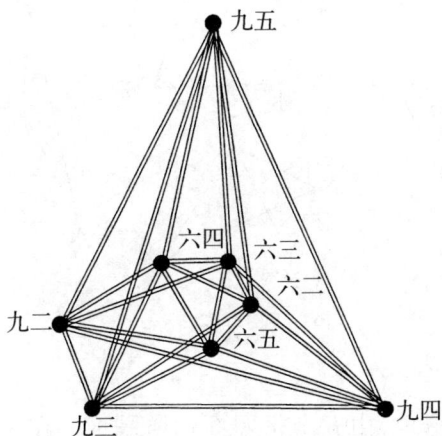

若夫杂物撰德,辨是与非,则非其中爻不备
当四维十六胞腔有八顶点

　　以上两图,与易象的四画卦相合,(4-8)的十六个顶点当十六互卦。于(4-16)的八个顶点,当中四爻九二、六二、九三、六三、九四、六四、九五、六五。《周易·系辞下》"若夫杂物撰德,辨是与非,则非其中爻不备"是其义。此两种四维空间的对偶,犹四画卦爻间的变通。

　　至于另有属于 $n+1$ 类型的自对偶形象,其象数可与五行相通。于(4-5)的形象外,附以五个正四面体,更可喻在中国已通行两三千年的五行学说,实在说明不可见的时间。图见下:

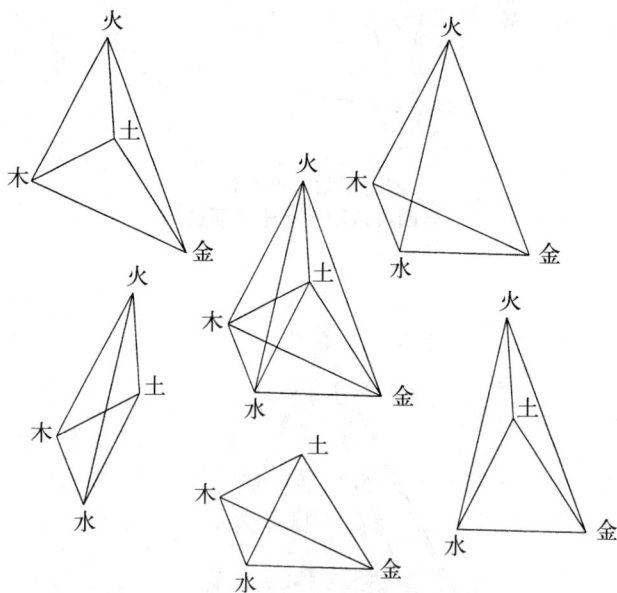

五行

　　此(4-5)的形象,由五个正四面体所围成。在三维空间中不可能出现,如加入时间一维后,可运用无碍。五行生克,就是这一意义。凡生与克在三维空间中为绝对矛盾的情况,而以(4-5)视之,确能并存,此有得于知时。且此(4-5)属自对偶的形象,故于反身时可

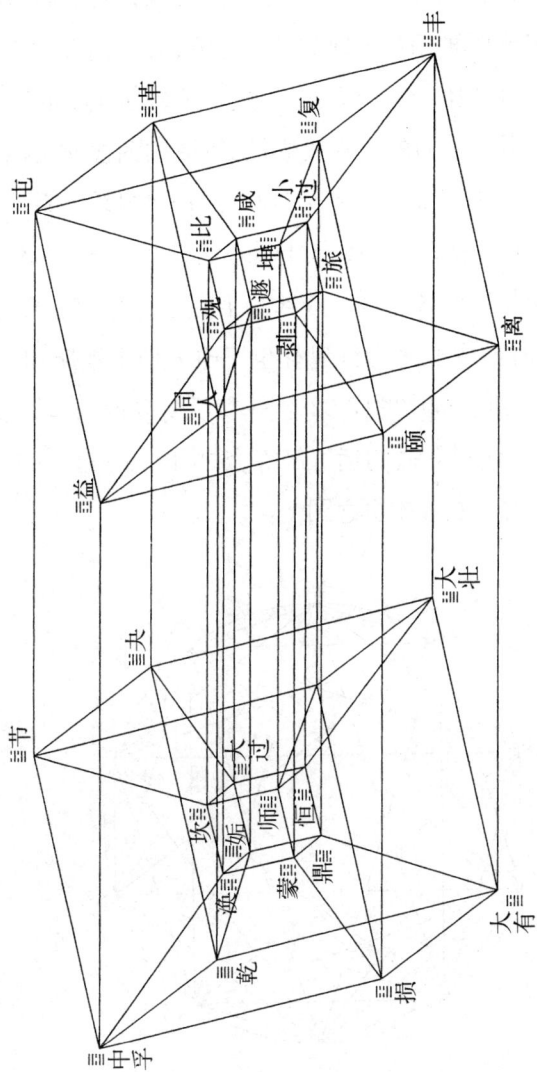

五画阴阳为三十二卦
当五维十胞腔
有三十二个顶点

83

见生克并存的境界,要在能以"安贞"处之,以观其"西南得朋"与"东北丧朋"。

更上而以五维论,《直观几何》中未画其形象,然仍可再次以投影及移位法画之。于两种相互对偶类型的形象,宜合诸天地十数,亦通于天数。于(5-10),用(4-8)的移位法而成。凡32顶点,即五画阴阳的32卦。于(5-32)用(4-16)的再次投影法,所成的图像非常简单,然当有高度的抽象能力方可想象其具体的(5-32)。《周易·系辞上》:"天一、地二、天三、地四、天五、地六、天七、地八、天九、地十。"又曰:"天数五,地数五,五位相得而各有合。天数二十有五,地数三十,凡天地之数五十有五,此所以成变化而行鬼神也。"由天地十数所组合成的河图,基本可当此五维空间中的(5-32)。一切反身以得的境界及五脏六腑间的种种变化,包括气血的运行等等,殊可以(5-10)与(5-32)间的对偶变化示之。见上页和本页之图:

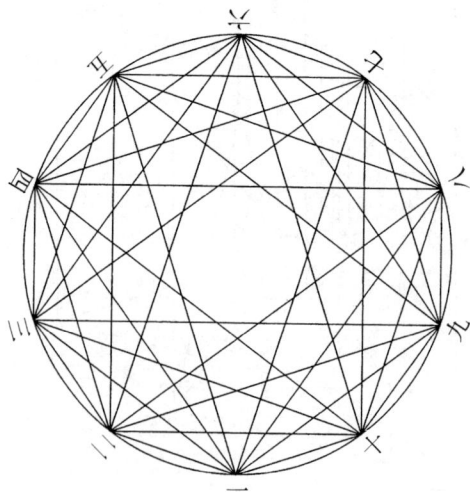

天一　地二　天三　地四　天五
地六　天七　地八　天九　地十
当五维三十二胞腔有十顶点

对于 $n+1$ 类型的五维自对偶形象,所以发展五行的学说而成为五运六气,凡五运仍属四维自对偶,而六气即当五维自对偶。此(5-6)的意义,当有六个(4-5)以围成。而六个(4-5)就是五行所有的次序变化(详见下章第二节)。准此五运六气的组合,初步已见干支结合以成六甲五子的象数,见下图:

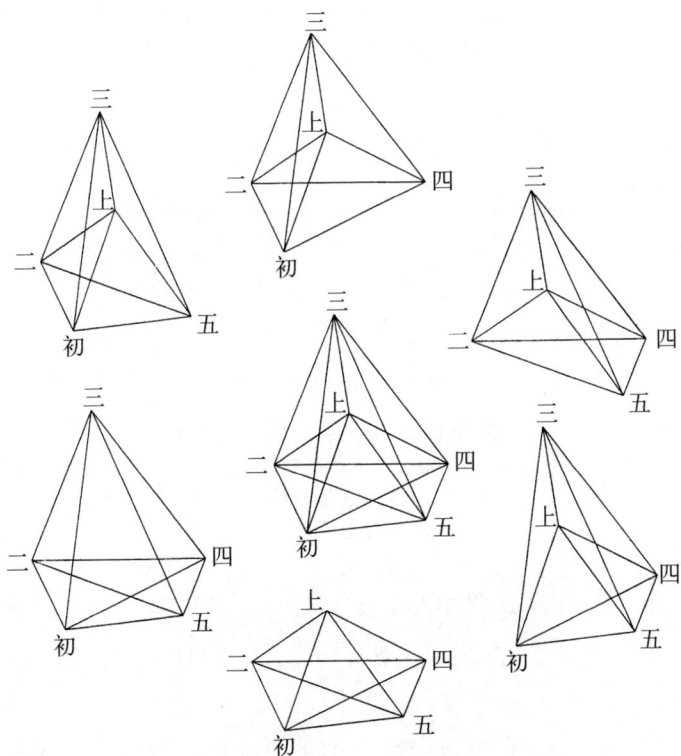

最后以中国固有的易学象数论,完全符合于六维空间的正则图形。《周易·系辞上》:"蓍之德圆而神,卦之德方以知,六爻之义易以贡",恰当此三种类型。曰蓍,相应于 $n+1$ 类型;曰卦,相应于 $2n$ 类型;曰爻,相应于 2^n 类型。

于蓍为(6-7),《尚书·洪范》"七稽疑,择建立卜筮人。乃命卜筮,曰雨,曰霁,曰蒙,曰驿,曰克,曰贞,曰悔,凡七。卜五,占用二,衍忒"

是其义。卜五即五行,占用二即阴阳。合阴阳于五行,始能见到阴阳的大作用。此(6-7)的图形,亦经过再次投影而得。仍可见有 7 个(5-6)所围成。见下图:

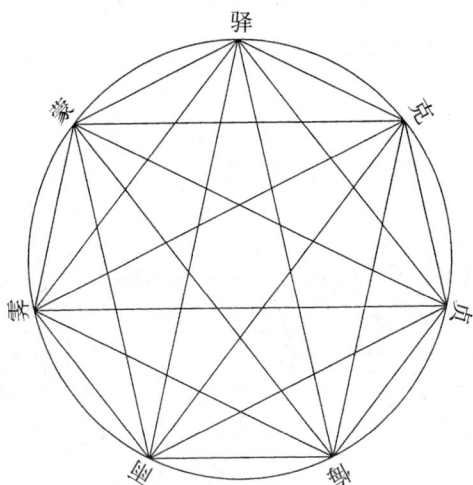

曰雨曰霁曰蒙曰驿曰克曰贞曰悔
凡七卜五占用二衍忒
当六维七胞腔
有七顶点

于卦为(6-12),图形由移动(5-10)而成,顶点 64,正当六画的六十四卦。此图初视之,犹四个(4-8),特以Ⅰ、Ⅱ、Ⅲ、Ⅳ名之,然实多变化。见下(87 页)图:

于爻为(6-64),图形仍用再次投影法而得,顶点 12,正当乾坤十二爻之用。此(6-64)的图形,由六十四个(5-6)所围成。而每一个(5-6),就是六爻组合的一个卦。见下(88 页)图:

此三种类型中,于 $n+1$ 类型的正则空间,于二维为圆,于三维为球,故于六维犹为六维球,《系辞》曰"圆而神"是其义。于 $2n$ 类型即希尔伯特基本方体,《系辞》曰"方以知"是其义。凡(6-12)之顶点 64,正当 64 卦。对偶于 $2n$ 类型,则(6-64)之顶点 12,正当 12 爻,于爻数本

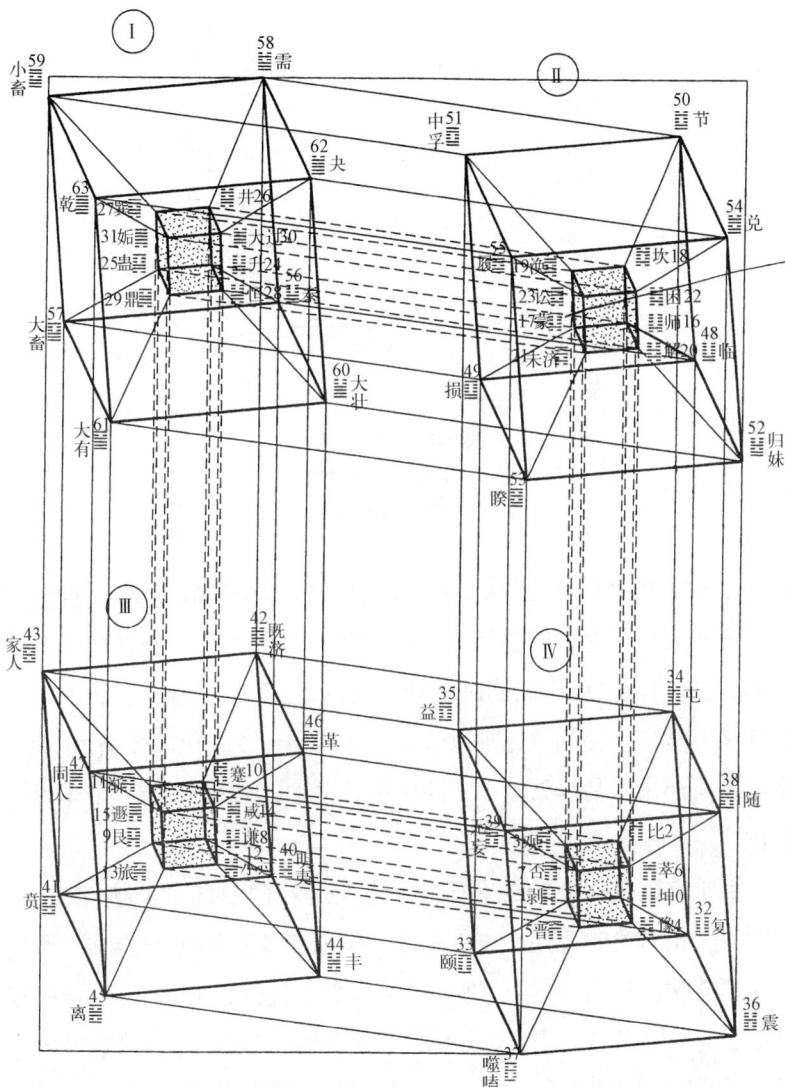

87

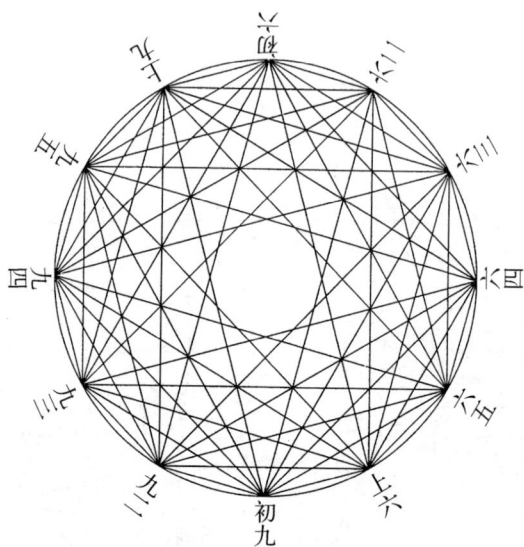

乾坤十二爻之用
当六维六十四胞腔
有十二顶点

可应于地支数。且卦爻对偶的象数变化,可得于蓍数之变化,此见三种正则多维空间之间的关系。其间种种维数间及同一维数的三种类型间,莫不可以多维空间的画法画得其形象,而所有种种正则的几何形象又有蓍、卦、爻的变化加以表示。此蓍、卦、爻变化的象数,正属二千年来所通用的易学象数。于此仅述其总纲,于第四章第三节中再加论述。

至于欧氏几何,早为非欧几何所扩充,狭义相对论的特殊形式,亦早为广义相对论的普通形式所充实。故今言多维空间,当合诸 n 维流行的拓扑学。然拓扑学中,仍须分辨维数。且爱因斯坦以场论言,根据量子有有限能量的事实,故不用连续场表示"实在",合诸数学的意义,仍当注意离散空间。于几何中除非欧几何外,又当非阿几何(non-Archimedean geometry),就是不连续的几何。故以维数为主,不妨仍以欧氏几何为离散的多维空间的特殊坐标。且上已说明,暂以纯数学言,合诸物理学,爱因斯坦及四维而止。然演算时卡鲁查(Th·Kaluza)于一九二一年早已应用五维,于量子论中更应用而及无穷维。而中国所应用的易学象数,始终蒙在神秘色彩中。今能合于离散的六维空间的坐标,则作为三才整体理论的易学象数,不宜作为纯数学或物理学视之,而另有其三才之"实在"。其被应用已久,今日更当作为养生气功的理论基础。

第三章

论老子

第一节　黄老与易学

老子的理论与易学有相似处,亦变化多端。近百年来,对研究老子其人其书兴趣日益增长。虽未及易学三古三圣复杂,然亦众说纷纭。诸家之说不可能亦不必要详为引证,此处直接说明笔者的观点,并使之与易学相合而作为养生的理论基础。

据笔者研究,可将老子事实整理如下:李耳实有其人,为周室柱下史,孔子曾适周问礼,对孔子一生好古治史的学风有大影响。当昭公十六年(前 516)王子朝奉周之典籍以奔楚,老子已无古史可守,约在其时离周,可推得其年纪长于孔子约三十岁以上(前 581—?)。其本人去周之秦为隐君子,宜未详其结果。弟子老莱子亦可能于其时之楚,既为老子之弟子,年纪宜与孔子(前 551—前 479)相近。后人联系老子与楚文化的关系,基本出于李耳—老莱子的思想。《论语》中记及楚狂接舆等人的行为,似与老莱子有关。至于李耳本人,出关至秦而遇关尹强作《道德经》五千言事,未可全信。且虽有其事,传本《道德经》决非全属李耳之言。据《庄子·天下篇》知关尹老聃属同一学派,知己见面而畅谈一切,乃一生中难得之机会,故重要的观点要旨可能谈及,然未可认为已著成《道德经》。若庄子为蒙人,其学有楚风,所引及老子之言皆琐碎,与《道德经》面貌或同或异,或承老莱子所传出。若精读《道德经》全书而有心得者,今仅存《韩非子》的"解老"、"喻老"。韩非(前280—前233)为韩国太子而至秦,当时的周朝已为韩国国土所包围,韩非能读到周室所保存的文献。于老子后韩非前,周室有太史儋,曾至秦以说秦献公于献公十一年(前374),其说秦的观点实同于百余年前李耳愿去周之秦的思想。故总结李耳的思想及百余年来的发展情况以写成《道德经》,太史儋为最大可能者。考孔子思想的总结,有门弟子袞集成《论语》,成书时间已在曾子(前505—前426)卒后,约当于前四三〇年前后。取《论语》与《道德经》并读,以文风等核之,基本可见《论语》早于《道德经》。如确认太史儋集成《道德经》约当前三七〇年前后,则晚于《论语》约六十年,与《道德经》反映的思想和客观史实亦能相应。以上皆属笔者慎取历代学者之说而综合之,此书中不作进一步考证。

　　既认识老子其人及成书的概况,尚未可取为养生的理论基础。《庄子·天下篇》所谓:"以本为精,以物为粗,以有积为不足,淡然独与神明居,古之道术有在于是者,关尹、老聃闻其风而悦之。建之以常无有,主之以太一,以濡弱谦下为表,以空虚不毁万物为实。"今究其理,先当了解其所闻之风。此风在春秋或战国之时,自然有所变化,唯老子与孔子为春秋末期的人物,安得不受当时时代的影响。其所同者,同为研究历史而好古。然据身后的文献观之,孔子辑《书》而始于尧舜,于七十岁复为田齐而深有感慨于世事,故对子贡有"予欲无言"之叹。子贡曰:"子如不言,则小子何述焉。"子曰:"天何言哉!四时行焉,百物生焉。天何言哉!"《论语·阳货》此节之义为认识晚年孔子不可忽视的关键性思想,与沐浴而朝告于哀公及三子认为陈恒可讨,有巨大的变化,实与李耳当王子朝与敬王之争不得不毅然去周的情况相似。孔子且欲无言,故老子与关尹所畅谈者,当然归诸自然与人生,决不愿孜孜于敬王与王子朝之是非。且老子之可贵处,在于能扩大时一空数量级,所以后人集成之《道德经》,决不似孔子弟子所辑成的《论语》。继承孔子之说者孟子犹言必称尧舜,而孔子当时的情况为田齐代姜齐之后。今已得齐威王时(前351—前320年在位)古器"陈侯因咨镈铭",铭曰:"绍緟高祖黄帝",即自认有虞氏后之陈氏,其高祖为黄帝,亦即为有虞氏之祖。故邹衍作"终始大圣之篇","先序今以上至黄帝",燕齐的方仙道皆以黄帝为主。当燕王哙法尧舜而禅位于相国子之(前318),燕国即大乱,由是《书》始尧舜的作用已为时代所否定。推原祖先于黄帝,自然成为当时的历史知识。且在齐威王前,秦灵公(前424—前415年在位)已祀青赤黄白黑五帝,而以黄帝为中帝,可证五帝五色之说决非邹衍所创。且秦处战国的策略,用远交近攻法为主,宜不与齐为敌,直至秦始皇统一六国,突然袭齐而最后灭之,故秦博士中尚多齐国学者。当战国晚期,老子扩大时一空之说,略可继承黄帝之旨,此所以形成道家之黄帝老子,以敌于儒家之尧舜孔子。然尧舜而孔子确为孔子生前辑《书》之旨,由老而上应于黄帝,既非李耳之意,亦非太史儋之意,或亦非方仙道之旨。其源可能起于秦楚,此即庄子所谓关尹老聃所闻之风,其风合诸黄帝,已有神化老子之义。且于老子之旨,可附入当时认为黄帝之臣大挠所造甲子的象数,乃逐渐有象数易归诸黄老的情况。及汉初的尚黄老仍重视易学象数,此见黄老易的内容必以阴阳干支五行生克纳入其中,具体文献当证诸近年来于马王堆所出土者。

一九七三年十一月至一九七五年年初,在长沙马王堆发掘二、三号汉墓所得的古文献,于中国思想文化史有极重要的地位。其间有帛书《周易》,有两种《老子》以甲乙本名之,于乙本前有《黄帝四经》且有术数星占及养生医药导引图等。总观此大批古文献的内容,可初步了解汉初长沙地区的文化情况,亦可了解汉初尚黄老的具体思想。

　　此大批古文献得于三号墓,墓主为利苍王轪侯之子。下葬时间在文帝前元十二年(前168),上距刘邦开国(前206)未及四十年,可确证此大批古文献基本抄于秦汉之际,而其来源的下限属战国。能重见二千余年前的先秦古书,于当时的客观情况可有新的认识。今可合成三点,其一,于认识老子前,先应认识黄帝。其二,于上章第一节说明的所谓“经学易”,其时间已在西汉末。二千年来坚执不舍的经学,与今可见到的汉初情况完全不同。以帛书《周易》论,未尝与《春秋》、《诗》、《书》、《礼》、《乐》五经并列,因《易》属卜筮之书,并未触犯秦始皇的焚书令,与其他五经未可同观。故经学易前当有黄老易存在,黄老易以象数为主。其三,《老子》一书,韩非子曾精读,在秦代或亦非禁书,且当战国晚期已黄老并称,乃所以发展孔子所辑始于尧舜的《尚书》。故不知由尧舜孔子变成黄帝老子,就不能理解战国所以发展春秋文化,此类黄老文献尚可见诸《汉书·艺文志》。唯汉武帝已尊儒术斥百家,故《七略》不可不以《六艺略》为主,亦就是于古史的认识仅知尧舜。然战国所发挥的黄老之说,文献尚在,当时皆收入“诸子略”中的道家、阴阳家等。尤要者,当深入了解黄老与易学象数的关系,故除“诸子略”外,更当注意“数术略”。凡“数术略”属专业知识,为太史令尹咸所校。此略分六种,曰:“天文”、“历谱”、“五行”、“蓍龟”、“杂占”、“形法”。究此六种,莫不相通于易学象数。

　　凡天文二十一家四百四十五卷。摘录书目如下:

　　　《泰壹杂子星》二十八卷
　　　《黄帝杂子气》三十三篇
　　　《泰壹杂子云雨》三十四卷

　　凡历谱十八家六百六卷。摘录书目如下:

《黄帝五家历》三十三卷

《颛顼历》二十一卷

《夏殷周鲁历》十四卷

《律历数法》三卷

凡五行三十一家六百五十二卷。摘录书目如下：

《泰一阴阳》二十三卷

《黄帝阴阳》二十五卷

《黄帝诸子论阴阳》二十五卷

《神农大幽五行》二十七卷

《四时五行经》二十六卷

《阴阳五行时令》十九卷

《钟律消息》二十九卷

《黄钟》七卷

《天一》六卷

《泰一》二十九卷

《六合随典》二十五卷

凡蓍龟十五家四百一卷。摘录书目如下：

《龟书》五十二卷

《蓍书》二十八卷

《周易》三十八卷

《周易明堂》二十六卷

《周易随曲射匿》五十卷

《大筮衍易》二十八卷

《大次杂易》三十卷

《于陵钦易吉凶》二十三卷

《任良易旗》七十一卷

《易卦八具》

凡杂占十八家三百一十三卷。摘录书目如下：

《黄帝长柳占梦》十一卷

《神农教田相土耕种》十四卷

凡刑法六家百二十二卷。摘录书目如下：

《山海经》十三篇

《宫宅地形》二十卷

《相人》二十四卷

《相六畜》三十八卷

《汉志》总结曰："数术者，皆明堂羲和史卜之职也。史官之废久矣，其书既不能具，虽有其书而无其人。《易》曰：'苟非其人，道不虚行。'春秋时鲁有梓慎，郑有裨灶，晋有卜偃，宋有子韦。六国时楚有甘公，魏有石申，夫汉有唐都，庶得粗确。盖有因而成易，无因而成难，故因旧书以序数术为六种。"

读此总结，可见"数术略"的重要。由以上摘引之书目，更可见易学属于筮占的作用，且各与黄老有关。屡有"泰壹（太一）"之名，即庄子所谓关尹老聃"主之以太一"之象。凡此六种之书皆有信息可得，其重要决不小于"六艺略"，因天文律历阴阳卜筮等，皆已及自然科学的专业知识。有此阴阳五行之原理，方有"《易》为六经之原"的结构。总

计此六种书籍的家数与卷数,与"六艺略"比较如下:

> 凡数术百九十家,二千五百二十八卷。
> 凡六艺一百三家,三千一百二十三篇。

此见当时的情况,治黄老者多于治儒术者,且更有"方技略"(详下节)。故以易学论,必当先知重象数的黄老易,唯其有专业知识,此战国中晚期所形成的整体易学所以可贵。

然自东汉起尊儒之风日盛,故基本仅重六艺,有关黄老及易学象数的文献什九失传。由是战国及西汉初所盛行的黄老易,如无马王堆文献的出土,基本不知。今合观黄老与易学,准诸《汉志》所保存之书目,乃见当时之学风。由此信息殊可研究象数的新义,以作为养生气功的数学模式,其理论基础更可坚实。

以帛书《周易》观之,七八为卦、九六为爻,本极明白。当时尚保存一八的形象,其后已不知一可由十(七)简化而来。汉又变八为--,就变成阴(--)阳(—)符号卦。当经学易盛行时,根本不知有数字卦,故重见帛书《周易》,尚见数字卦变化成阴阳符号的末期形象,实为最大的收获。至于八卦与六十四卦的卦次,更与象数有关,帛书《周易》取八卦的卦次有两种:

其一,以乾坤艮兑坎离震巽为次;

其二,以乾艮坎震坤兑离巽为次。

此两种其实是一种,同样认为乾艮坎震为阳卦,坤兑离巽为阴卦。其一以阴阳卦相同,其二以阴阳卦相分。然与经学易的次序相比,乾坤为父母同,而六子之次为少中长。可见帛书《周易》取八卦之次,并不依父母六子为序,而以纳甲为次。下以天干配合之,自然见其卦次的意义:

其一,乾(甲)坤(乙)艮(丙)兑(丁)坎(戊)离(己)震(庚)巽(辛)乾

(壬)坤(癸);

其二,乾(甲)艮(丙)坎(戊)震(庚)乾(壬)坤(乙)兑(丁)离(己)巽(辛)坤(癸)。

此种纳甲之次,其后为京氏易用之。传其说者,魏伯阳《参同契》中用之,虞氏易中亦用之,实有应于一月的盈虚消息。既与天文有关,更相应于人身的气血流行,而其象数的意义,必先有固定的天干方位。至于天干地支的方位图,于今所存的文献中,最早见于《淮南子·天文训》。此书于建元二年(前 139)上于武帝,且必有所本,当属先秦古说。其图如下:

唯有此不变的坐标,庶可研究变化的情状,而干支传说为黄帝臣大挠所作,故黄老易中早已用之。《周易》卦象必须有据于时—空之方位,乃可合诸人身、人事而起三才整体的作用。

先以纳甲言,据此阴阳或分或合的两种卦次,且以相合为贞当内卦,相分为悔当外卦,贞悔各八卦相荡,就形成了马王堆帛书《周易》的卦次。详见下图:

5	3	2	8	4	6	7	1	次卦天先诸合	合诸先天卦次
☴辛	☲己	☱丁	☷乙	☳庚	☵戊	☶丙	☰甲	悔 贞	
䷸⑤⑦	䷱56	䷛48	䷭40	䷟32	䷯24	䷑16	䷫8	☴辛	5
䷩64	䷔55	䷐47	䷗39	䷲㉕	䷂23	䷚15	䷘7	☳庚	4
䷤63	䷝㊾	䷰46	䷣38	䷶31	䷾22	䷕14	䷌6	☲己	3
䷺62	䷿54	䷮45	䷆37	䷧30	䷜⑰	䷃13	䷅5	☵戊	6
䷼61	䷥53	䷹㊶	䷒36	䷵29	䷻21	䷨12	䷉4	☱丁	2
䷴60	䷷52	䷞44	䷎35	䷽28	䷦20	䷳⑨	䷠3	☶丙	7
䷓59	䷢51	䷬43	䷁㉝	䷏27	䷇19	䷖11	䷋2	☷乙	8
䷈58	䷍50	䷪42	䷊34	䷡26	䷄18	䷙10	䷀①	☰甲	1

马王堆周易帛书六十四卦卦次图

上图所注的数字，就是帛书《周易》的卦次，加圈者因内外卦相同，故于悔卦相同的八卦中次于最前。其后《易林》的编次亦用此法，依《序卦》的次序。经此分析，可见帛书《周易》的卦次来自纳甲。此对黄老养生术的理论有关键作用，《参同契》取大易黄老，以象数论即以纳甲为主(详见第五章)。

更以爻辰言，就是卦象与地支的关系，则本已有方位。如《吕氏春秋》十二纪及《礼记·月令》等皆用之，来源极早。合诸易象，因初为数字卦，故所用的四时数，即春数八、夏数七、秋数九、冬数六，已合于易学的卦爻。其后改用阴阳符号卦,于四时用震春离夏兑秋坎冬,于十二地支合诸十二辟卦,且以气象为准,就形成了卦气图。此图主十二辟卦,对养生炼气有极生动的信息。又除去四时卦仅存六十卦,自然可合于六十花甲。每卦当六日七分,就是六日又 7/80 分,合诸今日的时间,7/80 分当 2 小时又 6 分。详以下图(图见插页):

今存卦气图的文献,最早见于《易纬稽览图》,应用者为京房之师焦赣,基本成于战国末或西汉初。此图于西汉时极盛行,且其发展在《序卦》前,与《序卦》各有其作用。及扬雄法《周易》作《太玄》,于玄首之次序尚法《卦气图》而不取《序卦》。卦气图所示的气象,对动植物的生存变化有重要的信息。卦气图中的十二辟卦,凡七十二爻,相应于七十二物候的情况。以养生言,中国重视二十四节气,即合三候而成,皆本此十二辟卦的消息。其后除此十二辟卦及四时卦外,于其他四十八卦卦象不可能有原则可循。故京房继之而成八宫图,则由卦气图仅取十二辟卦的消息,发展成兼及乾坤六子的消息,且具顺逆二向,宜八宫图能流传二千余年而不衰,实有符合阴阳消息的至理。于养生时,可利用京氏八宫图(见本章第三节)五世二魂、阴阳顺逆的消息,即五世的阴阳变化,由下及上;二魂的阴阳变化,由上及下。此上下往来之变化,恰以喻气血运行的变化情状。京氏配合天干地支于六十四卦,且于爻辰等有其独见,《参同契》中用之,作为不可言传之火候。

究此以象数为主之黄老,当为说明象数本诸卜筮之理。于著龟类文献中必及各种筮法,今皆失传,仅存大衍筮法可供研究。这是《易》属卜筮的基本象数,必几经改进,此法能保存者,因已编入《周易·系辞》。原文曰:

> 大衍之数五十,其用四十有九。分而为二以象两,挂一以象三,揲之以四以象四时,归奇于扐以象闰,五岁再闰,故再扐而后挂。

这段文字很简单，然内容很复杂。考诸马王堆本帛书《周易》无此段文字，可证汉初在长沙地区尚未知用此法，此法于汉后方能通行于各地。今为说明其象数及原理，实与《周髀算经》有联系，亦有取于方圆及"勾广三、股修四、经隅五"之象。笔者于郑州大河村的古陶器上（距今 5040±100）发现一几何图形，见下图：

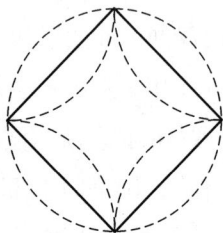

这一图形，确有中国的民族特色，当时尚无文字而已知规矩方圆及其内外相接的形象。因此四根弧的中心，就在此圆外接方的四个顶点上。见下图：

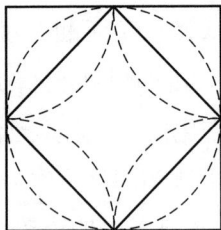

由上图之象可合有正方折半的问题，此在希腊早成为有名的三大古算题之一。而此"大衍之数五十，其用四十有九"，今据《周髀》，正属中国以勾股经法解决此问题。

凡天圆地方，当取方内接于圆。然与外接于圆之方，面积恰小一半，于是就有对分百数而取五十作为大衍之数的理由。观一数至十数的河图，总数为五十有五，一数至九数的洛书，总数为四十有五，合之即为百数，而大衍之数正取河图洛书的平均数，亦即百数之半。当以

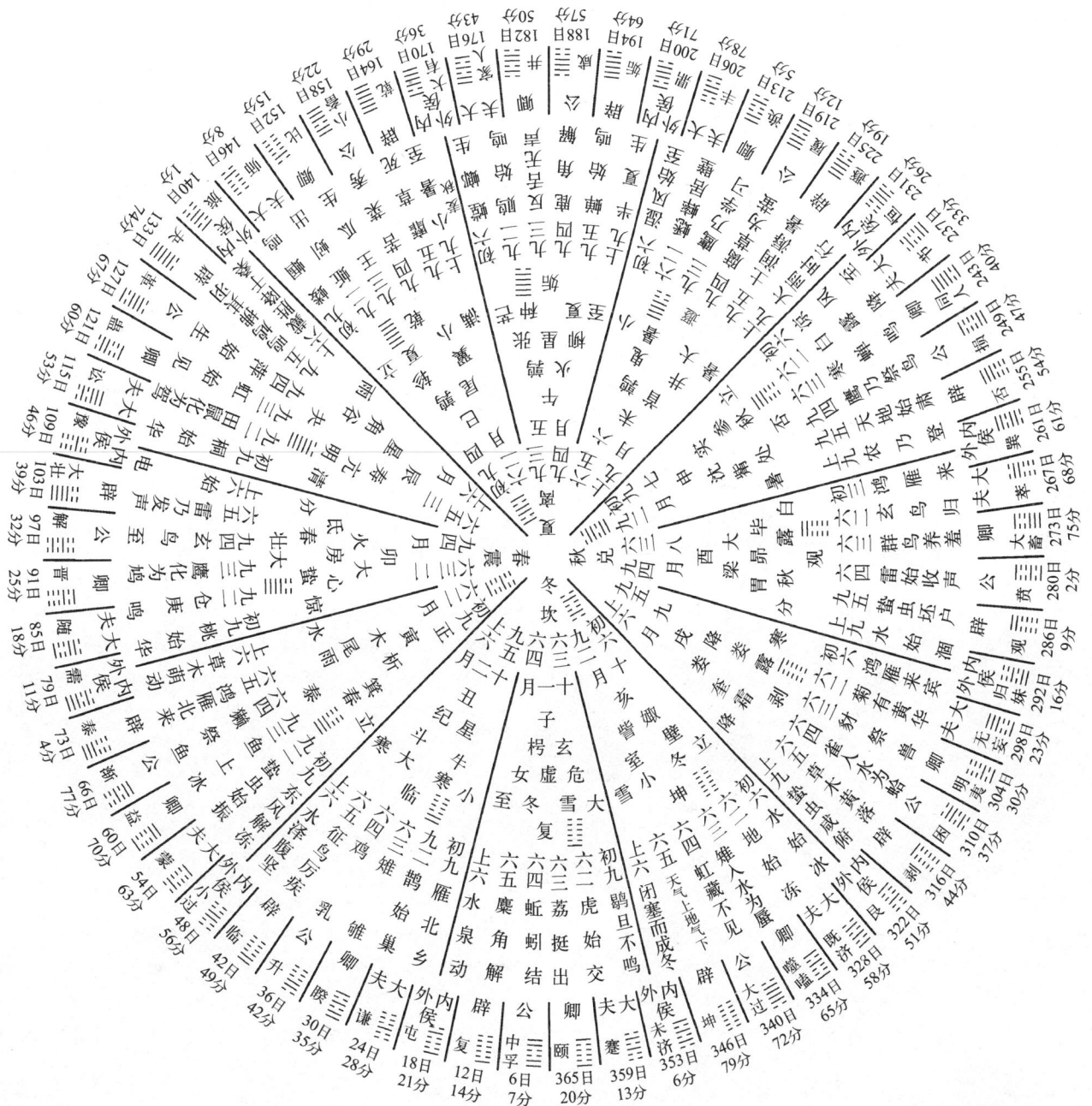

卦气总象

平方数论,百数为十数的平方,而五十数就不可能开平方,故在希腊就成为难题。而在中国,视 50 数为 49 数,则可开平方为 7,且以勾股经"环而共盘"当之。见下图:

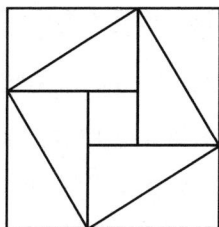

由五十而四十九,以化一于五十之中,所以破体为用。凡用中各具其体而无用外之体,《周易·系辞》所谓"神无方而易无体"是其义。这一由象数以表明的义理,约产生在战国末或及汉初,今可进一步阐明之。

凡由百而五十,由五十而二十五。当方中容方之象,以下图示之:

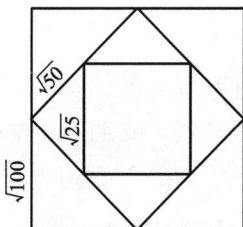

此三个正方形的面积中,唯五十不可开方,能视之为四十九,合诸勾股径之理,则径方仍为二十五。然所存四个勾股经的面积,仅当二十四。核实而言,由五十而视之为四十九,凡 49 个小方面积,每个面积实为 $49\frac{1}{49}$。故以勾股径分之为 24 与 25,已为 $24\frac{24}{49}$ 与 $25\frac{25}{49}$,而所多的一为 $1\frac{1}{49}$。于大衍筮法中,即视 $24\frac{24}{49}$ 为天,$25\frac{24}{49}$ 为地。而地中

所多的 $1\frac{1}{49}$,就是由天施而地生的人。此有据于象数以寓其天地人三

才整体的哲理,方属黄老易的专业知识。地多于天的 $1\frac{1}{49}$,可喻老子

所谓"王亦大"的王,而"有物混成先天地生"的"道",就是 $1\frac{1}{49}$,勿用之

用而无所不在,即庄子谓老子所主的"太一"。

至于用此 49 数的方法,谓信手中分此 49 根蓍策于左右手,是之谓"分而为二以象两",两指天地,当左右手中的蓍策数。又取左手中一策置于右手数之外,谓之"挂一以象三",三指天地人,所以取于左手而置于右手之外者,象指人系天施而地生。由是以四数数左右手中的策数,是谓"揲之以四以象四时",然恰满四数仍当留于左右手中,故左右手中之数,经揲四后分成"过揲数"与"揲余数"。"过揲数"指不同的 4 的倍数,"揲余数"指或 1 或 2 或 3 或 4 余下的蓍策数。观左手之"揲余数"或 1 或 2 或 3 或 4,右手之"揲余数"必为或 3 或 2 或 1 或 4,合计揲余数有 3/4 的概率得 4,1/4 的概率得 8,加上挂一,就是非 5 则 9。5 则过揲数为 44,9 则过揲数为 40,以上为一变。第二次变化为信手中分 40 或 44 数,挂一揲四同,于左右手中所得的揲余数,仍有四种变化。就是左手中为或 1 或 2 或 3 或 4,右手中必为或 2 或 1 或 4 或 3,加上挂一就是非 4 则 8。得 4 得 8 同为 1/2 的概率。观过揲数已有三种变化,即 40 或 36 或 32。第三次变化为信手中分此三数中之一数,挂一揲四及左右手中所得的揲余数并其概率,皆全同于第二次变化。至于配合于象闰象再闰等,此书中从略,总以三式示三次的变化数。

① 第一变的情况:

$$49 = A + B(任意中分其数)$$
$$= A - 1 + B + 1(挂一以象三)$$
$$= \frac{A-1}{4} + \frac{B}{4} + 1(揲之以四以象四时)$$

$$= 揲余数 \quad \begin{matrix} A & B & 挂一 \end{matrix}$$

$$\left.\begin{matrix} 1+3+1 \\ 2+2+1 \\ 3+1+1 \end{matrix}\right\} = 5 \ 或$$

$$4+4+1 = 9$$

$$过揲数 \frac{A-1}{4} + \frac{B}{4} = 40 \ 或 \ 44$$

② 第二变的情况：

$$\left.\begin{matrix} 44 \\ 或 \\ 40 \end{matrix}\right\} = A' + B'$$

$$= A'-1+B'+1$$

$$= \frac{A'-1}{4} + \frac{B'}{4} + 1$$

$$= 揲余数 \quad \begin{matrix} A' & B' & 挂一 \end{matrix}$$

$$\left.\begin{matrix} 1+2+1 \\ 2+1+1 \end{matrix}\right\} = 4$$

$$\left.\begin{matrix} 3+4+1 \\ 4+3+1 \end{matrix}\right\} = 8$$

$$过揲数 \frac{A'-1}{4} + \frac{B'}{4} = 40 \ 或 \ 36 \ 或 \ 32$$

③ 第三变的情况：

$$\left.\begin{matrix} 40 \\ 或 \\ 36 \\ 或 \\ 32 \end{matrix}\right\} = A'' + B''$$

$$= A'' - 1 + B'' + 1$$

$$= \frac{A'' - 1}{4} + \frac{B''}{4} + 1$$

$$= 揲余数 \quad A'' \quad B'' \quad 挂一$$

$$\left.\begin{array}{l} 1+2+1 \\ 2+1+1 \end{array}\right\} = 4$$

$$\left.\begin{array}{l} 3+4+1 \\ 4+3+1 \end{array}\right\} = 8$$

$$过揲数 \frac{A''-1}{4} + \frac{B''}{4} = 34 \text{ 或 } 32 \text{ 或 } 28 \text{ 或 } 24$$

合上三次变化的情况,成二表示之。其一为揲余数变化表,其二为过揲数变化表:

一、揲余数变化表

(第一变揲余数)

左手揲余数	右手揲余数	挂一数
1 2 3 4	3 2 1 4	1

(第二变揲余数)

左手揲余数	右手揲余数	挂一数
1 2 3 4	2 1 4 3	1

(第三变揲余数同第二变)

二、过揲数变化表

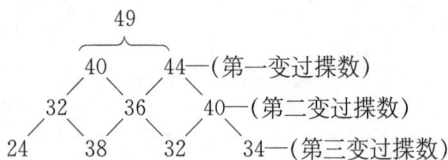

用此三变的揲余数或过揲数,同样可得到阴阳变不变的象数,准揲余数观之:

第三次变化	4	4	4	8	4	8	8	8
第二次变化	4	4	8	4	8	4	8	8
第一次变化	5	9	5	5	9	9	5	9

以中含 二个四为阴
一个四为阳

准过揲数观之：　$\dfrac{39}{4}=9$　$\dfrac{32}{4}=8$　$\dfrac{28}{4}=7$　$\dfrac{24}{4}=6$

阳变　　阴不变　　　阳不变　　阴变

三变所得到的六、七、八、九 4 数,以七、九奇数为阳,八、六偶数为阴,又七、八不变为画,九、六变为爻,其关系如下式示之:

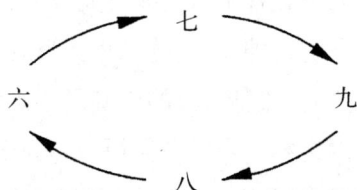

七

六　　　　　　　九

八

得此四数的概率又以下表示之:

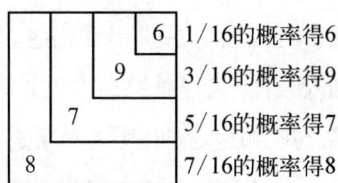

	6	1/16的概率得6
	9	3/16的概率得9
7		5/16的概率得7
8		7/16的概率得8

意义指得不变的阴画可能性最大,得阳画次之,得阳爻又次之,得阴爻的可能性最小,此相应于阳善变、阴不善变的事实。或合阴阳的概率

3/16(阴画)＋1/16(阴爻)＝1/2

5/16(阳画)＋3/16(阳爻)＝1/2

则又同为1/2。更合阴阳以分画爻,则

$$得画的概率为 7/16(阴画)+5/16(阳画)=3/4$$
$$得爻的概率为 1/16(阴爻)+3/16(阳爻)=1/4$$

可见不变占3/4,变占1/4,此可喻一切事物有惰性之象。

　　凡此三变可得一画或一爻之象,同样的方法需重复六次,方有"十有八变而成卦"之象。而其概率以坤之坤为最大,约于142次中可能出现一次。坤之乾的概率最小,约于16777216次中方可能出现一次。此十八变的所有变化,共有4096种。当数字卦改用四个数字,就是这个情况。然春秋末尚不能分辨此4096种不同的情况,故又进一步分卦爻而仅取一爻变,乃每卦各系六爻即可完成爻辞,然仍当了解卦爻变化的结构,故必加入乾之坤、坤之乾二用。当战国至秦汉所用的筮法,似不可能限于一爻变,故《周易》的爻辞已不足为筮者所应用。自《隋志》误认为焦赣作《易林》,今已考得《易林》为王莽时崔篆所著,则已及4096种不同情况,唯善于分析而各系以辞,有其丰富的卦象。今不必以筮书而忽之,然于筮法当重其概率。

　　总观黄老于易学,以黄言,自战国起早已与象数易相合,由天文至蓍龟,莫不相应。而以老言,则与易学相反相成。《系辞》曰:"吉凶与民同患,神以知来,知以藏往";《说卦》曰:"数往者顺,知来者逆,是故《易》逆数也。"此神知之用,顺逆之理,实为易学之至理。简言之,就是应当了解过去与未来。于过去的史事为数往者顺,合诸上已引及京氏八宫图,理当一世至五世。必当"知以藏往",此老子与孔子所以同为好古,唯能通知史实,方可预料未来,是即"神以知来",而"知来者逆"。而易学者贵能数往以知来,此由知而神,全在善于藏往以得《易》之逆数。合诸京氏八宫图,理当游魂至归魂。而老子所注意之时一空数量级,全及自然科学之范畴,对世事之未来不感兴趣,故曰"前识者道之华而愚之首也"。必合此义,方见逆数之《易》较京氏易仅当五世之

《易》,亦不可并论。然二千余年来,既未入微观世界而孜孜于预卜一世为《易》,则象数易何能不陷于迷信。或识其藏往而及生物适应自然之本能,则养生所利用之易学象数如七八九六之数,本为逆数之《易》,何必再学屈原之问卜。此黄老易之重象数,有崇尚自然之可贵,故决非经学易可比。

第二节　黄 老 与 医 学

《七略》较之后世《四库》编目法的可取处,就是有专业知识。以养生论,于"数术略"中包括有种种数学模型,且又有侍医李柱国校的"方技略"应用此类数学模型。此见二千年前中医的情况,与今日中医理论的文献仅存唯一的《内经》,殊多不同。当时于"方技略"分四种:

医经　　七家二百一十六卷
经方　　十一家二百七十四卷
房中　　八家百八十六卷
神仙　　十家二百五卷
凡方技三十六家,八百六十八卷。

《汉志·方技略》云:"方技者,皆生生之具,王官之一守也。太古有岐伯、俞拊,中世有扁鹊、秦和,盖论病以及国,原诊以知政。汉兴有仓公。今其技晻昧,故论其书,以序方技为四种。"

传至今日,此方技三十六家中,仅存医经中《黄帝内经》十八卷,且是否全部为原书尚难肯定。因今本已经过唐王冰重编,但大体犹见汉代中医理论的纲要。考中医的可贵,在二千余年前就能利用数学模型。必以抽象的象数规律示其整体变化,作为诊断与治疗的主要参考方法,有其科学的意义。且方技家自能利用养生法,故治病时尤能见效,此为中医的特色。于养生法当然亦用数学模型,然秦汉后医与养生逐步脱离,尤其是神仙家。由黄老道变成五斗米道时,佛教传入渐多。佛道之间,争胜不已。于养生法,当然亦用数学模型以相互排斥或相互吸收。神仙家的养生法,乃出入于佛道,渐与医学相远。而医学之理,自唐宋后又不屑取诸道教,与早期之葛洪、陶弘景、孙思邈等有不同的思想。此关键的变化,在道教误认服食金丹可长生,事实上服铅、汞化合物中毒而身亡者甚众,故于道教内部亦在变化。有识者早已放弃服食铅、汞化合物而注重内丹,然又产生不重药物之思想,乃医与养生法(基本保存在道教中)又相脱离。以今观之,日后之发展养生气功必与中医进一步结合。如能见到中医的理论与保存在道教中的易老养生理论所应用的数学模型基本相同,则自然可见李柱国以医经与神仙同属于方技的原因。《汉志》总结神仙纲领曰:

神仙者,所以保性命之真而游求于其外者也。聊以荡意平心,同死生之域,而无怵惕于胸中。然而或者专以为务,则诞欺怪迂之文弥以益多,非圣王之所以教也。孔子曰:"索隐行怪,后世有述焉,吾不为之矣。"

此谓神仙家所以保性命之真,诚能一语中的。荡意平心同死生之域,无怵惕于胸中,尤为养生之要诀。其间变化至赜,决非言语可尽,此所以必用《易》之象数老之尚无以喻之。至于假借神仙以惑世,当然宜非之。唯实有非一般人所具有的能力,亦不可不认真研究。然二千年来每以"索隐行怪"非之,此中国科学思想,尤其是有关于人本身的人体科学,久遭儒术之束缚而未能发展。今必宜加以客观的判断,有得者贵能坦然示其性命之真,亦戒自欺欺人。此于养生气功中,实为最基本的功法。唐宋后,道教中的内丹归诸性宫命宫,正属直承神仙家之旨。于所存文献之目录,摘录数家于下,以见一斑。

　　　《宓戏杂子道》二十篇
　　　《黄帝杂子步引》十二卷
　　　《黄帝岐伯按摩》十卷
　　　《泰壹杂子十五家方》二十二卷
　　　《神农杂子技道》二十三卷

　　今于神仙十家中录其半,有托名伏羲、神农、黄帝、泰壹者,可见其全属于易老之旨。老上承于黄,于《易》仅知三千余年的数字卦约当文王之时,故更宜了解文王上承伏羲之情况。《战国策》载赵武灵王改用胡服(前307),其于古史即认为"伏羲、神农、黄帝、尧舜"。可见当文化大发展的战国时代,时代愈后,愈能因科技思想的进步而扩大时一空数量级。其时各地既在逐步统一,对古史的时间亦能兼及各地的民间传说步步上推,因而发展当时的学术思想。《周易·系辞》论八卦的来源及其应用,就取伏羲、神农、黄帝、尧舜的次序。由六十四卦而八卦,最能突出易学象数之本。由是能以易理总结战国时代的一切思想,这一认识当出于赵。荀子赵人,故于《荀子·成相篇》中提及"文武之道同伏羲,由之者治,不由者乱,何疑为",然仅以治国平天下言,未及文武之道及伏羲的象数实质。又汉所发展的经学,基本传出于荀子,宜易学三圣即以《系辞》所提及之伏羲合以文王孔子当之,或以《系辞》为孔子作,何能见及战国时代学术思想发展的真相。以伏羲神农发展黄老之说,相应于以黄老发展儒术之说,已有更进一层的认识,然扩大时一空数量级的原则仍同,故黄老亦可名易老。当汉武以来渐以易学归儒,而忽视伏羲黄老的易学象数,不啻阻塞了中国文化思想中本所包含的科学思想。今合易老以阐明养生的理论,正是战国末年最高的认识境界。于《汉志》书目中可了解,当时认为伏羲除作八卦外尚合于神仙家,而神仙家实通于医,要在能保性命之真,是即有以跳出当时的社会科学,而纯以自然科学角度研究人生之真谛。这一包括天地人三才之道的整体的养生理论,正属中国传统文化思想中的可贵部分之一。惜当时有关"方技略"的文献与"数术略"同,未能如"六艺略"为时代所重视。而幸存《内经》一书,犹留有象数之旨。此节可综述《内经》中有关象数部分之旨,凡分三类。

一、《内经》与《尚书》的关系。

《内经》成书,约当汉初尚黄老之时,地点约在燕齐鲁地区。当汉初有公乘阳庆,阳庆之医学上承扁鹊之医道,与当时的方仙道有联系,于高后八年(前180)以授仓公。若《内经》的成书,似与阳庆仓公辈及方仙道有关。故第一篇取名为"上古天真论",所谓"昔在黄帝,生而神灵,弱而能言,幼而徇齐,长而敦敏,成而登天"是其义。且其象数原理,基本与邹衍所发展的生克制化原理相同。《内经》中能合诸人体的心理与生理,又以人体合诸客观的自然条件以推究养生之理与疾病之原,故有可贵的整体思想。至于托名黄帝与岐伯等对言,实有以深入《尚书》中虞廷的对言,此与战国起以黄老发展尧舜孔子的思想有关。推考《尚书》的《尧典》,亦未尝是当时人之言。孔子辑《书》,所以明划时代的社会结构。而方仙道派著《内经》,所以明人体结构。此已可由社会科学归诸自然科学,有其较长的时—空数量级,且能以人体结构的巨系统合诸社会结构的形象,此为《内经》的重要观点之一。于《内经·灵兰秘典论第八》曰:

> 心者,君主之官也,神明出焉;肺者,相傅之官,治节出焉;肝者,将军之官,谋虑出焉;胆者,中正之官,决断出焉;膻中者,臣使之官,喜乐出焉;脾胃者,仓廪之官,五味出焉;大肠者,传道之官,变化出焉;小肠者,受盛之官,化物出焉;肾者,作强之官,伎巧出焉;三焦者,决渎之官,水道出焉;膀胱者,州都之官,津液藏焉,气

化则能出矣。凡此十二官者,不得相失也。

由此十二官(脾与胃或可分二官)以治身,犹虞廷之"咨汝二十二人"以治国。故在中国有治身即治国之说,且有"不为良相,愿为良医"的概念,汉至清末代代有实践者。此所以又能以养生理论与时代思潮相结合,如朱熹晚年拂逆于时代,乃专心于《参同契》《阴符经》之研究而反身体验之;俞玉吾之有得于养生的理论,亦因宋亡入元而独处林屋洞以体验养生之理。王船山之作前后《愚鼓乐》,当然与明亡入清的时代背景有关,且船山上应于楚屈原。观屈原"远游"之成,又何能忽视当时秦楚外交紧张之情况。此见养生气功之理不能不顾及时代背景及个人之遭遇。要而言之,在秦汉以后就形成儒与道的不同。若终身从事方技的研究有其重要意义,而每为从事六艺者所轻视。这一错误观点,已成为中国自然科学长期不发达的原因之一。以上阐明《内经》发展《尚书》之旨,所以由较短的时—空数量级(社会科学)归于较长的时—空数量级(自然科学),亦即由社会学的人返于生物学的人,此《内经》作者所以托名黄帝之旨,殊应重视之。

二、《内经》具体利用了五行生克的数学模型。

考秦始皇之深信神仙,应用卜筮,实为当时的时代思潮,故阴阳五行的盛行决非始于汉。而由方仙道为主,早已熟悉五行之变化,乃由世事而返诸人身,由养生而兼及治病,莫不取之,实为当时的风尚。至于以五行合诸五藏(脏),可有种种变化,《内经》为其一种。以下表示之:

$$
\begin{array}{ccc}
 & \begin{array}{c}火\\心\end{array} & \\
木肝 & \begin{array}{c}土\\脾\end{array} & 肺金 \\
 & \begin{array}{c}肾\\水\end{array} &
\end{array}
$$

唯医书仅存《内经》,故业医者所理解五行与五藏的关系,必以此为准,其实未是。更观《吕氏春秋·十二纪》、《礼记·月令》、《淮南子·时则训》及其后如《太玄经》等,皆另有配合法。示如下:

$$
\begin{array}{c}
火\\
肺\\
木脾\quad\substack{土\\心}\quad 肝金\\
肾\\
水
\end{array}
$$

观此二种配合法,除肾水外,其他四藏皆不同。或以今古文辨之,而认为《内经》为今文,《淮南子》等为古文,陷入今古文之争而是非其间,大可不必。二千余年中医之利用五行,已得其迹而未能有得于利用数学模型之理。或以数言,水火木金土五行可径取 1、2、3、4、5 五数以观其关系。当《洪范》成书,始固定以五数合诸五行。观察五数间的关系,未能见其有生克之次(因生克之象起于五行)。然观其次序的变化,则《洪范》水火木金土之序亦非生非克。故推究生克之理,当以《洪范》之五行数合诸"河图"、"洛书",此图书数之所以神化。今深入以考核五行数间的所有关系,凡五行数之变化,其总数以下式示之:

$$5! = 5 \times 4 \times 3 \times 2 \times 1 = 120$$

此 120 种变化中,如以 5 数循环观之,5 种可合成一种,则仅为 24 种,又循环有顺逆而为 12 种。尤重要者,在 5 数的循环中,可有内外相对的二种循环。凡循环 5 数间的变化,每一数必与其他四数发生关系。东周早已将五行合于五数,且研究而得其关系有二,就是生与克,也就是任何一数与其他四数的关系自然分为生克二类,每类二数。以向量辨之,一数由他处向我处来,一数由我处向他处往,凡来者可名生我、克我,往者可名我生、我克。或以阴阳论,生为阳,克为阴,故理解阴阳为五行中之生克,庶见阴阳有大作用。此五行数的次序,共有十二种变化,详见下图:

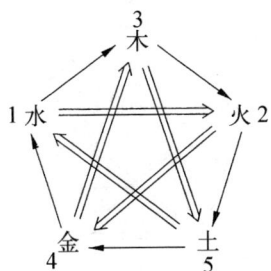

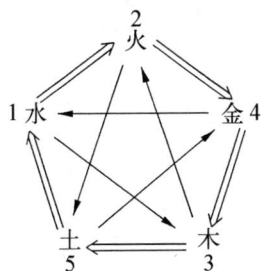

外生内克相对于外克内生
《尚书·大禹谟》用其次

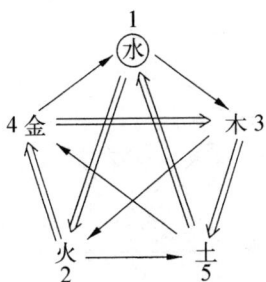

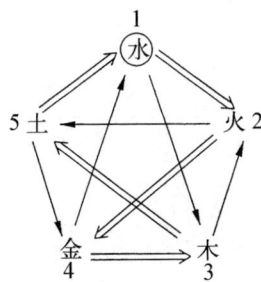

一水生于外相对于一水克于外
《洪范》用其次

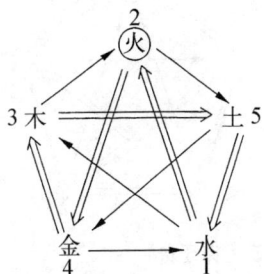

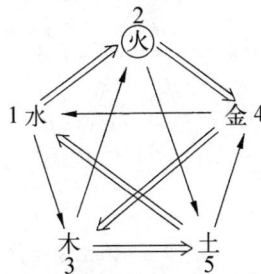

二火生于外相对于二火克于内

113

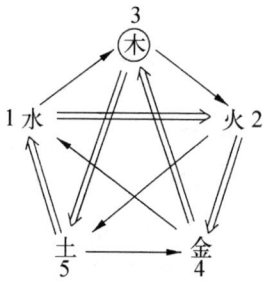

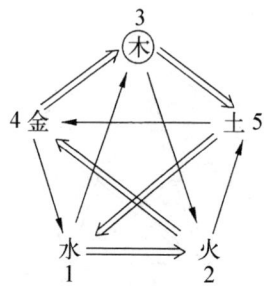

三木生于外相对于三木克于外
《太玄经》用其次

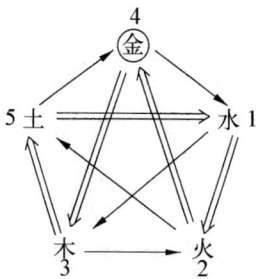

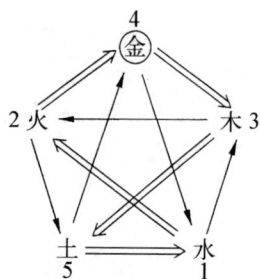

四金生于外相对于四金克于外

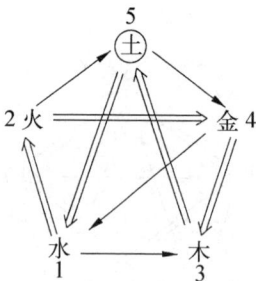

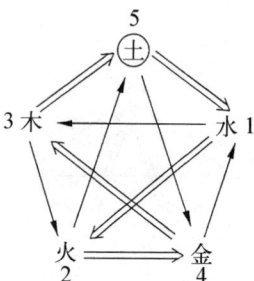

五土生于外,相对于五土克于外
《内经》用其次

上图中单线奇数阳为生,双线偶数阴为克,生克当内外出入之变,可一览而明。唯外生内克为主相对于外克内生为主,当分各主一行的五种,亦各各相对,图以一水二火三木四金五土为次,是即一化为五,五五有二十五种变化。故仅知五行生克而未得生克出入之变,其何能理解制化之道、反侮之象,能得此五数之变及合诸生克以当阴阳之理,然后可明五藏配五行之同异。凡五五相合,势必有二十五种变化,其作用全同。《灵枢·阴阳二十五人》:"木形之人,比于上角,似于苍帝;火形之人,比于上徵,似于赤帝;土形之人,比于上宫,似于上古黄帝;金形之人,比于上商,似于白帝;水形之人,比于上羽,似于黑帝。"战国时,早有相马之伯乐,何况相人。观人之外形当然可得种种信息,以见其人之身心是否健康,此对人对己之选择养生法,有决定性的作用。由外而内以观五藏,乃知五藏当五行,亦犹五藏当五数,有独立一藏的出入,则亦有二十五种变化。今所存之二种配合法,仅肾水同,当属于一水生于外相对于一水克于外的水形人一类。且五行合诸五数而定以图书的时一空坐标,合诸人身内部气化的五藏,始完成天地人三才的坐标。然未知五藏配五行时当有变化,则未合数学及生克之原则。医理应用时早知有反侮的现象,反侮者如理当水克火,然火反克水。今合诸五藏配五行论,水克火者,肾水克心火之象,反侮者成为土心克肾水。或仅知配火而未知心可配土,则自然有反侮之象。或知其变化之理,则五行生克之数学原理可固定,又可进一步推求所以有反侮之病情,是即五藏之气有所变化。此于养生之理,有更深一层的原则,乃能生克互变而得阴阳之整体。故医必遇不治之病,养生亦何能长生,而其理论如神仙之同死生之域,则确能别有天地。故由五藏配五行,当知其变化,则任取一种仍可相通。故中医不妨仅取所谓今文说的五行,然必须了解所谓古文说,方能认识反侮等情况,而可不陷于诡辩。观古书叙述五行之次,殊多变化,当然以《洪范》之水火木金土为主。若《内经》为金木水火土(见《移精变化论》等),已成为流行之次。又据

《太玄经》之纳音,其次为火土木金水。若《洪范》主天一生水,《内经》主天五生土,《太玄经》主天三生木,后出之《尚书·大禹谟》始以纯克之水火金木土为次。可见魏晋后始以纯生纯克为主,执之者不知仅主一行尚有生克出入互变之理,则于一化为五由五数变化的数学模型,为生克所蔽而不知五行来源于五数之义。故能认识五藏、五行皆如五数,其次必当有120种变化,方可合乎数学原理而决无穿凿附会之失。

三、利用阴阳数合诸人类生物种的理论。

五行可归诸一、二、三、四、五五数,阴阳又当归诸七、八、九、六四数。上节详论象数易,以此四数当卦爻,并可得大衍筮法。于《内经》中,又以此四数归诸天地人三才之整体。凡以六数为天,九数为地,七、八为人。

《内经·上古天真论》:

岐伯曰:"女子七岁,肾气盛,齿更发长;二七,而天癸至,任脉通,太冲脉盛,月事以时下,故有子;三七,肾气平均,故真牙生而长极;四七,筋骨坚,发长极,身体盛壮;五七,阳明脉衰,面始焦,发始堕;六七,三阳脉衰于上,面皆焦,发始白;七七,任脉虚,太冲脉衰少,天癸竭,地道不通,故形坏而无子也。丈夫八岁,肾气实,发长齿更;二八,肾气盛,天癸至,精气溢泻,阴阳和,故能有子;三八,肾气平均,筋骨劲强,故真牙生而长极;四八,筋骨隆盛,肌肉满壮;五八,肾气衰,发堕齿槁;六八,阳气衰竭于上,面焦发鬓颁白;七八,肝气衰,筋不能动,天癸竭,精少,肾藏衰,形体皆极;八八,则齿发去,肾者主水,受五藏六府之精而藏之,故五藏盛乃能泻,今五藏皆衰,筋骨解堕,天癸尽矣,故发鬓白,身体重,行步不正而无子耳。"帝曰:"有其年已老者,有子者何也?"岐伯曰:"此其天寿过度,气脉常通,而肾气有余也。此虽有子,男不过尽八八,女不过尽七七,而天地之精气皆竭矣。"

究此节以女取七数,男取八数,以观男女生生之生理现象,二千余年来基本仍相合。传一代人的标准,即取四八与四七之平均数,故《说文》曰:"三十年为一世。"一世云者,犹人类之生物钟。六十花甲者当二世,凡以甲子记时,有其特殊处。因一年有地绕日一周之事实,绕十二周之岁星纪时春秋时尚用之,后发现太岁超辰而逐渐不用,然三十年或六十年的周期,皆与天时无关,而实与人类本身的生物钟有关。故于养生术之研究,首当重视本身之年纪。然此为平均数,尤不可执而不变。而相应于七七蓍数以成八八卦数的概率,视七、八为人的不变数,其理可取,由人而更及天地。《六节藏象论》说:

天以六六为节,地以九九制会。天有十日,日六竟而周甲,甲六复而终岁,三百六十日法也。夫自古通天者,生之本也,本于阴阳,其气九州九窍,皆通乎天气。故其生五,其气三。三而成天,三而成地,三而成人。三而三之,合则为九。九分为九野,九野为九藏。故形藏四,神藏五,合为九藏以应之也。

《三部九候论》说:

帝曰:"愿闻天地之至数,合于人形,血气通,决死生,为之奈何?"岐伯曰:"天地之至数,始于一终于九焉。一者天,二者地,三者人。因而三之,三三者九,以应九野。故人有三部,部有三候,以决死生,以处百病,以洞虚实而除邪疾。"帝曰:"何谓三部?"岐伯曰:"有下部,有中部,有上部,部各有三候,三候者有天,有地,有人也,必指而导之,乃以为真。上部天,两额之动脉;上部地,两颊之动脉;上部人,耳前之动脉。中部天,手太阴也;中部地,手阳明也;中部人,手少阴也。下部天,足厥阴也;下部地,足少阴也;下部人,足太阴也。故下部之天以候肝,地以候肾,人以候脾胃之气。"帝曰:"中部之候奈何?"岐伯曰:"亦有天,亦有地,亦有人。天以候肺,地以候胸中之气,人以候心。"帝曰:"上部以何候之?"岐伯曰:"亦有天,亦有地,亦有人,天以候头角之气,地以候口齿之气,人以候耳目之气。三部者各有天,各有地,各有人。三而成天,三而成地,三而有人。三而三之,合则为九。九分为九野,九野为九藏。故神藏五,形藏四,合为九藏。"

此明天以六六为节,地以九九制会,所以继七八为人类的生物钟。人参天地之间而三,三三而九,更合以三部九候,以当洛书九畴。且又总结阴阳五行之变化,实为易道三才的具体应用,由"近取诸身"而"远取诸物",养生的整体理论,庶可以数喻之。今更以方圆之形,阐明其理。

考方圆之辨,数在九六。于正六边形,可当径一围三之象。故必六圆,自然能虚围其中之圆,见下图:

此正六边形的图形,蜂房已然,中国人早已理解其可通规矩,分圆周三百六十度以当花甲六周,即准此形象。《内经》取其义,故天圆以六六为节。此为径一围三的精义,非指密率,而反可由此以见方圆之变化。

更以九州言,其形为方,九宫格的形象,在中国早已深入人心,见图:

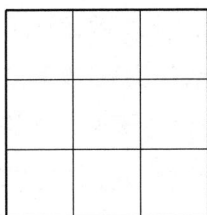

此三三而九,《洪范》早已分为九畴,《内经》亦取其形象而以地方为九九制会。且以三部九候合于人身,当三才而三之,详以下图示三部九候之象:

天	人	地	才　三　部　三
两额之动脉 头角之气	耳前之动脉 耳目之气	两颊之动脉 口齿之气	上部 天
手太阳 肺	手少阴 心	手阳阴 胸中之气	中部 人
足厥阴 肝	足太阴 脾胃	足少阴 肾	下部 地

更以三才合诸九六七八,其象如下:

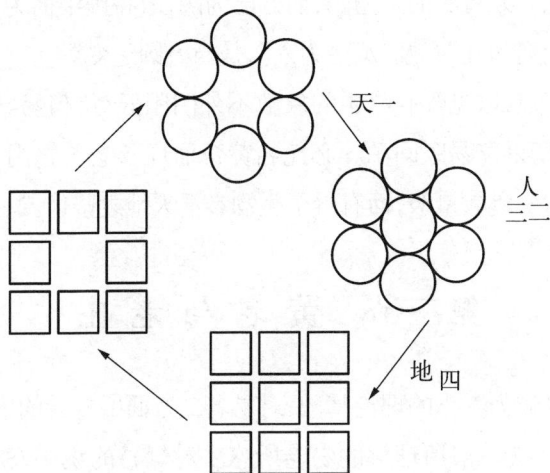

此六、九、八、七为阴阳变不变数,尚宜以五行数合一,即天六为天一,地九为地四,人之八、七,男为三,女为二。天一地四者,一当四方之中,其数五。人之三二,即"参天两地而倚数",其数亦为五。凡一、二、三、四、五为生数,六、七、八、九、十为成数。且必五位相得而各有合,亦即阴阳五行之合一。故识此生成数之兼及阴阳,庶见天六地九男八女七之配合有其至理。乃于三部九候之中,又分神藏五,形藏四。形属外即头角、口齿、耳目胸中之气为地四,神属内即心、肝、脾、肺、肾当五行。

凡三才方圆之变,当由六而七,犹天施地生,由无而有,由虚而实。继之由七而九,当由圆而方,犹老子曰:"人之生也柔弱,其死也坚强,草木之生也柔脆,其死也枯槁。"故养生之道,当由实而虚,此为由九而八。更当由方而圆,此为由八而六。观此六、七、九、八之周流,即著数卦爻之变。故更可以方圆之形、奇偶之数、虚实之理以见阴阳变不变之道。七者数奇形圆理实,皆乾象,故《易》以为阳之不变,《乾凿度》所谓一变而为七,即必以六圆围一圆天,其数为七。八者数偶形方理虚,皆坤象,故《易》以为阴之不变。以二方地围成一周,其数为八,此所以视七八为阴阳之不变而为卦。若六者虚而偶为阴,而圆已为阳,故将实中而为七。九者实而奇为阳,而方已为阴,故将虚中而为八。《乾凿度》继之"七变为九"必及"八变为六",是当方圆之变。

由上三点,以见《内经》中的象数不外阴阳五行,与易学象数之变化全同,此所以能易医同源。必托名黄帝而理及老子之尚自然,此所以能扩大时一空数量级,而有得于生物参于天地之整体。

第三节　黄老与老庄

以易老作为养生的理论基础,对易老二方面所包含的内容各须加以说明,方不为一般所理解的易老所惑。对《易》的说明,就是不可不上出于"经学易"而为六艺所囿,当能驾凌六艺而归诸阴阳五行,则"经学易"自然通于"象数易",唯准"象数易"方可成为养生的理论基础。对"老"的说明,又必须注意黄老同旨的观点。这一观点至迟起于邹衍,然自黄巾起义失败后,渐为后人遗忘。凡汉代存有托名黄帝等人的作品,基本与"象数易"及老子的理论相结合,此于《七略》所著录的文献中,已可说明事实。且尹咸整理的《数术略》,李柱国整理的《方技略》,同属专业知识,唯此类专业知识的文献,方可作为养生的理论,且可付诸实践。但深可痛惜的是自东汉起,《数术略》与《方技略》的文献日渐减少,《六艺略》的文献日渐增加,终成四部的分类法。凡专业知识的文献皆入子部而逐步轻视之,由是中国本有各种极可贵的科学知识因未能独立存在而常常失传。于易学文献分入经部与子部,亦就是"经学易"与"象数易"分裂了二千年,迄今仍未能结合。其实易学自有其专业的象数,方能产生可贵的理论,而决不可以六艺的思想限制其发展。至于黄老的分裂,又为中国文化的重大损失,老子主张"有物混成,先天地生",邹衍以"先序今以上至黄帝……推而远之至天地未生,窈冥不可考而原也……称引天地剖判以来,五德转移,治各有宜,而符应若兹"(见《史记·孟子荀卿列传》),正以阴阳五行说明老子之混成之物。今以史实核之,象数的理论大大早于老子与孔子,然用较长文字以说明象数的文献,基本产生于《论语》与《道德经》后。故仅以文字为主而未能究其旨,每每不理解战国能进一步整理古代的象数以发展春秋末年老子与孔子的思想。如邹衍利用阴阳五行的象数以说明老子之道并推原于黄帝,而阴阳五行的象数确产生于老子前,今有六十甲子表及数字卦等的发现足可证明。而老子本人亦已利用象数以明其理,然尚未重视五行生克。至于推原人类始祖问题,何可仅止于孔子前二千年左右的尧舜。战国时学者综合各国各族的传说,空间既扩大,时间亦推前,乃总结成黄帝。邹衍思想中已肯定黄帝为历史事实,由黄帝再上推则窈冥而不可原。由是以为老子之学说,犹从黄帝起更上推而形成黄老之说。故凡托名黄帝的文献,每取象数而合以老子之哲理,乃成汉初崇尚黄老之风气。此一学风由积渐而来,决非短期可就,故《史记》叙古史亦始于黄帝。然自汉武帝尊儒术斥百家后,于古史乃坚执尧舜而不论其前,亦就是分裂战国时已结合的黄老。此对古史以及对象数的了解有莫大的损失,使数字卦失传了二千余年。今仍以易老作为养生的理论基础,必须恢复战国末及汉初的情况以结合黄老。

上已提及由六艺归诸尧舜孔子,其后发展成黄老就在能利用象数,又发展成易学的伏羲神农黄帝尧舜,可相应于"数字卦"变成"阴阳符号卦"的事实。故时代愈后,所认识的时—空数量级愈扩大,利用象数亦逐步复杂,此正合乎科学发展及人类进化的原则。且黄老的理论,已认识时—空数量级可无限扩大而及天地剖判之先,此已超过儒术所尊奉以祖配天的思想,今名之曰"超越时空",方可成为养生的认识论,亦就是老子"道"的概念。而邹衍认识的时空本身就容纳在可兼及二种周期变化的五行生克之中。故黄老结合,乃以阴阳五行的学说说明此混成之物。若干年前,笔者研究老子邹衍的学说是否可相应的问题,读到老子主张"执古之道,以御今之有,能知古始,是谓道纪",则与邹衍"先序今以上至黄帝"的认识方法不同,当时尚认定老子有偏于崇古保守。不期发现马王堆出土的帛书《老子》,以"执古之道"的"古"字甲乙本同为"今"字,则《老子》文义始觉通顺,哲理圆满。如果不是根据今日的知识驾御今日之所有,则如何能知古始?必执如是之道纪,方可古为今用。更见邹衍的理论确在结合黄老,且能以古始之道起作用于"今日"。至于"五德转移"的理论,实为极可宝贵的数学模型。及秦始皇统一天下,犹从燕齐方仙道的黄老学说取五行相克之次,认为黄帝当土气,夏禹木青气克土,商汤金白气克木,周文武火赤气克金,继周者必将为水,此秦始皇所以自认为水黑气克火以继周。可见阴阳五行的理论,早已成为当时的时代思潮,更能抽象其象数为自然科学所利用,就产生了中医理论并形成《内经》。《内经》利用象数而托名黄帝,而养生的理论实在其中。或未知汉初尚黄老之旨,视《内经》托名黄帝与岐伯等的对言一如小说家言,不知托名黄帝已有取于易老之哲理,所以造成中医有其疗效而茫然于理论之所出。今阐明养生理论之出于易老,尤当重视其相应于中医理论的事实。凡阐明象数理论之所以复杂,因象数本身可通贯古今,而取象数以喻其理,又有取者之时代背景。今以所取之象数理论反诸身,作为养生的理论基础,而人类本身更有极长的时—空数量级。于今二十世纪取之,尤当重视今日之知识,所谓"执今之道,以御今之有",亦就是邹衍的"先序今以上至黄帝"。故检验前人所取作为反身的象数是否正确,是否仍可作为今日反身的理论基础,其间有极精微之处,不可不郑重其事。以下详为说明老子所提出的混成之物,此一概念确有超越时—空的思想,以今日的数学概念论,就是多维空间。

老子想象此混成之物,认为:"可以为天下母,吾未知其名,字之曰道,强为之名曰大。"又曰:"大曰逝,逝曰远,远曰返。道大,天大,地大,王亦大,域中有四大而王居一焉。人法地,地法天,天法道,道法自然。"此节实为《老子》精义所在,所谓不可道之道,略为名状之。此道生在天地先,亦就是"人法地、地法天、天法道"的道,以下尚有"道法自然"的概念,故此混成之物,尚未可认为是老子所认识的最后境界。且名此道为大,殊可深思,亦就是本书中屡次提到的扩大时—空数量级的概念。人或局促于一生百年中,不啻坐井观天,庄子《逍遥游》与《秋水》等篇屡言及之。唯大能逝而远,而关键更在远而返,知远而不知返,犹知大而不知小,知宏观而不知微观,知阳而不知阴,知阴而不知阳,决非老子之旨。唯能由远而返,返者反身之象,而人体本身属开放的巨系统,可自反以体验之。当既返而观此大道,实兼及天地人三才之道。此理正合六画卦象所包含的意义,下以乾卦为例示之:

远 近 大　有物混成先天地生（道）　天道{☰}　人道{☰}　地道{☰}　乾　人法地　地法天　天法道　返　天人地　道　四大　域中　王道　自然　道法自然

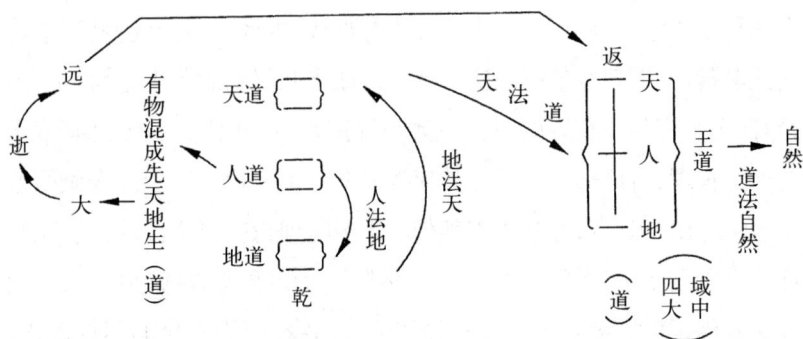

凡易卦六位,所谓"六者非它,三才之道也"。《说文》记"一贯三曰王",战国时极通行。此处不必考诸甲骨文,因《道德经》成文时恰在利用此义而言"王亦大"。识此大义,可推究人所法的地道、天道何指?今据原文以明之:

　　天长地久,天地所以能长且久者,以其不自生,故能长生。是以圣人后其身而身先,外其身而身存,非以其无私邪? 故能成其私。(《老子》七章)

　　昔之得一者:天得一以清,地得一以宁,⋯⋯侯王得一以为天下贞。⋯⋯天无以清将恐裂,地无以宁将恐发,⋯⋯侯王无以贵高将恐蹶。⋯⋯(三十九章)

　　天之道,不争而善胜,不言而善应,不召而自来,绰然而善谋。天网恢恢,疏而不失。(七十三章)

　　天道无亲,常与善人。(七十九章)

　　天之道利而不害,人之道为而不争。(八十一章)

由第七章而知,人道不同于天道地道者,人道自生而天道地道不自生。然不论天地人皆须得一,唯得一者始可明道。故人而得一,渐能法地道天道而不自生。于不自生的地道天道中,地道贵宁处而不发,天道贵清明而不裂。唯其不裂而为整体,故能成"疏而不失"的"天网",以今日的概念言,此恢恢的天网就是多维空间的胞腔(边界)。庄子于《天下篇》中感慨而言"道术将为天下裂",就在于未见"损有余"以"补不足"之中,而必趋"损不足以奉有余"之偏。且人于天道偏而不中,即使地道"不宁而发",所谓善人者,犹指善知三才之道旨,乃能处处忘私而去小我,生而不自生,终能吾丧我而宁且清,乃可近于道而成其大我之私。其间于后身外身以达无私之过程中,必"为而不争"乃能如天道之"利而不害","能成其私"当养生有成。若老子之理论,贵在能以人类本身的巨系统始,以体验各种子系统之间的关系。于子系统中自然有分子一级的时一空结构,可相应于遗传工程之研究,而人体之奥秘决不限于遗传密码。故更抽象而论此三才王道的结构,乃可利用易学象数以相应的六维空间为喻。凡地道之宁,似当三维空间,天道之清,犹张弓者相对于鹄的或抑或举的时间。故先天地生的混成之物就是超越四维时一空连续区,亦就是探求各种不同数量级的时一空结构的中心。卡鲁查的五维理论,可相应于这个意义。然当既有此五维空间的中心,必当有其他的五维空间的中心。探求各种不同五维空间中心的中心,自然又有六维空间的中心,如是推求,维数又有无限。故老子能认识此混成之物而并不执之,最后归结于道法自然,则自然的概念可永有新义,以维数论,可及无穷维。本书以卦爻的象数合诸正则多维空间的顶点及胞腔数,则恰当六维空间。然必须说明,非谓宇宙本体为六维空间。且重视维数间的变化及其对偶关系的种种情况,对于养生时必当了解的理论与气功功法的实质有密切关系。当深入观察老子所了解的混成之物,亦就是老子所谓道的形象,尚须理解全书之旨归诸"自然"而似无穷维,故所谓道者可相应于五维以上的多维空间。

《老子》四十二章又说:"道生一,一生二,二生三,三生万物。万物负阴而抱阳,冲气以为和。"此所谓"道"犹混成之物,"寂兮寥兮,独立而不改"即为"道生一"。庄子认为老子"建之以常无有,主之以太一"。此因老子主张"天下万物生于有,有生于无",故谓其"常无有",而所主之"太一",就是道所生之一。天地人三才之道,莫不有得于一。"一生二",犹相对之万物皆出于"众妙之门",总结此众妙,类分为二,书中每有相对的概念,如美恶,善不善,有无,难易,长短,高下,音声,前后等,合言之就是阴阳,是之谓"玄牝之门"。出入于阴阳玄牝之门,生二已当玄之出入与牝之出入为四象,继之"二生三"于易象为三画八卦。八卦即阴阳三次组合而成,凡八卦所示的形象,就是万物的形象。"万物负阴而抱阳"者,仍有出入之义,贵得"冲气以为和",犹得阴阳之中。而此三维形象的八卦,当结合先天地而生的混成之物,故"不可道"的道恰可以八卦组合成六十四卦的三才之道道之。虽非自然,亦可利用正则六维空间的数学模型,观其一气之出入变化,以为养生的理论基础,此为易老结合的枢机。或仅重经学文字的《易》,未结合黄老之老,则决不能结合易老而形成养生的理论。

以上既论黄老之旨,更不可不知老庄之结合。庄子以"博大真人"称关尹老聃,确能了解老子学派的思想。唯能见及天地人三才整体之道,方不愧受此"博大真人"的称号。凡"大"而知返可称"博",由人而兼及三才整体可称"真人"。此庄子之有其识见,亦唯庄子之能继老,故读庄子者,当了解全书的整体。以整体同老子之整体,故亦可成为养生的理论。且其文辞尤活泼动人,故由老而庄,方能活其养生的理论。合诸功法言,黄老当死子时,老庄为活子时,当究其理而困乏时,宜一读庄子寓言而通其气、散其郁,所谓由小我而大我。然大我之境界仍变化无穷,虽知"无私能成其私",然自认为已无私之象,是否能完全无私?故仍须常读庄子寓言以大其无私。且忌执某一寓言而用于一切情况,如能通观全书以究其寓言之旨,取其适吾之境者用之,斯为得之。又《庄子》一书之内、外、杂篇,当分别观之,而庄子之所以为庄子,应以内七篇为主。此七篇篇名为《逍遥游》、《齐物论》、《养生主》、

《人间世》、《德充符》、《大宗师》、《应帝王》,已可见其为三才整体之寓言。首三篇《逍遥游》、《齐物论》、《养生主》犹天地人。次三篇为人与三才之道的关系,《人间世》为人与人,《德充符》为人与地,《大宗师》为人与天。最后结于"王亦大",以《应帝王》贯通于三才之王道。然易老合诸天地人之道,庄子变而为天籁地籁人籁。

《齐物论》有子綦子游问答之言,子綦曰:"今者吾丧我,汝知之乎?汝闻人籁而未闻地籁,汝闻地籁而未闻天籁夫!"继之子游曰:"地籁则众窍是已,人籁则比竹是已,敢问天籁?"子綦曰:"夫天籁者,吹万不同,而使其自已也。咸其自取,怒者其谁耶?"凡研究庄子的思想结构,"今者吾丧我"为其基本点,亦取作养生理论的基本点。或局限于一己之经验,其何以见三籁之变? 如能丧我而化吾之"世界"成客观"宇宙",则"今之隐机者,非昔之隐机者",其义已当"人法地,地法天",故有人籁地籁天籁之次。其后详述风气,宜子游已喻众窍当地籁,比竹当人籁,然尚未知天籁之象而问之,因又有"吹万不同,怒者其谁"的回答。此天籁之义极深邃,且三才之整体特借《齐物论》以言之,实已通贯内七篇。此《齐物论》唯及地籁,于天籁之象上篇《逍遥游》当之,人籁比竹之吹下篇《养生主》当之。凡《逍遥游》论鲲鹏南北之化与"生物之以息相吹",犹天籁之吹万不同,小年之"之二虫又何知",故必以"丧我"为原则。若地籁之极致,就是庄子梦蝶之化,亦就是能通贯生物,以见当时所理解的生命起源。这一思想,可取《至乐篇》末节以明之:

> 种有几,得水则为𪓰;得水土之际,则为蛙蝤之衣;生于陵屯则为陵舄。陵舄得郁栖则为乌足,乌足之根为蛴螬,其叶为胡蝶。胡蝶胥也,化而为虫,生于灶下,其状若脱,其名为鸲掇。鸲掇千日为鸟,其名为乾余骨。乾余骨之沫为斯弥,斯弥为食醯,颐辂生乎食醯,黄𫐉生乎九猷,瞀芮生乎腐蠸。羊奚比乎不箰。久竹生

青宁,青宁生程,程生马,马生人,人又反入于机。万物皆出于机,
皆入于机。

读此节之义,可见庄子想象力之丰富。今以遗传密码观之,实有
其生生关系,此犹由地法天之吹万不同。所谓"人又反入于机"所以通
生物与无生物,"万物皆出于机,皆入于机"犹老子所谓先天地生的混
成之物。故以生物言,认识梦蝶为庄子思想中的主要结构,由是以观
《养生主》,则为庄子的养生理论。至于人籁比竹之吹,何能无憾,庄子
乃有"有成与亏,故昭氏之鼓琴也,无成与亏,故昭氏之不鼓琴也"。不
鼓琴以闻耳不能闻之声,是谓天乐,而反身时确可得此信息。至于出
入《人间世》之私,充吾众窍之德,以符合于万不同之吹,方足为大宗
师。"用心若镜"、"虚而委蛇",则可应帝而王。能通观内七篇中所有
寓言而究其义,乃见庄子之善继老子。故研究养生理论者,既不可不
知黄,更不可知老而不知庄。或认识黄老与老庄为二者,乃分别当秦
汉与魏晋的时代思潮,今以三才之易道贯通黄老庄为一,乃当汉初的
思想情况。

最后仍宜一观《汉志》中《诸子略》略述道家及阴阳家之部分书目:

道家:

《伊尹》五十一篇。

《太公》二百三十七篇。

《辛甲》二十九篇。纣臣,七十五谏而去,周封之。

《管子》八十六篇。

《老子邻氏经传》四篇。姓李名耳,邻氏传其学。

《老子傅氏经说》三十七篇。述老子学。

《老子徐氏经说》六篇。字少季,临淮人,传老子。

《刘向说老子》四篇。

《庄子》五十二篇。

《黄帝四经》四篇。

《黄帝铭》六篇。

《黄帝君臣》十篇。起六国时,与老子相似也。

《杂黄帝》五十八篇。六国时贤者所作。

阴阳家:

《邹子》四十九篇。名衍,齐人,为燕昭王师。居稷下,号谈天衍。

《邹子终始》五十六篇。师古曰:亦邹衍所说。

《黄帝泰素》二十篇。六国时韩诸公子所作。师古曰:刘向《别录》云:或言韩诸公子所作也。言阴阳五行,以为黄帝之道也,故曰泰素。

《杂阴阳》三十八篇。不知作者。

以上引十余家书目,其书虽佚而内容犹可见,黄老之说兼及象数亦可见。故战国时早已重视象数以明其哲理,即黄老庄与象数易合一的情况。及西汉而形成经学,始以易学归诸六经之原,且逐步轻视象数。及汉而魏,经学崩溃而《易》合老庄而为三玄。历代认为王弼之注易老,乃以老子无为之说注《易》,不知黄老之说并非王弼所认识的老子,况经学易中尚能保存部分易学象数,及王弼扫象而面目全非。故黄老而老庄,于养生之思想有极大的变化,本书为研究养生的理论,不可不从文献入手以见其原。今由《汉志》之书目,以证本有利用易学象数的专业知识,以养生论,当包括黄老庄。然经过"经学"、"玄学"二次变化,对易老的概念已大不相同。先使其恢复战国汉初的情况,要在已知利用象数易的模型,而决非三玄的空谈,可作为今日养生理论的基础。

第四节　老子与道教

由老子上兼黄帝下及庄子,可相应于战国起由方仙道而黄老道。之所以必及庄子,因为传统观点仅以黄河流域为主,故仅称黄老,其实质已多庄子所述及的内容,庄子有长江流域的学风。考老子之学,于秦楚二地各有传人而各有学派在发展。凡象数易与黄老庄,至迟在汉初已能结合成一整体,于"近取诸身"已有较完备的养生理论和具体功法,且整体理论可概括一切,非仅"近取诸身"而已。或对易学象数的意义茫然不解,对庄子的寓言亦多信以为真,不善悟所以编此寓言之理,而反身体验时又确能认识有气的存在及其有不可思议的作用,如未能以整体理论加以解释,自然有神秘感,此所以以医药为主的《方技略》中必及神仙。当东汉后,黄老数术、方技等知识仍向各方面进展,虽多不可究诘之事,若天文、历算、黄白术、养生等,实有科学根据。

张衡(78—139)于天文历算的成就,已为今人所了解,具体文献因不受重视而失传。其他如黄白术以炼黄金,属原始的化学认识;养生气功有明确的象数概念,当属医学的最高目的。凡此自然科学之发展,其研究对象决非囿于数千年的社会历史所可认识。观六艺为主的儒术,如未能由社会科学反诸自然科学,尤见其迂腐而不切实用。况东汉中叶起,政权日益腐败,思想势必狭隘,乃未能兼容专业知识之发展。而专业知识基本在民间流传,不得不混杂于迷信中。凡信仰有神秘性与宗教性质,而崇尚黄老的组织已遍诸全国,主要文献有《太平经》、《养生书》等。汉末黄巾起义所利用的理论就是黄老道,不幸惨遭延续数十年的镇压而失败,故黄老道的理论后人讳言之。属于巴蜀地区有地方色彩的五斗米道,由张陵(亦名张道陵)创造,以《老子》五千文作为主导思想。其孙张鲁以其教义治汉中,亦有治绩,实与黄老道相似。然鲁降汉而拜镇南将军,封阆中侯,与黄老道有完全不同的遭遇,宜汉魏后五斗米道大行于天下。究其理论虽以老子为主,实包括方仙道、黄老道等汇合以成道教。

以学术风气言,于汉魏之际有王弼注《易》注《老》,继之有郭象注《庄》,造成魏晋的时代思潮以《易》、《老》、《庄》三玄为主,足可替代汉代之经学。一般对易老的认识,基本以魏晋思潮当之。然推求养生的理论,如筑基于玄学,不啻建屋于沙。因玄学不知象数,全属空谈而不切实际,故既非象数易,亦非汉初所尚的黄老庄。凡玄学之代经学,犹进一步排斥专业知识使理论与应用脱节,亦使养生与医药各自发展而未能以象数统一之。嵇康著《养生论》,大义谓神仙可有,然禀之自然,非积学所能致。至于导养得理,善用药物以尽性命,上获千余岁,下可数百岁,则可有之。其言曰:"夫服药求汗,或有弗获,而愧情一集,涣然流离;终朝未餐,则嚣然思食,而曾子衔哀,七日不饥;夜分而坐,则低迷思寝,内怀殷忧,则达旦不瞑;劲刷理鬓,醇醴发颜,仅乃得之,壮士之怒,赫然殊观,植发冲冠。由此言之,精神之于形骸,犹国之有君也。神躁于中,而形丧于外,犹君昏于上,国乱于下也。夫为稼于汤之世,偏有一溉之功者,虽终归燋烂,必一溉者后枯,然则一溉之益,固不可诬也。"此节之理能结合心理与生理而言,殊合养生之旨,且能明辨大环境及本身之小环境,尤为重要。又主张不为过分之食色所诱,自然是养生的基本原则。故虽未言象数,犹能认识人身的整体,属魏初部分尚继承方技家言不同于玄学而近道教的思想。

葛洪于两晋之际著《抱朴子》,于《内篇·释滞》曰:"又五千文虽出老子,然皆泛论较略耳。其中了不肯首尾全举其事,有可承按者也。但暗诵此经而不得要道,直为徒劳耳,又况不及者乎?至于文子、庄子、关令尹喜之徒,其属文笔,虽祖述黄老,宪章玄虚,但演其大旨,永无至言。或复齐死生谓无异,以存活为徭役,以殂殁为休息,其去神仙已千亿里矣,岂足耽玩哉?其寓言譬喻,犹有可采以供给碎用,充御卒乏,至使末世利口之奸佞,无行之弊子,得以老庄为窟薮,不亦惜乎?"

则能继承《数术略》与《方技略》而更有发展。此节之议论,方可代表秦汉以来与儒术不同的黄老思想。且《抱朴子》尚有外篇言儒、道,内篇言道,犹庄子方内、方外之寓言,外而外游诸内,内而内见于外,斯为"出入无疾"之易理。当黄巾失败而讳言黄老神仙之道,唯葛洪尚能继承其师郑隐之观点而畅言之。其间不取老子五千文者,犹非五斗米道仅取老子而忽视黄帝的思想。又不以庄子、尹喜为是者,实有以斥魏晋之清谈。所谓"利口之奸佞,无行之弊子,得以老庄为窟薮,不亦惜乎",实有至理。今于葛洪思想之是非尚可进一步研究,然中国本有的象数学及各种专业知识,于魏晋后皆未能独立存在而屡屡失传,此于文化确为莫大的损失。

今人对中国自然科学的不发达,每归咎于老庄有消极的玄思,未知此为魏晋玄学所造成,非战国时所发展春秋时的易老思想。故总结先秦文化有三才整体的易老,初废于汉武帝之尊儒术,再废于魏晋之玄学。而尚能保存其一鳞半爪的养生理论,自魏晋后基本隐藏在道教中,故莫不蒙上神秘色彩。本书阐明养生的理论,必须概述仙道发展的情况,最有关的文献就是易老,亦为道教的理论基础。理论所出必须有据于文献,故《七略》中所著录有关易老的文献,已分类加以引证以明其旨。然编辑《七略》时早已尊儒,宜其以儒家所取法的六艺为主,合诸数术与方技等专业知识,使诸子皆属之。从另一角度能扩大时—空数量级而以认识自然为目的,则可以道家所取法的黄老为主,数术与方技等专业知识莫不属于黄老。《易》以象数为主,可属阴阳家,本有其专业知识,道与儒因可通用,而为黄老所取则的象数易,实在经学易前。推究《道藏》文献的来源,除本诸《七略》所收的有关文献外,要在能收集自东汉以来所发展的各种专业知识,历代有关养生且有理论和实践的文献基本全在《道藏》中。

今于《道藏》中特选《参同契》、《胎息经》、《黄庭经》、《入药镜》、《悟真篇》五书,可略窥由汉至宋有关养生的概貌。此五书皆为阐明人身整体的功能,同属于生物专业。最重要的问题,必须澄清其神秘外衣而显示出合理的三才整体。在中国文化中,人体科学的发展有其独特的成就,主要关键在于人对天地的认识。故"宇宙"的内容因"世界"而变化,认识人体"世界"的奥秘,又何能不因认识"宇宙"而变化。故了解此五书的内容与功法,首当恢复作者的时代背景,且应了解作者对"宇宙""世界"的认识,庶能得其三才整体而掌握其功法,且完全可古为今用。

《参同契》属黄老道中仅存的文献,通行于黄巾起义前,故仍能明言其旨为同契大易、黄老、服食三者。或不以汉易的象数及汉代的黄老读之,误以为已同于王弼的注《易》《老》,则决不能得其服食之道。且服食中兼服气与饮食,方见当时的养生尚与医学合一,嵇康的《养生论》仍保存汉代思潮而重视药物,正见后世所分的内外丹于黄老道中并未分裂。后来不幸分裂为二,即认为养生气功不须药物,医以服药为主不必再谈气功养生,由此造成养生气功未能与医学结合,今后必当逐步加以会通。观其分裂后的情况,道教于服食之道,既未准魏伯阳《参同契》自序所言"挺除武都,八石弃捐"的教训,使服用铅、汞化合物以求长生而丧身者历代有人,此为道教最大的流弊,今当引为深戒,然不可误认为炼外丹为非。反之医学而未明气功,犹失《内经》的基础,何能了解其所用的象数皆出于易道三才的整体理论。而《参同契》的重要就在未分内外丹,正如今日由生物学与化学的结合而建立分子生物学。

继之取《胎息经》者,考《胎息经》的内容重在闭气以见"世界"的奥秘,生物体如细胞,要在能形成细胞膜。继数十亿年的进化,凡生物体始终保持其为开放性的独立体,此独立体以形成生物钟,进化成人类仍同。《胎息经》以闭气为主,实为功法的主要原则,义同《参同契》的上下闭。然仅以服气为主,由闭气之独立方可观其开放。凡闭气愈深,能量愈足,愈能远离平衡状态而显生物的作用。且进化成人,在遗传结构中早有密封部分。以今日的分子生物学论,即此 DNA 的长链,而唯有 RNA 可应响之,改变之。养生时首须知之,方能改之,《参同契》所谓"推情合性"是其义。且人生的奥秘何可限于分子水平,今唯取以为喻,读者详之。

由《胎息经》而更选《黄庭经》,时代思潮已大变。考《黄庭经》之成亦当在黄老道中,不幸黄巾起义失败后,已讳言黄老道而仅知五斗米道。若魏夫人固为五斗米道祭酒,其后书《黄庭经》的王右军亦为世传五斗米道者,故知《黄庭经》由五斗米道加以保存。唯经保存者以意改作,且因时一空的不同,不期而分成《内景》、《外景》。然《参同契》所重视之冶炼,可同于后世名之曰"外丹"的概念。而《黄庭经》之分为《内景》、《外景》,乃同属于后世所谓"内丹"。由内丹中更分内外景,此为时代思潮之进化。经魏晋南北朝,《黄庭经》始终为道教内外人士所重视。于道教内部,以陶弘景的茅山派为主,取魏夫人的《内景》以发展医书《内经》的理论;于道教的一般信徒,唯知王右军所书的《外景》,既爱其书法艺术,亦有以见由人身而及头脑之思维变化。此较仅知清谈之玄学,价值不可并论。

及唐代开始认识当结合《内景》与《外景》,故于《黄庭经》后,更取唐崔希范《入药镜》与宋张伯端《悟真篇》,此已当唐末宋初的情况,与汉魏之际的思想大相径庭。《入药镜》改"神气"名"性命",为概念重要的变化。张伯端之兼及三教,实能深得陈抟之旨。由张伯端读《参同契》,乃见古为今用之理。先为说明选此五部名著的连贯性,更应重视老子之"执今之道",庶可使一切古代的养生理论及其功法,皆可为今日所用,且能进一步提高气功健身养性的作用。

易老的理论基础,当以易学的象数结合老子之精义,合诸今日的数学概念。象数归诸多维空间,而易学象数恰当六维空间,盖以六维的象数为喻,以见出入维数间的种种变化。六维空间犹所谓数学语言,非谓"宇宙"或"世界"的结构为六维。又据老子"道法自然"的原则,凡自然合诸维数概念,当属无穷维。有关生命的奥秘,以理论言,亦可包括在多维空间中。以下进一步阐明易老之象数理论,可合诸道教中的神秘思想。

《庄子·天下篇》:"一尺之捶,日取其半,万世不竭",此即陈抟创立"先天图"加一倍法的思想基础。卦仅六十四,以太极当一尺之捶,两仪为一日取其半,以下四象、八卦、十六卦、三十二卦而六十四卦各取其半,则仅须六日已得六十四分之一,合诸太极,就是"七日来复"的思想。如继续取其半而不变,则万世不竭。"辨者以此与惠施相应,终身无穷",是即无穷维之象。而易卦仅取六十四者,所以取六维为象。上已说明人类为三维空间的生物,故仅能了解三个无穷,当积无穷个立体以结构成四维时一空连续区,实仅有几何概念。以物理学的成就言,迄今仍未完成统一场论。而对空间的形象已可用直观几何的方法,见及由三维、四维及更高的维数,然维数所表示的"实在"何指? 四维亦已成为四维的空间,是否就可表示时间? 或以四维空间为基础,则增加成五维时,五维就是时间,此义又可无穷上推。由上而下观之,动就是使不连续的变成连续的,当"点动成线"、"线动成面"、"面动成体",凡动就有时间的意义。而人于三维空间中,见到种种不连续的事物,包括生物体,使之相连续而莫不可包括其中,这就是时间。故时间与空间的不同,可相应于连续与不连续的概念。凡时间为连续,空间为不连续。今以五维以上仅存的三种正则多维空间论,$n+1$ 类型的自对偶形象,可当连续的时间,2^n 与 $2n$ 类型的二种相互对偶形象,可当不连续的空间。今以无穷的概念,化成连续与不连续,又化成时间与空间,更合诸自对偶与相互对偶,则"一尺之捶,日取其半"的情况,仅取六日即可反复,不必迫万世已见其不竭之象。于六维空间的 $n+1$ 类型就是著数,就是阴阳五行。合阴阳于生克,以当阳生阴克,则阴阳变不变的六八七九,已可应于一水二火三木四金而合于其中的五土,此所以能以筮代卜。迄今而合诸多维空间的形象,就是两种相互

对偶的六维空间,各取其顶点当九六及减一维的胞腔中心当七八间之变化。详以下表示之:

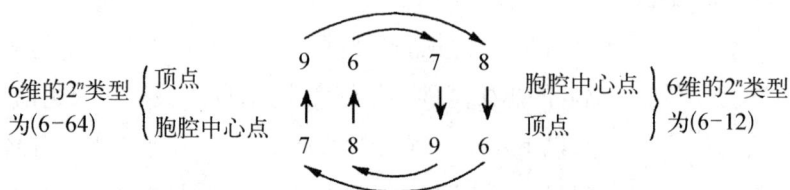

6维的2″类型
为(6-64)
{顶点
胞腔中心点

```
9   6      7   8
↑   ↑      ↓   ↓
7   8      9   6
```

胞腔中心点
顶点
}6维的2″类型
为(6-12)

　　凡由胞腔中心点至顶点为增加一维,由顶点至胞腔中心点为减少一维。且于卦爻间的变化,既有结合六爻成卦,亦有散卦成爻,故于维数间尚不限于一维的差别。且其间有一重要的象数变化,凡二三千年来的研究易学象数者,莫不重视六十四卦之卦数与六十干支数之间的关系。影响最大者就是"卦气图",提出震(春)离(夏)兑(秋)坎(冬)四卦为六十卦以当六十花甲数,《参同契》提出乾(天)坤(地)离(日)坎(月)四卦为六十卦以当六十花甲数,唯《杂卦》作者以大过卦取"旋互"变化以合成六十卦,尤见其有精深的思想。今日以六维空间的子空间计之,即(6-12)中内含12个(5-10),同时内含60个(4-8),亦就是于六十四卦中,取五画的三十二卦,仅可组合成十二种不同的情况,取四画的十六互卦,仅可组合成六十种不同的情况。

　　或以多维空间的形象现于三维空间中,势必有不可思议的事实。道教中有一神话,谓仙人的葫芦中永远倒不尽其所藏之物,亦永远装不满其葫芦。这一形象出于庄子,《庄子·齐物论》:"故知止其所不知,至矣。孰知不言之辩,不道之道,若有能知,此之谓天府。注焉而不满,酌焉而不竭,而不知所由来,此之谓葆光。"先以天府言,就是知不言之辩,不道之道。因由不言而知其所辩,已出文字语言之外,不道而知其所道,犹已知混然之物而不必字之曰道,则确能出于六合之外。《庄子·在宥》:"出入六合,游乎九州,独往独来,是谓独有,独有之人,是谓至贵",似有天府之象。以天府之象入于六合之内,自然有"注焉而不满，酌焉而不竭"之"葆光"，亦就是超过三维空间而进入多维空间的形象。以"葆光"言，这一数学模型非常简单，早为克莱因所理解，今名之曰克莱因瓶，可用二根摩比斯带粘合而成。这一情况科普杂志及有关拓扑学书籍上已多次介绍，此克莱因瓶就是庄子所理解的"葆光"。

最后可介绍道教中的名著《度人经》，此经为葛洪的族孙葛巢甫所著，自造一神名"元始天尊"，谓其有一宝珠。原文曰："于是元始悬一宝珠，大如黍米，在空玄之中，去地五丈，元始登引天真大神上圣高其妙行真人，十方无极至真大神，无鞅数众入宝珠之中。天人仰看，唯见勃勃从珠口中入，即入珠口，不知所在。"简单观之，当然是宗教迷信，然此宝珠之形象其实就是庄子所谓人所出入之机，就是六维空间的点。点有两种情况，上已提及就是胞腔中心的点（五维）及顶点（六维）。而于发生对偶变化前，当从胞腔中心点上出一维之顶点，于中国易学的意义，就是由七八之九六，由画而爻。于对偶变化，恰当爻变之义，就是由九六而八七。于六维十二胞腔与六维六十四胞腔间，可相互往来以下式示之：

$$(6\text{-}12) \longleftrightarrow (6\text{-}64)$$

由于六维顶点对偶而入五维胞腔中心点已减少了一维，而一切变化就在此"出入无疾"之变。也就是或则出而增加一维，或则入而减少一维，而于维数本身并无关系。且由相互对偶而及自对偶，其不同就在通过自对偶中心的轴，一端为顶点，一端就是胞腔中心点，是已有对偶的两仪归诸太极中心的形象。然由 $2n$ 与 2^n 类型的相互对偶成 $n+1$ 类型的自对偶，必及无穷维方能达到。而人类所了解的无穷，仅有点线面三种，上已提及无穷体合成四维间的统一场论尚未完成，何况更高的维数。然必须及五维以上正则的几何结构，方能有且唯有此三种类型。然则易学象数取诸六十四卦，实非偶然。此自然而得，何待安排,更不神秘,而种种卦爻象的变化,确可相应于客观自然界的种种变化,此所以可作为数学模型而加以应用,于反身体验时尤当重视之。今以多维空间为喻,所以使理解几何者,能直观其图形以理解易象之所指,如不理解几何者,反多增一层神秘性,则决非写作本书之旨。下章中更将以卦象示之,则可喻二三千年来中国取易象的变化以示其哲理及反身体验所得的种种情状,而此蓍卦爻的变化就是发生在正则六维空间中的种种几何图形。

第四章

论养生

第一节　养　生　与　气　功

有易老为养生的理论基础,方可说明养生的整体与气功的功法。养生者,养自身的生命,要在能适应客观自然界的条件。因有易道三才的原则,故自然界的条件已归结成天地两方面,而养生者,就在能随时空变化而生存于天地之中。天属阳犹时间,地属阴犹空间,人生存于四维时—空连续区之间,不可不知自生命起源以来已有生命的四维时—空连续区,及进化成人后,就是人类的生物钟。上已提及由"宇宙"而"世界",亦可由"世界"而"宇宙",故所谓天人合一者,可归诸缩小时—空数量级的差别以等同之。而时空数量级除宏观的一端,更有"视之不见,听之不闻,抟之不得"的微观一端。今扩大并明确天人合一的概念,就是天当包括地,兼有宏观微观两端种种不同的时—空数量级。每一时—空数量级今以十进制观之,当然亦可用二进制、三进制或兼用其他进位制以表示,如《皇极经世》即用 12 与 30 相间隔的时—空数量级。凡所表示的周期,达到若干量的变化,将起质的变化;此变化后的质,又成为量的变化;再经过若干周期,又将再起质的变化;如是于宏观微观两端发展。然质量之变化无已,天人相应的情况亦变化多端。当养生时必须理解天人各有种种不同的时—空数量级。天的客观时—空,就是"宇宙"。唯生物有进化现象,且有不同的物种,各在进化而有不同的生物钟。"世界"的意义,指人类的生物钟。这一情况,庄子早已研究,于《逍遥游》中说:"小知不及大知,小年不及大年,奚以知其然也? 朝菌不知晦朔,蟪蛄不知春秋,此小年也。楚之南有冥灵者,以五百岁为春,五百岁为秋。上古有大椿者,以八千岁为春,八千岁为秋。而彭祖乃今以久特闻,众人匹之,不亦悲乎?"此"小年"、"大年"就是分辨生物钟的不同。人类中有彭祖传说活到八百岁,当然不一定是事实,即使是事实,此在人类的生物钟,可云特殊而善于养生,然以原始森林植物的生物钟相比,仍属小年。故养生的生字,当不限于人类的生物钟。只有了解有种种不同的"大年"、"小年",方可进一步研究天人相应与合一之理而得养生之道。

人属开放性的巨系统,由生物进化为人,有其不可忽视的"知"的变化。"知"有大小的事实,直接影响对养生的认识。凡生物的进化,应当了解"知"的进化。人自称为万物之灵,应自知灵之所在。以今日的知识观之,已知分子生物学的遗传密码,足以概括生物的生物钟,这就是中国所谓天人合一的人,然必须认识此尚属以分子水平认识生物钟。所谓天人合一的天,于宏观微观两端皆更有所得,宏观如红位移、微观如夸克等,尚未有生物现象与之相应。故天人合一的情况,尚未能十分明确。而在中国,因能直接以自身为实验室,则对人类本身的整体已有所理解。而此整体的"知",能促使了解"天"与"人"的关系。最重要在由"知"以认识"宇宙"的宏观微观两端。《礼记·中庸》:"故君子语大,天下莫能载焉;语小,天下莫能破焉",正与海森堡(Heisenberg,1901—1976)研究极大、极小两端时空数量级的思路同,而中国已能致思于"莫能载"、"莫能破"的形象,亦就是有超越时—空的概念。故于生物本身,更有"知"以认识进化的历程及生命起源的情况。凡此对天对人的情况,全有"知"以知之。而"知"之产生,仍在生物整体的人类本身。且生物特点在有其独立性,老子所谓:"吾所以有大患者,为吾有身,及吾无身,吾有何患? 故贵以身为天下者,则可寄于天下;爱以身为天下者,乃可以托于天下。"此能贵爱自身如天下者,所以能使天下相应而天人合一,而最重要处仍起于"吾丧我"而贵爱此无我之身。至于如何能无我,就要在既生未死的"世界"内,客观反身以见人知之所出,并增加其知。若能了解"宇宙"与"世界"的同异,更能知其相应的关系,以致合一而得天地人三才之道的整体,始可视为养生的目的。而于反身体验确可了解种种不同时一空数量级的现象,此实为生命奥秘之所在。

至于养生的方法,最近数十年来,通用"气功"一词,义谓练气可得其功,有功后有益于养生。且于练气时,当注意本身的形态与动作,是名功法。功法有种种不同,基本使人得气而知气血之运行。然气功类别甚多,要而辨之有动静二种,动功重视外形的动作,静功重视外形的静态。古分"行、住、坐、卧"四种,行为动功,住、坐、卧当静功。不论动静,经过若干时间的连续锻炼,一般能得气,然因功法的不同,可起各种截然不同的作用。而所谓功法的不同,推其原就是对气功有不同的认识。先可视其作用,当得气而能凝其气于身体的外形,如可碎砖裂木等,名之硬气功,中国数千年来屡有记载,今亦多练成者,其作用未可小视。更有进者,可由及物而不及物,则能利用外气以传其功,亦能影响外物,今名之曰放外气。今认为气功能治病者,基本属于放外气。然过多放外气,可影响发放者本身,屡屡表演硬气功,亦可能不利于本身。可见气功与养生,不可不加分辨,有功后而用之不当,亦未必有益于养生。

凡气功所起的作用,方向众多,练气功者的目的,亦各各不同。故教气功者、学气功者遍及全国,各有其功法与目的。暂不论其目的,也不谈功法,究其基本收获在于得气。每人各可反观自身,凡与生俱来者就是气。人在母腹中生长时,气从脐带出入,既离母胎,即由胎息而变成以肺呼吸,故人在从生至死之间时时有气。然所谓得气者,有自觉与不自觉的大差别。西方的体育运动中亦重视呼吸,有深呼吸、腹呼吸、顺呼吸、逆呼吸种种名称,与中国的养生法当然有关系,然所理解的气尚有原则的不同。《抱朴子》曰:"人在气中,气在人中"(《至理》)。一般由不自觉而自觉,仅感觉到气从口鼻中呼吸,此属"人在气中"的气,是名"外气"。本书中气的概念,必须兼及由"人在气中"的气与经变化而成"气在人中"之气,是名"内气"。今有外呼吸与内呼吸的名词,似可借用。而此内呼吸的气与外呼吸的气实有同有异,非同非异,依照传统的观点,外呼吸属天地,内呼吸属人。故所谓得气者,当利用外呼吸的影响,经过锻炼而得内呼吸。凡气功者,不论其自觉或不自觉,莫不起于内呼吸。而所谓养生的理论,指如何认识内呼吸,如何控制内呼吸及如何发展内呼吸的作用。当先秦时,已多认识今名内呼吸的情况。《庄子·养生主》有一寓言人物名庖丁,工作为厨师,排行第四,故名为庖丁。当时的厨师须自为屠夫,而庖丁善于宰牛,坦然安其业而有其道。二千多年来言养生者,每以庖丁为法,取其所谓"目无全牛"。当屠牛时而能"目无全牛",的确是养生理论能结合实践的上乘功法。先录原文如下:

　　庖丁为文惠君解牛,手之所触,肩之所倚,足之所履,膝之所踦,砉然向然,奏刀騞然,莫不中音,合于桑林之舞,乃中经首之会。文惠君曰:"嘻,善哉!技盖至于此乎?"庖丁释刀对曰:"臣之所好者道也,进乎技矣。始臣之解牛之时,所见无非全牛者。三年之后,未尝见全牛也。方今之时,臣以神遇而不以目视,官知止而神欲行,依乎天理,批大郤,导大窾,因其固然,技经肯綮之未尝,而况大軱乎?良庖岁更刀,割也;族庖月更刀,折也。今臣之刀十九年矣,所解数千牛矣,而刀刃若新发于硎。彼节者有间,而刀刃者无厚,以无厚入有间,恢恢乎其于游刃必有余地矣,是以十九年而刀刃若新发于硎。虽然,每至于族,吾见其难为,怵然为戒,视为止,行为迟,动刀甚微,謋然已解,如土委地,提刀而立,为之四顾,为之踌躇满志,善刀而藏之。"文惠君曰:"善哉! 吾闻庖丁之言,得养生焉。"

此以解牛喻养生,可云文不对题。其牛已死,养生何在? 安知养生之理,乃寓于"恢恢乎其于游刃必有余地矣"。反观西方自然科学的成就,主要重视实验,而中国亦有可贵的学问,就在养生之理能以自身为实验室。当实验时,必须解剖,然而生物以整体而生存,解之剖之,生命已死,何能养生,故以解牛为喻,贵能"未尝见全牛也"。于一人之身,又何尝可不加解剖? 庖丁之"砉然向然,奏刀騞然,莫不中音,合于桑林之舞,乃中经首之会",犹明气运行于体内,牛与人有其同者。唯庖丁之善解牛,故"动刀甚微,謋然已解",牛不知其死也。不知其死而死,犹死其当死,有死者必有生者,则当生者生,此"吾丧我"之实例,养生之至理。由庖丁之解牛以自解其身,庶可提高功法成理论,了解自身之生物钟"世界"。观庖丁之解牛情况,能于坚硬将死的骨骼中,闻见其方生未艾而莫不中音的游刃,能不陶然自醉而乐其死? 是之谓"饮刀圭",人生以及生物莫不如是。故养生而不知死,何能彻底理解养生的理论,必须结合死生而更生,斯为中国养生的至理。今以普利高津(I. Prigogino,1917—　)的耗散结构理论为喻[1],虽永远在耗散,反能时时增大其远离平衡状态而独立。生物以及人的宝贵,就在"方生方死、方死方生"之间。然在既生未死之间,能反身体验其"吾丧我"之吾,则"世界"可合"宇宙"而有天人合一之象。"丧我"者"目无全牛"以宰之,方能以无厚入有间。老子曰:"天下之至柔,驰骋天下之至

----

[1] 普利高津于一九七七年获诺贝尔化学奖,卒于二〇〇三年。

坚"，是犹庖丁的游刃。凡得内气者，能至此境，始打开生命奥秘之门。以心静观其刃锋之游，以气饫闻其咸池之乐，要在其"甚微"而切莫丧其"新发于硎"的刀锋。或能十九年而不丧，斯可终身不丧，而有无我之吾。"十九"云者，"十"犹天地十数之河图，九犹三才结合之洛书。《齐物论》曰："夫大道不称，大辩不言，大仁不仁，大廉不嗛，大勇不忮。道昭而不道，言辩而不及，仁常而不成，廉清而不信，勇忮而不成，五者圆而几向方矣。"此道辨仁廉勇五者各分阴阳，于阴阳各五年之十年间，当时时注意其天地方圆之变，所以保其内气之刃。九年云者，《外物》曰："颜成子游谓东郭子綦曰：'自吾闻子之言，一年而野，二年而从，三年而通，四年而物，五年而来，六年而鬼入，七年而天成，八年而不知死不知生，九年而大妙。'"此谓《齐物论》中子游闻于子綦"吾丧我"之言而自加反身，经九年而有大妙之得，然其师已由"南郭"迁移至"东郭"，凡南北有极，东西无极，此寓"神无方而易无体"之理。故养生之理有必须凝其点之所在，所谓收窍于黄庭，然黄庭何在？是否以脑为主？且更有不须凝而任其所之之象，此或非初得气者所可理解。然说明易老的养生理论，不可不阐述十九年间之变化纲领。且生命之奥秘，由反身以体验之，全在积时积日积月积年以知之。以历法言"三年一闰，五年再闰，十九年七闰"之规律，庄子定已知之，所以结合日月，经二百三十五月而成于十九年，属"世界"以通"宇宙"之门，似未可小视之。能达此方圆大妙之境，则"生也有涯而知也无涯，以有涯随无涯"之"殆"，可归诸"指穷于为薪，火传也，不知其尽也"。视此"丧我"之"吾"，未尝有涯，而日新月异之进化，莫不日积月累而成。此无涯之"吾"，于"世界"中，当如蘧伯玉行年六十而知五十九之非；于"宇宙"中，以今日言，更当重视遗传密码之变化而促进生物之进化。有"厚德载物"（坤大象）之空间合诸"自强不息"（乾大象）之时间，所有宏观微观之种种时—空数量级，于进入内呼吸后自然可显现。此于中国已流行二千数百年，可云代代有传人，或师传，或家传，或私

淑,而准诸古文献,且每代有变化,每代有发展。如未知以理论说明
之,分析之,难免陷入固执迷信之中,今后可进一步加以认识。于十
九年中明其体内细胞之生死,则于体内之呼吸又可有内外呼吸,此
又成宏观微观两端。人身为开放的巨系统,内有无穷的子系统,能
了解其结构,则每一子系统犹同"世界"。整个巨系统犹同"宇宙",
而种种气功的功法,实能控制其某一子系统。凡曰理论者,就在以
游刃观其种种子系统之结构,而知养生者,不得不"善刀而藏之"。
因人人自有其刀,"庖人虽不治庖,尸祝不越樽俎而代之矣"(《逍
遥游》)。

第二节　养 生 与 长 生

　　人生于世,为世务所拘,而人反恋之,乐为所拘而情在其中。
由是日增其情而日恋于世,恋世之甚,乃恋其生,恋生不已,势必
恶死。此非属一人之情,可推广而为人类之情,且非仅人类之情,
可推广而为生物之情。或究其理,唯其为生物,自然以生为主,然
则恋生恋死之情,固为生物之本能,亦为人类之常情。惜一人之
生,其在世之时有限,其恋生之情无已,医之形成,所以弥补其憾。
以今日统计所得的人类平均寿命观之,虽能逐步提高,而对人情的
希望,永不能达到。凡有生必有死,此属阴阳变化的易理,故养生
非长生。

　　以人类的生命言,能不亢不卑而得人类的养生之道,此在中国莫
善乎人参天地的理论。老子说:"有物混成,先天地生。"此先天地所生
之物,是生物还是非生物,是人还是非人,暂可不论。《易·系辞》有
言:"《易》有太极、是生两仪。"凡两仪为天地,太极似当混成之物。太
一合诸天地,犹以太极合诸两仪,此即道生一、一生二、二生三之象。
三者何? 天地人三才之道。以混成之物,生天地而参于天地,此物可

以生物视之。地球上的生物进化迄今,又可以万物之灵的人类当之,人能识此与自然界之关系,然后可研究养生的理论。以天道言,西方的自然科学,由地球中心而及太阳系中心,由太阳系中心而及银河系中心,由银河系中心而及螺旋星气之中心。虽然,百千亿光年以外的情况,今仍茫然。老子说:"其出弥远,其知弥少",实未可仅知宏观而不知微观。宏观为天道属阳,微观为地道属阴,老子说:"知其雄,守其雌,为天下溪;为天下溪,常德不离,复归于婴儿。知其白,守其黑,为天下式;为天下式,常德不忒,复归于无极。知其荣,守其辱,为天下谷;为天下谷,常德乃足,复归于朴。"此犹由天而地,由阳而阴,由有而无,由宏观而反诸微观之象。以地道言,今知万物归诸分子结构,由分子而原子,由原子而原子核,由原子核而基本粒子,由基本粒子而夸克。至于夸克的形象,正在作种种数学模型以说明之,然未尝能知其本。而老子于微观现象则曰:"视之不见名之曰夷,听之不闻名之曰希,抟之不得名之曰微。此三者不可致诘,故混而为一。"

东西方认识客观"宇宙"有一不同的原则。西方的自然科学纯以客观宇宙为主体而加以研究,而忽乎研究者本身,且依赖于客观仪器以测数据,深入宏观微观两端以理解其究竟。然发展至今日,以宏观方面论,如红位移等现象,非经长期之验证,何能了解其确切意义。赖以解决宇宙的种种形象,非积累万亿年的经验,何能有比较正确的结果。然人生的寿命及积累的知识有限,欲于今日而知其究竟,仍属不可。而于中国的思想有不同的认识方法,暂可不论客观的宏观微观,必以生物和人类为出发点,处处注意人类与自然界的关系。人类体验本身的一切,亦所以理解生物之几、宇宙之谜。二十世纪的西方自然科学家,亦能由物理学而返诸生物,由是生物学始能由孟德尔—摩尔根的基因发展成沃森—克里克的双螺旋结构模型而建立分子生物学。虽已进化成人,于遗传密码的遗传规律仍同。且以分子论,正处于宏观微观两端之间,用中国的传统概念观之,这就是所谓"人参天地"。自建立分子生物学及量子生物学后,对研究生物学的兴趣,渐有超过研究物理学的趋势。尤其对以生物学角度研究整体的人,更有极大的兴趣。生物本身的发展也有其遗憾,就是生死相对。《庄子·齐物论》说:"方生方死,方死方生。"然人之自生至死,如一岁之婴儿方生,此婴儿及百岁而方死,可云长寿。或合百年为一,所以通一岁及百岁之人,则可总观人类之生死。每日生有若干人,死有若干人,基本年纪皆在一至百岁间,是即方生方死,方死方生之说。庄子以方生方死之说打开客观研究生命之门,当养生时所以反观自身之内部结构,且了解其"世界"与外界"宇宙"之关系,进而可论养生闻道之事。

《庄子·大宗师》:

> 南伯子葵问乎女偊曰:"子之年长矣,而色若孺子,何也?"曰:"吾闻道矣。"南伯子葵曰:"道可得学邪?"曰:"恶! 恶可! 子非其人也。夫卜梁倚有圣人之才而无圣人之道,我有圣人之道而无圣人之才。吾欲以教之,庶几其果为圣人乎! 不然,以圣人之道告圣人之才,亦易矣。吾犹守而告之,参日而后能外天下。已外天下矣,吾又守之,七日而复能外物。已外物矣,吾又守之,九日而后能外生。已外生矣,而后能朝彻,朝彻而后能见独,见独而后能无古今,无古今而后能入于不死不生。杀生者不死,生生者不生。其为物,无不将也,无不迎也,无不毁也,无不成也,其名为撄宁。撄宁也者,撄而后成者也。"

以上引文,可分两段。南伯子葵与女偊之二问二答为第一段,可见养生之外形,年虽长而色若孺子,迄今仍以形容善于养生者。或仅识此外形之南伯子葵,尚非其人而不可学道。继之为第二段,女偊既为自谦,亦有以勉之,且非仅有以喻南伯子葵,二千余年来凡读《庄子》者皆可作为闻道之基。老子曰:"知者不言,言者不知。"女偊告有圣人之才之卜梁倚尚须守之,何况告无圣人之才之子葵?所谓圣人之才与圣人之道犹阴与阳,以阳告阴而才道合一,方成圣人之全,是可免乎生死相对之遗憾。若卜梁倚者,其不能无死,进而观年长而色若孺子之女偊,如未能守,当然亦将死。所谓守者,即养生之理。详观女偊自守之次及其所得,以下表示之:

自守之次	自守后所得	
一日——守而告之 三日——外天下 七日——外物 九日——外生	见独 无古今 不死不生 朝彻	杀生者不死 生生者不生

此所谓守,大可体验其象。告犹告以气功之功法,人学之而得气,所得者决非功法,决非所告之言。唯由其言而得其旨,始非不知之言。然有守之功法确难言,故贵在其守,守能循次而"外天下"、"外物"、"外生",则能因"外生"而"朝彻"。"朝彻"义,已能了解其始,犹"胎息"之象。守其生气之原,自有所本,故名"见独"。显其独见须"外天下"而无客观之时—空结构,故曰"无古今"。更须"外物"而无主观人类生物钟之时—空结构,故曰"不死不生"。其所守之象,已能脱离人类百年之外形,则何贵乎长而色若孺子,故结论为"杀生者不死、生生者不生"。或仅以百年一生论,自有其养生之法;合人类遗传言,亦有其养生之法;以整个生物遗传言,更有其养生之法。而以整个生物界与整个非生物界言,方属最根本的养生理论,是即《易》所谓"近取诸身,远取诸物"的三才整体,《老子》所谓"以身观身,以家观家,以乡观乡,以邦观邦,以天下观天下"。或不辨其相应之象,何可论养生之理论。以圣人之道告圣人之才且然,何况无其道无其才者。故论

养生的理论,必与养生的实践相结合,当实践至某一阶段,始可语以
其所达到的阶段的理论,并可略加一步以勉之。凡练气功而出偏
差,皆因理论与实践之概念未能结合所致。故知所守,可云理论之
原则,或守于身,守于家,守于乡,守于邦,守于天下,即由"近取诸
身"而及"远取诸物"。天地之间唯万物而已,观万物之象有天地人
三才之辨而整体在其中,此易老之旨足为养生的理论与实践的
纲领。

西汉严遵(约当前85—10)著有《老子指归》,基本能遵此易老之
旨,其论《老子》"不出户知天下"一节曰:

> 道德变化陶冶元首,禀授性命乎太虚之域,玄冥之中而万物
> 混沌。始焉神明文,清浊分,太和行乎荡荡之野,纤妙之中而万物
> 生焉。天圆地方,人纵兽横,草木种根,鱼沉鸟翔,物以族别,类以
> 群分,尊卑定矣而吉凶生焉。由此观之,天地人物,皆同元始,共
> 一宗祖,六合之内,宇宙之表,连属一体。气化分离,纵横上下,剖
> 而为二,判而为五。或为白黑,或为水火,或为酸咸,或为徵羽,人
> 物同类,同为牝牡。凡此数者,亲为兄弟,殊形别乡,利害相背,万
> 物不同,不可胜道。合于喜怒,反于死生,情性同生,心意同
> 理。……人但知一身之相通,不知一国常同体。人知一国是同
> 体,不知万物是一心。万物既是一心,一心之中何所有隔哉?故
> 不出户而知天下也。

此节之义,精深可观。正属邹衍结合黄老的思想,由方仙道而黄
老道,大义全同。且君平善卜,宜能深入易理而使易老合一。《周易·
系辞》所谓"昔者伏牺氏之王天下也"云云,即《易》备三才之道的整体。
"仰则观象于天"为天道,"俯则观法于地"为地道。而于人道,能兼及
动植物而归于整个生物,故曰"观鸟兽之文"为动物,"与地之宜"为植

物，"近取诸身"为人类本身，"远取诸物"为天地间一切无生物。而八卦之象，正以象天地及其间的生物与无生物，而老子能不出户知天下者，确能得其一而守之。严君平所谓"天圆地方"，已能取几何形象为喻，《系辞》曰"蓍之德圆而神，卦之德方以知"，其义同。以生物言，已见及"人纵兽横，草木种根，鱼沉鸟翔"，寥寥数语，足以概括三十亿年生物进化的一切形态。由鱼沉而鸟翔，乃生物逐步由下而上出，正属生物进化的途径当由水而陆。草木种根，谓其根在地，此植物之象。兽类横行，已不同于植物之种根，及人类由纵而直行，始能顶天立地而为万物之灵。人之直立，宜视为人为万物之灵的一大标志，此于养生时，对认识脊椎骨的变化最为重要。既知面东当气从脊椎骨下行，面西当从脊椎骨上行，尤当注意西南、东北的生克变化。进而由一身之相通，知一国之同体，更由一国而及万物一心，是即由养一人之身而遍及一国之社会科学与万物之自然科学。而养生的理论，正宜由一人而及天下。以今日言，更当理解全人类的思想意识，方能推广中国固有的养生理论，且由生物而认识"天地人物皆同元始，共一宗祖，六合之内，宇宙之表，连属一体"，是犹老子所谓"先天地生"的混成之物。既能连属六合内外为一体，就是超越时空的多维空间，故今以易学象数合诸几何图形以喻之。若曰"剖而为二，判而为五"，自然是阴阳五行之理，今知六十甲子表中早已具备二五、二六之数，故邹衍之说实有所本，于养生时可体验之。

究此严遵之易老思想，实继承《淮南子》之思想而保存于蜀。其初司马相如与刘安曾见面而互为相知者，故能得其学派之部分思想。而严遵能上接相如而下启扬雄，为深通易老思想的关键人物。"皆同元始"者，有取于《周易·乾彖》之"大哉乾元，万物资始"之义，其后葛巢甫造成道教中的元始天尊，陶弘景又尊之为最高之神，实即易老养生之理。

150

第三节　养生的理论与实践

本节为本书的核心,总结易老所包含的内容。于易学象数可利用正则多维空间的概念,以论述养生的理论与实践。凡由实践所得,经总结而抽象成理论,然实践的事实,当可反复无穷次而结果皆同,方能有抽象的理论。况抽象的理论经过实践的证明,又可丰富或纠正理论的狭隘或错误,故理论与实践属不可分割的两方面。本书在此节前基本论养生的理论为主,此节后基本论养生的实践为主,故此节为核心。然必须理论与实践相结合,故本书的各章各节皆尽量使其既有连贯性,又有独立性,读者详之。

中国的养生理论与实践,以下限计之,已认识了二千数百年。养生所应用的理论就是易老,具体的实践方法要在反身,由实践所得的理论,已知六合内外与方内方外。能利用老老(上辈)、长长(平辈)、恤孤(下辈)三时的絜矩之道,此尚属方内的思想,合以今日的数学语言,就是时—空合一而通于爱因斯坦所建立的四维时—空连续区。此在西方国家为欧氏几何所囿,必须止于三维空间,而在中国尤其是先秦的思想家,除时空合一外,早睿思于方外与六合之外。况本于六合之内的儒术,就在用结合三时的絜矩之道作为平天下的理论基础,且不忘"自天子以至于庶人壹是皆以修身为本"的人本观点。又合诸《易》论三才之道,注意于人参天地,犹以人的生物钟"世界"参于天地的时—空结构"宇宙",故早有天人相应与相合的认识。此于孔子所创建的儒术,所以重视以始祖配天,犹以遗传长流的"世界",可当天地的时—空结构"宇宙"。故孔子于七十岁后,更能爱好自然科学而曰"予欲无言",已见天不言而四时行百物生,亦就是见到极长的时空数量级而不为七十年的实践及五经的文献所限,则对养生的理论已能提高一层而得"从心所欲不逾矩"的成就。此从心所欲的矩相应于始祖配天

151

的境界,其实就是四维空间,唯其为矩,可以四维八胞腔当之。至于老子的思想较孔子尤重视内圣,故反身所得孔子未能及。孔子有志道、据德、依仁、游艺之心,且有"朝闻道夕死可矣"之愿,可见其最高的思想境界为道。而老子则不然,最高境界为"自然"。唯其有"自然"的向往,故于道犹可思议为先天地所生的混成之物。此由反身而得,决非空想,合以天地人三才域中有四大的易道,实已超越时空。故老子所见的外王之象,以认识"自然"为主。今以"自然"论,合于数学语言,实可当无穷维空间。而以六十四卦三百八十四爻的易学象数论,恰可合于正则六维空间的象数。且自五维空间以上,仅有二种正则多维空间,故要在观其三种类型间的对偶变化,并不以维数为主。凡养生的理论当筑基于此,故虽增至七维、八维、五十维、一百维等其义皆同,及至无穷维,又将起质的变化。

反观人类的智慧,已见及三种无穷,故为三维空间的生物。如能见及无穷个三维空间,方能进入四维空间。爱因斯坦以时间为四维,就是无穷个三维空间,莫不可纳入其中。试思考这一事实,凡能与任何三维空间莫不有影响的,只有时间可当之,故第四维就是时间。凡积点成线,当零维而一维,然任何一线中,必有无穷点,故以点而言殊难成线,因仅积离散的点而未至无穷,尚未成连续的线。一维而二维、二维而三维皆同。唯人属三维空间的生物,故由感官所得的,莫不经过三个无穷而积成三维立体。然能否有四维空间、五维空间、六维空间等,此无穷个三维立体以形成的四维空间是否可能。如以三维空间言,决难遍及无穷个,此在十九世纪的西方,早为此事争论。其后既肯定多元代数可相应于多元几何,且能画出直观的几何图形,则有其不思议的作用,这就是人类智慧的产物,可提高生物感官的功能。故自爱因斯坦的相对论出,四维空间已起大作用。然以几何角度视之,由三维空间而成四维空间,实与由零维而一维,由一维而二维,由二维而三维同。而以人类言,要在能由了解三种无穷,进而了解四种无穷。

当既得四种无穷后,此四维时—空连续区,又成了一个四维空间。或
能由封闭的四维空间,认识开放的四维空间,则又将致思于四维空间
的胞腔(边界)。当彻底了解开放的四维空间,又将形成封闭的五维空
间,而封闭的五维空间又可开放。故由封闭开放之变化,维数可增加
而有五维时—空连续区、六维时—空连续区等等。当达到六维时—空
连续区的情况,又成了一个六维空间。如有生活在六维空间中的生
物,就是能了解六种无穷。较生活在三维空间中的生物,除了解无穷
点、无穷线、无穷面外,又能了解无穷个三维体、无穷个四维体、无穷个
五维体。然仍不可能了解无穷个六维体,故层层上出,必至无穷维。
然人类感官及思维所得者仅属三维空间,且自古迄今一直生活在地球
的二维球面上,直至最近科学进步人类足迹始能脱离地心引力而迈步
于太空的三维空间中,进而欲达到由三维空间所围成的四维时—空连
续区的胞腔(边界),则为时尚早。因光速每秒约三十万公里,人类已
能控制的速度仅及每秒约十公里,况虽及光速,何能及近百亿光年的
距离。此作为人类智慧的研究,而中国的思想家贵能于养生的实践
中,对于人类智慧早有其睿思,于此时空结构问题已经二千余年的积
累。西方自爱因斯坦起第一个应用四维空间的概念,迄今仅数十年,
故未可并论。中国人于反身养生时,确有其特色。孔子已能畅游在四
维时—空连续区之间,孟子所谓"孔子圣之时者也"是其义。而老子更
有超越时—空之智慧,凡二千余年来所应用的易老思想皆有此义。今
可由多维空间的象数加以解释,蓍卦爻的变化,正可作为养生的理论
与实践。以下详为阐明正则六维空间的种种变化。

　　观(6-12)的图形属封闭体系,有六十四个顶点,每一顶点恰当一个
卦象,此一图形有十二个(5-10)所围成,此十二个(5-10)于(6-12)中清晰
可见。利用ⅠⅡⅢⅣ的内外上下前后左右加以分辨,并以卦象示之:

① ⅠⅡⅢⅣ外当 $\begin{cases} 贞\ 1234 \\ 悔\ 12345678 \end{cases}$ 初九相同的三十二卦

153

② Ⅰ Ⅱ Ⅲ Ⅳ 内当 $\begin{Bmatrix} 贞\ 5678 \\ 悔\ 12345678 \end{Bmatrix}$ 初六相同的三十二卦

③ Ⅰ Ⅱ 　　当 $\begin{Bmatrix} 贞\ 1256 \\ 悔\ 12345678 \end{Bmatrix}$ 九二相同的三十二卦

④ Ⅲ Ⅳ 　　当 $\begin{Bmatrix} 贞\ 3478 \\ 悔\ 12345678 \end{Bmatrix}$ 六二相同的三十二卦

⑤ Ⅰ Ⅲ 　　当 $\begin{Bmatrix} 贞\ 1357 \\ 悔\ 12345678 \end{Bmatrix}$ 九三相同的三十二卦

⑥ Ⅱ Ⅳ 　　当 $\begin{Bmatrix} 贞\ 2468 \\ 悔\ 12345678 \end{Bmatrix}$ 六三相同的三十二卦

⑦ Ⅰ Ⅱ Ⅲ Ⅳ 前当 $\begin{Bmatrix} 贞\ 12345678 \\ 悔\ 1234 \end{Bmatrix}$ 九四相同的三十二卦

⑧ Ⅰ Ⅱ Ⅲ Ⅳ 后当 $\begin{Bmatrix} 贞\ 12345678 \\ 悔\ 5678 \end{Bmatrix}$ 六四相同的三十二卦

⑨ Ⅰ Ⅱ Ⅲ Ⅳ 上当 $\begin{Bmatrix} 贞\ 12345678 \\ 悔\ 1256 \end{Bmatrix}$ 九五相同的三十二卦

⑩ Ⅰ Ⅱ Ⅲ Ⅳ 下当 $\begin{Bmatrix} 贞\ 12345678 \\ 悔\ 3478 \end{Bmatrix}$ 六五相同的三十二卦

⑪ Ⅰ Ⅱ Ⅲ Ⅳ 左当 $\begin{Bmatrix} 贞\ 12345678 \\ 悔\ 1357 \end{Bmatrix}$ 上九相同的三十二卦

⑫ Ⅰ Ⅱ Ⅲ Ⅳ 右当 $\begin{Bmatrix} 贞\ 12345678 \\ 悔\ 2468 \end{Bmatrix}$ 上六相同的三十二卦

　　此一图形古人不知,用此卦象的意义,就是战国时定此爻名者的思想结构。汉京房的八宫世魂图,已用了二千余年。凡乾艮巽离四宫当Ⅰ Ⅱ Ⅲ Ⅳ 左,震坎兑坤四宫当Ⅰ Ⅱ Ⅲ Ⅳ 右,亦就在用开放的五维空间。然以易学象数论,若京房之图仅当六幅之一,今为补足五幅,庶合12个(5-10)以围成此封闭的(6-12)。卦象见下:

									初九　初六
剥	谦	涣	井	噬嗑	丰	履	夬	归魂	
鼎	解	遯	萃	大畜	临	家人	屯	游魂	
姤	困	旅	豫	小畜	节	贲	复	五世	
大过	讼	小过	晋	需	中孚	明夷	颐	四世	
恒	未济	咸	否	泰	损	既济	益	三世	
升	蒙	蹇	观	大壮	睽	革	无妄	二世	
师	蛊	比	渐	归妹	大有	随	同人	一世	
坤	艮	坎	巽	震	离	兑	乾	本宫	

复	贲	旅	豫	小畜	节	困	姤	归魂
革	无妄	观	蹇	暌	大壮	升	蒙	游魂
同人	随	比	渐	归妹	大有	蛊	师	五世
遁	萃	屯	家人	解	鼎	大畜	临	四世
咸	否	益	既济	未济	恒	泰	损	三世
小过	晋	颐	明夷	讼	大过	需	中孚	二世
谦	剥	噬嗑	丰	涣	井	夬	履	一世
坤	艮	离	震	巽	坎	兑	乾	本宫

九二 六二

师	随	比	归妹	渐	大有	蛊	同人	归魂
讼	颐	晋	中孚	小过	需	大过	明夷	游魂
履	剥	噬嗑	涣	丰	井	夬	谦	五世
无妄	蒙	睽	观	大壮	蹇	革	升	四世
否	损	未济	益	恒	既济	咸	泰	三世
萃	临	解	屯	鼎	家人	遁	大畜	二世
豫	节	困	复	姤	贲	旅	小畜	一世
坤	兑	坎	震	巽	离	艮	乾	本宫

九三　六三

								九四 六四
䷎ 谦	䷖ 剥	䷯ 井	䷟ 涣	䷶ 丰	䷔ 噬嗑	䷪ 夬	䷉ 履	归魂
䷤ 家人	䷂ 屯	䷙ 大畜	䷒ 临	䷠ 遯	䷬ 萃	䷱ 鼎	䷧ 解	游魂
䷈ 小畜	䷻ 节	䷕ 贲	䷗ 复	䷫ 姤	䷮ 困	䷷ 旅	䷏ 豫	五世
䷼ 中孚	䷄ 需	䷚ 颐	䷣ 明夷	䷅ 讼	䷛ 大过	䷢ 晋	䷽ 小过	四世
䷩ 益	䷾ 既济	䷨ 损	䷊ 泰	䷋ 否	䷞ 咸	䷿ 未济	䷟ 恒	三世
䷓ 观	䷦ 蹇	䷃ 蒙	䷭ 升	䷘ 无妄	䷰ 革	䷥ 睽	䷡ 大壮	二世
䷇ 比	䷴ 渐	䷆ 师	䷑ 蛊	䷐ 随	䷌ 同人	䷵ 归妹	䷍ 大有	一世
䷁ 坤	䷳ 艮	䷜ 坎	䷸ 巽	䷲ 震	䷝ 离	䷹ 兑	䷀ 乾	本宫

158

豫	旅	贲	复	姤	困	节	小畜	归魂	九五
睽	大壮	升	蒙	革	无妄	观	蹇	游魂	六五 五
大有	归妹	师	蛊	随	同人	渐	比	五世	
大畜	临	解	鼎	屯	家人	遁	萃	四世	
损	泰	恒	未济	既济	益	否	咸	三世	
颐	明夷	小过	晋	需	中孚	讼	大过	二世	
剥	谦	丰	噬嗑	井	涣	履	夬	一世	
坤	艮	离	震	巽	坎	兑	乾	本宫	

								上九 上六
比	归妹	师	随	蛊	同人	渐	大有	归魂
需	小过	明夷	大过	颐	讼	中孚	晋	游魂
夬	谦	丰	井	噬嗑	涣	履	剥	五世
大壮	蹇	革	升	无妄	蒙	睽	观	四世
泰	咸	既济	恒	益	未济	损	否	三世
临	萃	屯	解	家人	鼎	大畜	遁	二世
复	困	节	豫	小畜	旅	贲	姤	一世
坤	兑	坎	震	巽	离	艮	乾	本宫

京房八宫世魂图

160

更观(6-64)的图形,有十二个顶点。每一顶点恰当一个爻象,即初九、九二、九三、九四、九五、上九、初六、六二、六三、六四、六五、上六。凡任取六点,仅有六十四种不同的变化,这就是六十四卦。每一卦形成一个(5-6)的图形,而此(6-64)的图形就有 64 个(5-6)所围成。故(6-12)与(6-64)二图就是易学象数中最基本的卦与爻的关系。进而可了解卦爻的变化,凡(6-12)与(6-64)的中心点,可直接通向顶点仍属六维,通向胞腔中心点仅属五维。故以六维中心点观之,当由五维的胞腔中心点以达六维的顶点,此于易学象数就是由七八之九六。于(6-12)的十二个胞腔中心点,当以初七、七二、七三、七四、七五、上七、初八、八二、八三、八四、八五、上八名之。以下图示之:

胞腔中心点

于(6-64)的六十四个胞腔中心点,当组合六画以成的六十四卦,卦画之数为七八,如乾卦为七七七七七七、坤卦为八八八八八八、坎卦为八七八八七八等是其义。而先天圆图正当此象,加通过六维中心的连线。图已见第二章第四节。

当由七八而九六,所以增加一维,犹从(6-12)于(6-64)中的五维胞腔中心点动至六维顶点。于(6-12)中即初七一点动至初九一点,而其他有五种变化以成三十二爻,然以初九为主。于(6-64)中,取七八六次组合成六十四卦的五维中心点,其纯七为乾、纯八为坤,其他六十二卦为七八相杂。当由七八而九六,就成为(6-64)中的十二个六维顶点。既能由静而动,由五维的胞腔中心点以达六维的顶点,则继之有用九用六,就是对偶而九成八、六成七,所以减少一维,此有感应的意义。于所处的时空结构已完全不同,即(6-12)的任一顶点,对偶于(6-64)中相同七八组合的一个胞腔中心点。于(6-64)的任一顶点,对偶于(6-12)中相应的十二个胞腔中心点之一。此减少一维的对偶,以当由动而静。合上之言,乃全可由六维正则空间直观的几何图形得见其形象,始可喻七八九六卦爻变化的具体意义。所谓"出入无疾"、六合内外、方外方内等,实即增加一维或减少一维的形象,且知此对偶的变化已与维数本身无关。凡生物之生有增加一维的形象,而于死有减少一维的形象。然"方生方死、方死方生"之说正可自见于养生时,此所以理解复卦的"出入无疾"为基本的纲要。且出入尚不限于一维,此不取边界的边界为零的假设,当由六维空间以及四维空间,就是出入三维。仍可以直观图形观得其象。

于(6-12)的图形由 12 个(5-10)所围成,于(5-10)的图形又由 10 个(4-8)所围成,故初观之当有 120 个(4-8)以围成(6-12)的图形。然事实上不需要 120(4-8),仅用 60 个(4-8)就可围成(6-12)的图形。此象数的关系,与十天干与十二地支组合成六十花甲的意义完全相同。今于(6-12)的图像中直接观察到既不多亦不少而恰有 60 个(4-8)。详以贞悔数示之:

① Ⅰ Ⅱ 外当 $\begin{cases} \text{贞 12} \\ \text{悔 12345678} \end{cases}$ 初九九二相同的十六卦 $\Big\}$ 初二

② Ⅲ Ⅳ 外当 $\begin{cases} \text{贞 34} \\ \text{悔 12345678} \end{cases}$ 初九六二相同的十六卦

③ Ⅰ Ⅱ 内当 $\begin{cases}\text{贞 } 56 \\ \text{悔 } 12345678\end{cases}$ 初六九二相同的十六卦

④ Ⅲ Ⅳ 内当 $\begin{cases}\text{贞 } 78 \\ \text{悔 } 12345678\end{cases}$ 初六六二相同的十六卦 〉初二

⑤ Ⅰ Ⅲ 外当 $\begin{cases}\text{贞 } 13 \\ \text{悔 } 12345678\end{cases}$ 初九九三相同的十六卦

⑥ Ⅱ Ⅳ 外当 $\begin{cases}\text{贞 } 24 \\ \text{悔 } 12345678\end{cases}$ 初九六三相同的十六卦

⑦ Ⅰ Ⅲ 内当 $\begin{cases}\text{贞 } 57 \\ \text{悔 } 12345678\end{cases}$ 初六九三相同的十六卦 〉初三

⑧ Ⅱ Ⅳ 内当 $\begin{cases}\text{贞 } 68 \\ \text{悔 } 12345678\end{cases}$ 初六六三相同的十六卦

⑨ Ⅰ Ⅱ Ⅲ Ⅳ 外前当 $\begin{cases}\text{贞 } 1234 \\ \text{悔 } 1234\end{cases}$ 初九九四相同的十六卦

⑩ Ⅰ Ⅱ Ⅲ Ⅳ 外后当 $\begin{cases}\text{贞 } 5678 \\ \text{悔 } 5678\end{cases}$ 初九六四相同的十六卦

⑪ Ⅰ Ⅱ Ⅲ Ⅳ 内前当 $\begin{cases}\text{贞 } 5678 \\ \text{悔 } 1234\end{cases}$ 初六九四相同的十六卦 〉初四

⑫ Ⅰ Ⅱ Ⅲ Ⅳ 内后当 $\begin{cases}\text{贞 } 5678 \\ \text{悔 } 5678\end{cases}$ 初六六四相同的十六卦

⑬ Ⅰ Ⅱ Ⅲ Ⅳ 外上当 $\begin{cases}\text{贞 } 1234 \\ \text{悔 } 1256\end{cases}$ 初九九五相同的十六卦

⑭ Ⅰ Ⅱ Ⅲ Ⅳ 外下当 $\begin{cases}\text{贞 } 1234 \\ \text{悔 } 3478\end{cases}$ 初九六五相同的十六卦

⑮ Ⅰ Ⅱ Ⅲ Ⅳ 内上当 $\begin{cases}\text{贞 } 5678 \\ \text{悔 } 1256\end{cases}$ 初六九五相同的十六卦 〉初五

⑯ Ⅰ Ⅱ Ⅲ Ⅳ 内下当 $\begin{cases}\text{贞 } 5678 \\ \text{悔 } 3478\end{cases}$ 初六六五相同的十六卦

⑰ Ⅰ Ⅱ Ⅲ Ⅳ 外左当 $\begin{cases} 贞 1234 \\ 悔 1357 \end{cases}$ 初九上九相同的十六卦

⑱ Ⅰ Ⅱ Ⅲ Ⅳ 外右当 $\begin{cases} 贞 1234 \\ 悔 2468 \end{cases}$ 初九上六相同的十六卦

⑲ Ⅰ Ⅱ Ⅲ Ⅳ 内左当 $\begin{cases} 贞 5678 \\ 悔 1357 \end{cases}$ 初六上九相同的十六卦

⑳ Ⅰ Ⅱ Ⅲ Ⅳ 内右当 $\begin{cases} 贞 5678 \\ 悔 2468 \end{cases}$ 初六上六相同的十六卦

初上

㉑ Ⅰ 当 $\begin{cases} 贞 12 \\ 悔 12345678 \end{cases}$ 九二九三相同的十六卦

㉒ Ⅱ 当 $\begin{cases} 贞 26 \\ 悔 12345678 \end{cases}$ 九二六三相同的十六卦

㉓ Ⅲ 当 $\begin{cases} 贞 37 \\ 悔 12345678 \end{cases}$ 六二九三相同的十六卦

㉔ Ⅳ 当 $\begin{cases} 贞 48 \\ 悔 12345678 \end{cases}$ 六二六三相同的十六卦

二三

㉕ Ⅰ Ⅱ 前当 $\begin{cases} 贞 1256 \\ 悔 1234 \end{cases}$ 九二九四相同的十六卦

㉖ Ⅰ Ⅱ 后当 $\begin{cases} 贞 1256 \\ 悔 5678 \end{cases}$ 九二六四相同的十六卦

㉗ Ⅲ Ⅳ 前当 $\begin{cases} 贞 3478 \\ 悔 1234 \end{cases}$ 六二九四相同的十六卦

㉘ Ⅲ Ⅳ 后当 $\begin{cases} 贞 3478 \\ 悔 5678 \end{cases}$ 六二六四相同的十六卦

二四

㉙ Ⅰ Ⅱ 上当 $\begin{cases} 贞 1256 \\ 悔 1256 \end{cases}$ 九二九五相同的十六卦

㉚ Ⅰ Ⅱ 下当 $\begin{cases} 贞 1256 \\ 悔 3478 \end{cases}$ 九二六五相同的十六卦

二五

164

㉛ Ⅲ Ⅳ　上当 { 贞 3478　悔 1256 } 六二九五相同的十六卦 ⎫
　　　　　　　　　　　　　　　　　　　　　　　　　　　⎬ 二五
㉜ Ⅲ Ⅳ　下当 { 贞 3478　悔 3478 } 六二六五相同的十六卦 ⎭

㉝ Ⅰ Ⅱ　左当 { 贞 1256　悔 1357 } 九二上九相同的十六卦

㉞ Ⅰ Ⅱ　右当 { 贞 1256　悔 2468 } 九二上六相同的十六卦 ⎫
　　　　　　　　　　　　　　　　　　　　　　　　　　　⎬ 二上
㉟ Ⅲ Ⅳ　左当 { 贞 3478　悔 1357 } 六二上九相同的十六卦

㊱ Ⅲ Ⅳ　右当 { 贞 3478　悔 2468 } 六二上六相同的十六卦 ⎭

㊲ Ⅰ Ⅲ　前当 { 贞 1357　悔 1234 } 九三九四相同的十六卦

㊳ Ⅰ Ⅲ　后当 { 贞 1357　悔 5678 } 九三六四相同的十六卦 ⎫
　　　　　　　　　　　　　　　　　　　　　　　　　　　⎬ 三四
㊴ Ⅱ Ⅳ　前当 { 贞 2468　悔 1234 } 六三九四相同的十六卦

㊵ Ⅱ Ⅳ　后当 { 贞 2468　悔 5678 } 六三六四相同的十六卦 ⎭

㊶ Ⅰ Ⅲ　上当 { 贞 1357　悔 1256 } 九三九五相同的十六卦

㊷ Ⅰ Ⅲ　下当 { 贞 1357　悔 3478 } 九三六五相同的十六卦 ⎫
　　　　　　　　　　　　　　　　　　　　　　　　　　　⎬ 三五
㊸ Ⅱ Ⅳ　上当 { 贞 2468　悔 1256 } 六三九五相同的十六卦

㊹ Ⅱ Ⅳ　下当 { 贞 2468　悔 3478 } 六三六五相同的十六卦 ⎭

㊺	Ⅰ Ⅲ	左当	贞 1357	悔 1357	九三上九相同的十六卦	三上
㊻	Ⅰ Ⅲ	右当	贞 1357	悔 2468	九三上六相同的十六卦	
㊼	Ⅱ Ⅳ	左当	贞 2468	悔 1357	六三上九相同的十六卦	
㊽	Ⅱ Ⅳ	右当	贞 2468	悔 2468	六三上六相同的十六卦	
㊾	Ⅰ Ⅱ Ⅲ Ⅳ	上前当	贞 12345678	悔 12	九四九五相同的十六卦	四五
㊿	Ⅰ Ⅱ Ⅲ Ⅳ	下前当	贞 12345678	悔 34	九四六五相同的十六卦	
(51)	Ⅰ Ⅱ Ⅲ Ⅳ	上后当	贞 12345678	悔 56	六四九五相同的十六卦	
(52)	Ⅰ Ⅱ Ⅲ Ⅳ	下后当	贞 12345678	悔 78	六四六五相同的十六卦	
(53)	Ⅰ Ⅱ Ⅲ Ⅳ	左前当	贞 12345678	悔 13	九四上九相同的十六卦	四上
(54)	Ⅰ Ⅱ Ⅲ Ⅳ	右前当	贞 12345678	悔 24	九四上六相同的十六卦	
(55)	Ⅰ Ⅱ Ⅲ Ⅳ	左后当	贞 12345678	悔 57	六四上九相同的十六卦	
(56)	Ⅰ Ⅱ Ⅲ Ⅳ	右后当	贞 12345678	悔 68	六四上六相同的十六卦	
(57)	Ⅰ Ⅱ Ⅲ Ⅳ	左上当	贞 12345678	悔 15	九五上九相同的十六卦	五上
(58)	Ⅰ Ⅱ Ⅲ Ⅳ	右上当	贞 12345678	悔 26	九五上六相同的十六卦	

⑤⑨ Ⅰ Ⅱ Ⅲ Ⅳ　左下当 $\begin{cases}贞\ 12345678\\ 悔\ 37\end{cases}$ 六五上九相同的十六卦 $\Big\}$ 五

⑥⓪ Ⅰ Ⅱ Ⅲ Ⅳ　右下当 $\begin{cases}贞\ 12345678\\ 悔\ 48\end{cases}$ 六五上六相同的十六卦 $\Big\}$ 上

由上六十种(4-8)的情况正当六十花甲之象,然必须以六十四卦的卦象表示之,方可知其为出入维数的变化。二千余年来凡有志于象数者,包括重视养生理论者,莫不注意六十四卦与六十花甲的关系,或去震离兑坎,或去乾坤坎离,似属不得已而去之。然知六十四与六十必有关系,这一思想确有所见。于反身体验时,属最基本的火候。必知维数之出入,庶可认识变化于12(六维)与10(五维)、10(五维)与8(四维)、8(四维)与12(六维)间的重要。这就是八卦、十天干、十二地支数的出入于维数间。纯以卦象论,自《左传》起已有观象须及互体的问题,今知可由维数加以解决。且非从(6-12)以观(4-8),如何能了解"世界"与"宇宙"间的相应与相合。此已排列出六十四卦与六十花甲之相互会通,方可说明中国养生理论的基础所在。最后可说明对偶的(6-7)七点以"雨霁蒙驿克贞悔"当之,其七点间的关系所以增五行中的生克两种关系成为天地人三种关系。此可以1至5数及1至7数示之:

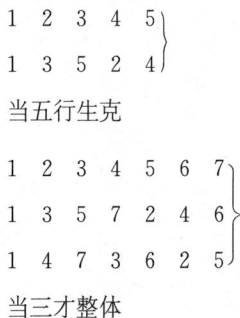

$$\left.\begin{array}{ccccc}1 & 2 & 3 & 4 & 5\\ 1 & 3 & 5 & 2 & 4\end{array}\right\}$$

当五行生克

$$\left.\begin{array}{ccccccc}1 & 2 & 3 & 4 & 5 & 6 & 7\\ 1 & 3 & 5 & 7 & 2 & 4 & 6\\ 1 & 4 & 7 & 3 & 6 & 2 & 5\end{array}\right\}$$

当三才整体

其间尚有与维数间及对偶关系间的种种变化,自可以例而推得之,而主要必须由此以论养生的实践。

　　凡超越时空的概念,以每个个人言,就是了解生死。当其未生已死之时空结构与已生未死之时空结构是否相同,由老老、长长、恤孤的三时言,则上一辈与下一辈的时空结构是否相同,由是可识"世界"与"宇宙"之分辨,且可由生物钟经化学钟而超越时空,是皆可反身而观察其由知所生之"宇宙"。超越时空的概念,实即由封闭而开放,则于为"世界"所束缚之生物钟于反身体验时而得以开放,固可先期而见"死"后之情况。故唯不用知,不用思,不用一切而任之,则自可理解生物之生态。此生态决非因我而有,当我未生前已死后仍在"火传",而此生死问题能见到"出入无疾"之复象自可解决。本书中所利用的数学语言,就是出入维数。以传统的象数论,就是应理解六十四卦与六十花甲的关系。如已"出入无疾"则何往而不可,故庄子大破人情之恶死。然此一概念,必当于生前悟得"吾丧我"之象,则足以日长其知而起气功之作用。既知死之乐,又何可不知生之乐,保其丧我之吾而日长其功力,则人类之知可增,人类之疾可减,最重要者仍当贵爱此生,以尽当尽之责。于实践所用的具体功法,二三千年来未尝或息,今仍当尽力阐明。而对理论不妨认识之,则实践时或可有所裨益。

第五章

介绍历代重要的养生文献

第一节　先秦老孔孟庄的养生术

养生的理论与方法,自宋后基本分为儒释道三大系统,各有所主而各有内容。近年来因气功的发展,自然有必要推究其理论之所出,乃不期而显出三种系统的不同。或以宗教论,儒术是否是宗教,今尚在百家争鸣中;然以养生论,绝不限于宗教,且儒术确有其不同的理论与方法。故此三大系统,自宋后早已并用。或仅以养生角度观之,释道更有其合理性的思维方法以推求生命之奥秘,固未可因属于宗教而忽之。今正宜深入了解此三大系统的养生理论而使之科学化,先核其史实。佛教传自印度与西域,部分亦自海路来。以文献为证,传入当始于东汉初之楚王英,英为光武之子、明帝之弟,"晚节喜黄老,学为浮屠斋戒祭祀"。当西汉后期,已可有个别商旅传入,然汉武帝通西域前,丝绸之路尚未畅通,故中国基本未知有佛教。今论中国本有的养生理论,以下限而言亦当产生而完备于战国后期与秦汉之际,可见本与佛教无关。至于论及宋代的文献《悟真篇》,则不可不及儒释道三教合一之说,然仍未论及养生理论在佛教中发展的情况。考佛教传入中国,以养生理论观之,最早传入者为安世高所译的《安般守意经》,其后有变化的史实,且与中国的养生理论密切相关,另书详之。此书的理论本诸先秦及汉初已风行的儒道二大系统,故名易老,且《易》非仅属于儒的经学易,其先早有象数易可属于黄老。故《易》以象数为主,可兼通儒道,始可作为中国养生理论的基础,得其理论,功法在其中。且养生有其实体——人类,人人当珍惜其已生未死之"世界",故其理论与功法,何可贸然而言。本书在介绍《参同契》、《胎息经》、《黄庭经》、《入药镜》、《悟真篇》五种著名养生文献之前,先当概论先秦的养生术。庶可了解中国道与儒的养生术实为有源之水,且其水源为道,有划时代作用的伟大思想家老子与孔子,同能认识养生理论并有以继承而发扬之。上已说明《老子》一书为养生学的理论基础,且书中尚多论及具体功法。今选择二节以明之:

> 谷神不死,是谓玄牝。玄牝之门,是谓天地根。绵绵若存,用之不勤。(第六章)

"谷神不死"的意义,就是说谷神可长生,且分析养生的谷神,是谓玄牝。出入玄牝之门,就是天地根。老子所谓"有物混成,先天地生",即指长生的谷神。今究谷神之象,当反身时,犹外呼吸而及内呼吸之情况。初得内呼吸的现象,有冲动之感,此尚未是,宜使之绵绵。然既得"气在人中"之内气,又将反诸"人在气中"之外气,则又将由绵绵而勤,是即"首尾武中间文"的现象。而使"天门开阖"并不难,难在"能无雌乎",斯有"若存"、"不勤"之象。

> 致虚极,守静笃。万物并作,吾以观其复。夫物芸芸,各复归其根。归根曰静,静曰复命,复命曰常,知常曰明。不知常,妄作凶。知常容,容乃公,公乃全,全乃天,天乃道,道乃久,没

身不殆。（第十六章）

此章是老子最精细最具体地说明功法及其作用。"致虚极，守静笃"，就是守到达虚极的一点。然由有而无的一点，自然由静笃而有，故曰"万物并作，吾以观其复"。唯其由无而有，庶能客观以观"夫物芸芸，各复归其根"，其根反身犹下丹田。"归根曰静，静曰复命"，故后世称下丹田为命宫。复命就是相应于人类生命的根本，养生要自知复命之常。"知常而明"由命宫而渐归性宫，乃能容、公、全、天，天即上丹田性宫之象，由天而道、久乃"没身不殆"。此混成之物，包括一人之身而非一人之身，唯识"谷神不死"者，庶见"没身不殆"之生气，何可妄作以取凶。

既明老子所继承的道，亦不可不知孔子所继承的道。孔子（前511—前479）一生曾整理"五经"，对中国文化有重大影响。《史记》记载其早年曾问礼于老聃，后世对此节争论甚多，然孔子的思想实有相应于老子处，并非后世认为"道不同不相谋"而绝不相容。其一，老子与孔子同在研究古代史；其二，老子与孔子同在观察当时现实社会；其三，老子与孔子同能反身体验其理。且孔子整理《诗》、《书》、《礼》、《乐》、《春秋》五经，有总结古代文化的作用，虽未作《易传》而晚又喜《易》，殊合于当时的时代思潮。又教育来自各国的学生，有"贤人七十，弟子三千"的传说，五十岁后又率弟子周游列国以考察当时天下形势，奔波十余年。这些活动，皆非有过人的精力不可。这过人的精力固然来自孔子的志向，也与孔子本人重视养生有关。今择数节《论语》以述之。

饭蔬食饮水，曲肱而枕之，乐亦在其中矣。不义而富且贵，于我如浮云。（《述而》）

此节为孔子养生之功法。一部《论语》为先秦典籍中最富人情味者,其中孔子之情,喜怒哀乐无不栩栩如生,但最后皆落实于"乐"。故孔子一生之情,一"乐"字实可贯穿。唯有乐观精神,方可渐去隔阂而化诸相近之性,以亲身体会"天之历数在尔躬"之象。故研究儒家养生功法者,以"乐"字为主。于外在的环境面临两种事实,一种是"饭蔬食饮水",一种是"不义而富且贵",因孔子开创的儒家重入世,入世主要注意两个问题,一为经济(富),一为地位(贵)。人处社会中,固然应当在这两方面求发展,但人多顾此而失彼养生之理,故反在戕害自身。唯孔子能知其得失,只要饮食问题解决,对富贵两方面的发展,完全以义处之。后世研究养生并传布养生之道者,当不以求富求贵为目的,此为孔子之戒。"饭蔬食饮水,曲肱而枕之,乐亦在其中矣",完全是合一于自然的写照。有此对自然的认识,故对恋生之情能淡化如浮云。又"乐"与"浮云"为功法之两端,如能体会"乐"以守之,又能体会"浮云"以任之,则于养生当能逐步深入。"曲肱而枕之"自由自在,后代养生有卧功一法,当从此出。

孔子之所以成为孔子,经过十五志学、三十而立以至七十从心所欲不逾矩的发展阶段,然于一生中亦时时注意养生。《论语》曰:"君子无终食之间违仁,造次必于是,颠沛必于是。"(《里仁》)唯其有得于不舍昼夜之时,故可由微而显,逐渐达到极高深的境界。其象在孔子弟子中,独颜渊识之最精。

> 颜渊喟然叹曰:"仰之弥高,钻之弥坚,瞻之在前,忽焉在后。夫子循循然善诱人,博我以文,约我以礼。欲罢不能,既竭吾才,如有所立卓尔,虽欲从之,未由也已。"(《子罕》)

这是对孔子养生功法的最好描写。颜回能见孔子于大小刚柔前后有变化莫测的形象,也因为颜回自身的养生功力已能达到很高程度,才能见及孔子这一"圣之时者也"。《论语》记颜回"一箪食,一瓢饮,在陋巷,人不堪其忧,回也不改其乐",可与孔子"饮蔬食饮水"一段对照。唯相应如此,故后世称为"孔颜之乐"。以养生论,必明前后上下左右以及三时的絜矩之道,方能可大可小,无乎不在,此后《淮南子》等著作描写道体,皆与此相仿。然颜渊虽识孔子,但尚未能将孔子化到自己身上,只能具体而微。颜回之学尚在孔子笼罩之内,故不能在孔子身后继承发展孔子,只能先孔子而死。推其不足,似在"博我以文,约我以礼"、"既竭吾才"之上。后代宋明理学唯求孔颜所乐,着重点皆在此,基本未能发展,所以有所不足。然在战国时,孟子、庄子皆已有感于此,且有得于养生之理。然孟子仍为孔子之《书》始尧舜所限。若庄子者,使颜渊超越孔子,且兼承易老之旨,而于养生之理论与实践,自然日趋圆满。

孟子名轲,字子舆(约前 372—前 289),邹人(今山东邹县东南)。受业于子思门人,曾历游诸国,至齐任齐宣王客卿,主张不被采用,晚退而著《孟子》。孟子之年,略长于庄子,其养生思想来源于儒而直承子思学派。子思学派在孔子后的主要发展,一是研究孔子生前罕言的性命之理,二是将五行学说引入社会科学。孟子既接受此学派发展孔子学说的主要成果,更能直承孔子《书》始尧舜之理,故"言必称尧舜"。然齐宣王时稷下学宫极盛,齐国思想已发展至黄帝,学宫亦多有主张黄老学说者,如《庄子》已提到有《齐谐》等书。《齐谐》者,志怪者也,可见齐地学风,已与邹鲁不语怪力乱神的学风不同。而孟子于养生思想有其特色,今摘引《孟子·公孙丑上》二段,以见其具体的功法。

　　公孙丑问曰:"夫子加齐之卿相,得行道焉,虽由此霸王不异矣。知此,则动心否乎。"

　　孟子曰:"否,我四十不动心。"

　　曰:"若是,则夫子过孟贲远矣。"

　　曰:"是不难,告子先我不动心。"

曰:"不动心有道乎?"

曰:"有。北宫黝之养勇也,不肤挠,不目逃,思以一豪挫于人,若挞之于市朝。不受于褐宽博,亦不受于万乘之君。视刺万乘之君,若刺褐夫。无严诸侯,恶声至,必反之。孟施舍之所养勇也,曰:'视不胜犹胜也,量敌而后进,虑胜而后会',是畏三军者也。舍岂能为必胜哉,能无惧而已矣。孟施舍似曾子,北宫黝似子夏。夫二子之勇,未知其孰贤,然而孟施舍守约也。昔者曾子谓子襄曰:'子好勇乎? 吾尝闻大勇于夫子矣,自反而不缩,虽褐宽博吾不惴焉;自反而缩,虽千万人,吾往矣。'孟施舍之守气又不如曾子之守约也。"

曰:"敢问夫子之不动心与告子不动心,可得闻与?"

"告子曰:'不得于言,勿求于心,不得于心,勿求于气。'不得于心,勿求于气,可;不得于言,勿求于心,不可。夫志,气之帅也,气,体之充也。夫志至焉,气次焉。故曰:持其志,勿暴其气。"

"既曰'志至焉,气次焉',又曰'持其志,勿暴其气',何也?"

曰:"志壹则动气,气壹则动志也。今夫蹶者趋者,是气也,而反动其心。"

"敢问夫子恶乎长?"

曰:"我知言,我善养吾浩然之气。"

"敢问何谓浩然之气?"

曰:"难言也。其为气也,至大至刚,以直养而无害,则塞于天地之间。其为气也,配义与道;无是,馁也。是集义所生者,非义袭而取之也。行有不慊于心,则馁矣。我故曰:'告子未尝知义,以其外之也。'必有事焉而勿正,心勿忘,勿助长也。无若宋人然。宋人有闵其苗之不长而揠之者,芒芒然归,谓其人曰:'今日病矣,予助苗长矣。'其子趋而往视之,苗则槁矣。天下之不助苗长者寡矣。以为无益而舍之者,不耘苗者也;助之长者,揠苗者也,非徒无益,而又害之。"

"何谓知言?"

曰:"诐辞知其所蔽,淫辞知其所陷,邪辞知其所离,遁辞知其
所穷。生于其心,害于其政。发于其政,害于其事。圣人复起,必
从吾言矣。"

此段文义主要分二层:一层为不动心之道,一层为养浩然之气,
浩然之气之根在不动心。对此孟子和告子有分歧。告子不动心之道
在于"不得于言,勿求于心,不得于心,勿求于气"。孟子不动心之道,
"不得于心,勿求于气",与告子同;"不得于言,勿求于心",孟子断然否
定。孟子前曰"不得于言",后曰"我知言",可见孟子养气重视从言开
始。因语言传达信息,对信息有好恶,即有动心、不动心的分别。以孟
子本人的思想言,所论有极精彩处,所谓"以志帅气","持其志,勿暴其
气","志壹则动气,气壹则动志",皆为养生的关键。揠苗之喻,有志于
养生者尤当铭记之。但以告子思想言,孟子实有未理解处。告子所谓
"不得于言,勿求于心",即语言若有所抵牾,不必在心中反复思量。
"不得于心,勿求于气",即心里想一想,想不通也就罢之,不以意气用
事。告子如此思想,主旨在不要以下一层次的波动去影响上一层次
的平静,与"持其志,勿暴其气"的思想并无矛盾。能了解此,则何言
不可入。由是辨与不辨皆可,比"诐辞知其所蔽"等之"知言",程度
又加深一层。所以孟子的养生思想可当孔子的"四十而不惑"。告
子思想已达孔子的"六十而耳顺"。故孟子四十不动心,告子能"先
我不动心"。

孟子必以"不得于言,勿求于心"为误,来自他对气功功法的认识。
孟子"求于心"求得的是什么?《尽心上》:"君子所性,仁义礼智根于
心。其生色也,睟然见于面,盎于背,施于四体,四体不言而喻。""睟然
见于面"数句,是对有气功修养的人绝好描写。仁义礼智根于心,为其

功法的要点。更观告子功法的特点,全以人的生理为主。故告子称
"生之为性",又云"食色性也"。因生物要维持其生命于四维时—空连
续区之间,仅有食色二者,食以维持本身的空间,色以遗传来维持时
间。故孟子对告子反复驳斥,皆因立足点有所不同。孟子的立足点在
人类与社会,告子的立足点在生物与自然。如能由人类而生物,则于
养生可更上一层楼。"持其志,勿暴其气",求于心之志,不若不求于心
而任心自发之志,更能有合于生物之本能而决无求心之失。至于孟子
能深得颜渊之功法者,在于已见到由"曾子子思易地则皆然"而又及
"禹稷颜子易地则皆然"。此非得超越时—空之象,何能识"易地皆然"
之理?此孟子有得于孔颜之乐,为其养生之最高成就。

庄子名周(约前 369—前 286),其学有楚风,而思想有包含当时天
下所有学派以到达时代思潮最高处之志,有以合已裂的方术为道术。
其于孔颜,所以使颜子能"当仁不让于师",此寓言分述于《人间世》与
《大宗师》。于《人间世》谓卫国大乱,颜回见孔子,请行以说卫君。孔
子问其对策,颜回屡言而孔子屡黜之,颜回终感所学尚有所不足,向孔
子请教,孔子遂传其"心斋"的功法。原文如下:

> 颜回曰:"吾无以进矣,敢问其方?"
>
> 仲尼曰:"斋,吾将语若!有心而为之,其易邪?易之者,皞天
> 不宜。"
>
> 颜回曰:"回之家贫,唯不饮酒不茹荤者数月矣。如此,则可
> 以为斋乎?"
>
> 曰:"是祭祀之斋,非心斋也。"
>
> 回曰:"敢问心斋?"
>
> 仲尼曰:"若一志,无听之以耳而听之以心,无听之以心而听
> 之以气。听止于耳,心止于符。气也者,虚而待物者也。唯道集
> 虚。虚者,心斋也。"

颜回曰:"回之未始得使,实自回也。得使之也,未始有回也。可谓虚乎?"

夫子曰:"尽矣,吾语若。若能入游其樊而无感其名,入则鸣,不入则止。无门无毒,一宅而寓于不得已,则几矣。绝迹易,无行地难。为人使易以伪,为天使难以伪。闻以有翼飞者矣,未闻以无翼飞者也。闻以有知知者矣,未闻以无知知者也。瞻彼阕者,虚室生白,吉祥止止。夫且不止,是之谓坐驰。夫徇耳目内通而外于心知,鬼神将来舍,而况人乎。是万物之化也,禹舜之所纽也,伏牺几遽之所行终,而况散焉者乎!"

于此引文前,孔子颜回屡问屡答,孔子形象亦屡为变换,宜有"瞻之在前,忽焉在后"之象。若孔子所教之"心斋"已达儒家学说之根,归诸伏牺之易学,实即庄子所发展孔子之说。当颜回离师涉足人间世,以"医门多疾"而自居医者,凭"端而虚,勉而一"欲说人君,此实后世儒家的常有境地。故孔子上升一层,先教之以听,然后层层上升而至"心斋",由耳至心,由心至气,由气合虚。耳当感官,心当意识,气可超此二层。耳止于听,心止于符,符即《德充符》之符,唯道集虚方能德充。耳止于听,心止于符,则入游其樊仍将感其名,唯气虚而待物,能完整接受信息而加以反馈,则必然"入则鸣,不入则止","无门无毒"以消解颜回的"医门多疾"。以无翼飞,以无知知,皆唯道集虚之象,由此而达"虚室生白,吉祥止止",方能有守一之象。虚即"唯道集虚"的虚,五行肺属西,色为白,生白即肺气由外呼吸转而为内呼吸,坐驰以喻呼吸之情状。"夫徇耳目内通而外于心知",即气功中所谓"内视反听",由此可见万物之化。此明庄子所认识儒家气功的成就。其间有两大特点:其一,外王应相通于内圣,"医门多疾"应上升至"无门无毒"。其二,气功非单一在于练功时,入手仍需在日常生活中。说和听、信息的接受与反馈,客观认识社会也是功法。此已由后世所谓命宫而本诸性宫,义极精深。但"心斋"的功法,仍以认识人与人之间的关系为主,尚未认识人与自然的关系。故颜回听懂孔子所传授的气功功法后,有连续的飞跃进步,最后一跃而超过孔子。原文见《大宗师》:

> 颜回曰:"回益矣。"
>
> 仲尼曰:"何谓也?"
>
> 曰:"回忘礼乐矣。"
>
> 曰:"可矣,犹未也。"
>
> 他日复见,曰:"回益矣。"
>
> 曰:"何谓也?"
>
> 曰:"回忘仁义矣。"
>
> 曰:"可矣,犹未也。"
>
> 他日复见,曰:"回益矣。"
>
> 曰:"何谓也?"
>
> 曰:"回坐忘矣。"
>
> 仲尼蹴然曰:"何谓坐忘?"
>
> 颜回曰:"堕肢体,黜聪明,离形去知,同于大通,此谓坐忘。"
>
> 仲尼曰:"同则无好也,化则无常也,而果其贤乎? 丘也请从而后也。"

孔子的"心斋"之教,对颜回有方向性的转折。颜回经反身迅速取得惊人的长进,断然自信为"回益矣",正体味"心斋"、"坐驰"后有得的形象,故孔子亦一变屡黜的态度而为屡许。经三问三答而至"坐忘",孔子亦蹴然,因"坐忘"境界已超越孔子提出的"心斋"。"回忘礼乐"犹忘"听止于耳","回忘仁义"犹忘"心止于符",而"坐忘"之一跃竟忘"心斋",故离形去知,同于大通,以达天人合一的境界。由忘礼乐、忘仁义为始,若此枝枝节节之忘仍未能达其根,故孔子终未全许之。最后一跃为"坐忘",则一切皆忘,即由社会而达自然,虚室之门由此开启,故可同于大通。庄子所引的二段孔颜回答,义皆深妙,颜回超过孔子处,也就是庄子对春秋时代孔颜的发展。唯有此"当仁不让于师"的气概,思想才能跟上并推动时代的发展,气功也能更上一层楼。《论语》中的颜回形象可当《人间世》中的颜回形象,属"既竭吾才,虽欲从之,末由也已"。如从"既竭吾才"入手,则枝枝节节追之,颜回永不能超孔子,必跃至"坐忘"方能成"当仁不让于师"而显出颜回之"后生可畏",亦即庄子以结合易老之养生术而发展孔孟之儒术。且庄子于《刻意》篇中,将人的不同行为分为五种,即"……山谷之士……平世之士……朝廷之士……江海之士……导引之士",结论为:"若夫不刻意而高,无仁义而修,无功名而治,无江海而闲,不导引而寿。无不忘也,无不有也,淡然无极而众美从之,此天地之道,圣人之德也。"此五种士,后世以山谷、江海、导引为道,平世、朝廷为儒,实未见其全,因未尝不可相合。于导引之士"吹呴呼吸,吐故纳新,熊经鸟申"而为寿,可见当时各种气功功法已相当发达。由养生而"无不忘也,无不有也,淡然无极而众美从之",即"天地之道,圣人之德",亦即天地人合一的易老整体,此方为庄子功法的特色所在。

总上老子、孔子、颜渊、孟子、告子、庄子诸家之言,似可由文献探得中国养生学之根,秦汉以来莫不本之。若考古发掘所得战国初年的《行气玉佩铭》(载郭沫若《奴隶制时代》),时间在老子、孔子后,孟子、庄子前。全文如下:

> 行气,深则蓄,蓄则伸,伸则下,下则定,定则固,固则萌,萌则长,长则退,退则天。天几春在上,地几春在下。顺则生,逆则死。

此《行气玉佩铭》所述,当属导引之士所作。主要已由外呼吸而得内呼吸,至于顺逆生死之变,于"内呼吸"中合以"吾丧我",则可通于

《刻意》篇之旨。以下特选由汉至宋五种著名的养生文献,以见其继承发展之迹。

第二节 《参同契》与《胎息经》及其功法

一、读《参同契》的基本方法

今人读《参同契》有两种情况:一种以为在讲炼外丹,一种以为在讲炼内丹。视内外丹本身,又有种种不同的形象,且有为之分辨,其实在当时并无内外丹之分。故必须从原著入手,方可了解《参同契》究竟讲什么。至于原著的编次,早已紊乱,大都断章取义,殊难见原著的全貌以得其纲领。幸自彭晓本复见后,经历代学者的研究,基本可恢复汉末的形象。最重要的发现,在得到了魏伯阳的前后序、徐从事的赞序及淳于叔通的乱辞。原来混入在彭本中,今能提出而先详其内容,则全书之旨自然而明。此一千八百年前的古文献,仍可知其著书的目的、确然的内容,何必以意猜之。

先从魏伯阳的自序观之,因文中隐有"魏伯阳"三字,故为自作之序,已无疑问。其自述"远客燕间,乃撰斯文",于内容亦自信为"歌叙大易,三圣遗言⋯⋯引内养性,黄老自然⋯⋯配以服食,雌雄设陈⋯⋯",更明白说出"罗列三条,枝茎相连,同出异名,皆由一门⋯⋯命参同契,微览其端,辞寡意大,后嗣宜遵"。则全书之旨,一览而知之。三条一门,何可分养性与服食为二。且必归诸大易的律历,使"神化流通,四海和平",尤为参者同契的精义。人各能服食养性而使四海和平,斯为魏伯阳著书之旨,岂可任意以内外丹分之。

当魏伯阳著成四字句的《参同契》,第一个读者为青州徐从事。徐从事的年龄可能长于魏伯阳,地位为从事。从事为汉代的官名,当青州牧之副(原名已失传),故非"忽略利名"的魏伯阳可比。当时魏伯阳既在燕间,乃示于徐,或早知徐亦雅好此道。然徐从事为汉室官宦,何能舍儒术而言黄老?故不得不隐名而论之。最重要的思想,宜读其《赞序》。此《赞序》附在彭本末,朱熹认为徐从事所作,详究其内容,实可深信朱子的观点。

《赞序》曰:"参同契者,词陋而道大,言微而旨深。"以"陋"字抑之,正明其若干内容为儒术所不道者,然亦不得不承认此《参同契》的陋词其道大,其言微,其旨深。进而论参者的作用,则曰:"若君臣差殊,上下无准,序以为政,不至太平,服食其法,未能长生,学以养性,又不延年",可云全部否定之。此属官方语言,当东汉顺帝时以所谓儒术治国,必以黄老为非。无为而治,上下无准,何能太平,不论外丹(服食)与内丹(养性),皆不能长生延年。然事实情况,民间早已见及上层阶级的无能,知识闭塞,治国乏术。而民间疾苦与日俱增,种种天灾人祸疫病流行,毫无解决的办法。在此情况下黄老道的组织遍及全国,深信大易、黄老、服食的结合可有大作用,目的在恢复汉初的尚黄老。魏伯阳的《参同契》产生在这种环境中,且能示于青州徐从事,正见在官宦中亦存在有识见者。宜《赞序》中继之又曰:"至于剖析阴阳,合其铢两,日月弦望,八卦成象,男女施化,刚柔动静,米盐分判,以经为证,用意健矣。"此数语可谓是对《参同契》所作的最适当评语。以"健"字誉之,魏伯阳自强不息的形象,如在目前。故徐从事是魏伯阳的第一个知音。《易》有天地人三才之道的整体,徐与魏皆能知之,此为读《参同契》的基点。未得此点以究《参同契》的内外丹,难免分判米盐而失其整体。三条皆由一门之象,的确"辞寡意大",此徐从事所以愿为之"立法"。"法"字朱熹以为"注"字之误,可备一说。读五字句及散文的《参同契》,与四字句的《参同契》密切相应,决非一人所作。俞玉吾首悟五字句为徐从事之言,确有见地。进而观徐从事之言,既相应于魏伯阳之言,又能自述所见,非徒为《参同契》作注而已,故不妨仍作"立法"读之。徐从事之法,贵能得整体以示三条一门,其意为"惟晓大象,必得长生"。此"大象"之义,即《道德经》所谓"执大象天下往",唯"大象"无形,故能永远"往而不害,安平大",是之谓长生云。三四十年后爆发黄巾起义,青州为重要据点之一,不可不知有徐从事、魏伯阳的理论基础在起作用。

其后魏伯阳回会稽,又示于淳于叔通,叔通为之作乱辞及鼎器歌,乱辞前尚有序。所谓乱辞,犹《离骚》末之"乱曰",所以总结全书之义。故读叔通之言,要在通其三条视内外丹为一,一语可作多种解释,难怪使后人争论。故读徐、魏之言与淳于之言,或分或合,未可用相同之法。故未能分辨作者,确难了解其文字的内容。最后魏伯阳补著《五相类》,五相云者,本诸《周易·系辞》"五位相得而各有合"一语。彭本尚存一表,庶见结合内外丹之象,而全用外丹的名词。惜朱子亦不信外丹而删之,今宜据彭本补入。魏因《五相类》而更作后序,进一步说明"参同契"之象,方可明白全书的纲要。而著作目的有见于"三道由一"的整体,此所以迄今有深入研究的价值。当识此作者的情况及前后序,对《参同契》一书,可毫无神秘的感觉。分门别类,字字有象,语语有指,所谓"诚心所言,审而不误"。或以为有神秘感者,不外三种情况。其一,未能了解易象与律历的关系;其二,未能了解当时炼药的具体操作法;其三,未能了解当时的黄老养生法。且述炼药与养生时皆利用易学的象数,故读《参同契》当有易老的基础知识。能以汉代的易老义,说明当时炼内外丹的一切情况,方可见《参同契》的具体内容。

二、释"屯以子申、蒙用寅戌"

《参同契》中有"屯以子申、蒙用寅戌"二句,凡理解京氏易者莫不知之,不理解京氏易者难免有惑。且子申、寅戌何指,于历法有何关系,对气功养生更有何作用,一般读《参同契》者,基本已不加深究。尤其以张伯端观点为主,认为读《参同契》"不在乎泥象执文",其实完全误解魏伯阳之旨。至于所有注释中能以京氏易明之者,唯朱子《参同契考异》注得最明白。而有儒道之辨者,误认为朱子不理解《参同契》,则所见狭隘可笑。魏伯阳原著的文字尚不知内容,何况大义。且既取大易象数合以黄老,亦未尝否定所谓伏羲文王孔子三圣,后人自有所执,以为古人亦有儒道之执,未免厚诬古人。故读《参同契》者必须了解屯蒙之子申寅戌,又须认识朱子之注能解得其精义。朱子曰:"此再言一日之火候也",可谓一语中的。今读《参同契》与《悟真篇》,必须各取其长。《参同契》之长在并不讳言火候,因与炼外丹有关,而炼内丹将欲养性时仍可法其火候。故于两孔穴法之有无,得其主要之火候,功法诚简要之至。而对外了解律历的原理,决不可疏忽其所认识的客观时空的形象。此可由纳甲爻辰之变化以见卦象所表示的信息,综合其信息于炼丹时的作用,就是所谓火候。至于《悟真篇》则明言火候的重要而不言火候,《悟真篇》六十四之二十七曰:"纵识朱砂及黑铅,不知火候也如闲。大都全借维持力,毫发差殊不作丹。"六十四之二十八曰:"契论经歌讲至真,不将火候著于文。要知口诀通玄处,须共神仙子细论。"其实张伯端《悟真篇》实未能言其火候,故不得不有此隐语。此所以炼《悟真篇》之功法者,须进一步参禅以究性宫,识其三教合一的原则,火候乃在其中。若东汉时尚无禅机可参,徐从事早已理解火候必因人而异,故极难明言。其言曰:"火记六百篇,所趣等不殊。文字郑重说,世人不熟思。寻度其源流,幽明本共居。窃待贤者谈,曷敢轻为书。结舌欲不语,绝道获罪诛。写情寄竹帛,恐泄天之符。犹豫增叹息,俯仰缀斯愚。陶冶有法度,未忍悉陈敷。略述其纪纲,枝条见扶疏。"且亦点明"火记不虚作,演易以明之"。若魏伯阳之"聊陈""屯蒙"两象,"未能究悉",正所以"略述其纪纲,枝条见扶疏"。因汉代尚通行以易象记时,每年每月每日每时,各有一一对应的卦爻易象。而卦爻易象本身,又可纳入天干地支阴阳五行生克制化的方位变化,以之反身,正合于调息入静的种种功法。掌握任何一种功法,必须明了其关键要点,要点散在全套功法中,时时须注意。纳入要点,则炼功不久必将有成。不然久久无效，难免失去信心。故理解火候，入手时即须注意。及境界已相当高明时，仍不可不注意火候的变化。然则对卦象合以干支的火候，不可不详为解释。

先录朱熹之注：

> 此与上篇论屯蒙朝暮，内体外用相表里，盖乾纳甲壬、坤纳乙癸，震庚、巽辛、坎戊、离己、艮丙、兑丁也。重卦之法，乾下三爻纳甲，子寅辰；上三爻纳壬，午申戌。坤下三爻纳乙，未巳卯；上三爻纳癸，丑亥酉。震下三爻纳庚，子寅辰；上三爻纳庚，午申戌。巽下三爻纳辛，丑亥酉；上三爻纳辛，未巳卯。坎下三爻纳戊，寅辰午；上三爻纳戊，申戌子。离下三爻纳己，卯丑亥；上三爻纳己，酉未巳。艮下三爻纳丙，辰午申；上三爻纳丙，戌子寅。兑下三爻纳丁，巳卯丑；上三爻纳丁，亥酉未。而内体从子至辰巳，外用从午讫戌亥。故朝屯则初九庚子之爻当子时，六四戊申之爻当卯时；暮蒙则初六戊寅之爻当午时，六四戊戌之爻当酉时。余六十卦各以此法推之。

此节依京氏易法注《参同契》，应可了解任何一日的火候，对炼气者有莫大的帮助。虽其间有一错误，未见有正之者，就是说明"朔旦屯直事，至暮蒙当受"的时间应为卯旦酉暮，殊非子夜与中午。若"春夏据内体，从子到辰巳。秋冬当外用，自午讫戌亥"，实指一月的火候，朱熹与一日的火候混而为一。未辨子午周天与卯酉周天，实未是。故以下四句当改为"故朝屯则初九庚子之爻当卯时，六四戊申之爻当午时；暮蒙则初六戊寅之爻当酉时，六四戊戌之爻当子时"。此外悉用京氏易的成法。京氏易者亦有所继承，主要使六十四卦分上下两体，共一百二十八体，各以天干代入，这就是所谓纳甲。详以八纯卦十六体示之，可见其纲领：

☰ 壬 甲 乾	☷ 癸 乙 坤	☳ 庚 庚 震	☴ 辛 辛 巽	☵ 戊 戊 坎	☲ 己 己 离	☶ 丙 丙 艮	☱ 丁 丁 兑

其他五十六卦一百十二体,为上表十六体的组合。如泰卦为
☷ 癸
☰ 甲 泰 讼卦为 ☰ 壬 ☵ 戊 等,此外皆可例推。唯能定此纳甲,故任何一卦,必知
其方位与时间及其相应的五行,则简单的六十四卦,已可表示四维
时—空连续区间种种关系的信息。仅以《参同契》论,已能确指一月中
任何一日任何一时月所在之方位及其运行的趋势。况天干的内容非
仅指一月的月相,进而合于地支,是名爻辰。代入爻辰的方法,当分乾
坤六子为二。先以乾坤言,已有三种不同,其一,就是乾坤内外体的消
息,此为徐从事所用。以下表示之:

```
一戌        --亥
一申        --酉

一午        --未
一辰        --巳

一寅        --卯
一子        --丑
乾          坤
```

其二,乾卦不变,坤卦内外体互易。此为郑康成所用,与乐理有
关。凡乾六爻为六律,坤六爻为六吕,律生吕为娶妻,吕生律为生子。
此有合于三分损益,隔八相生的次序,以下表示之:

```
无射 一戌 → --巳 仲吕
夷则 一申 → --卯 夹钟
六  蕤宾 一午 → --丑 大吕  六
律  姑洗 一辰 → --亥 应钟  吕
太簇 一寅 → --酉 南吕
黄钟 一子 → --未 林钟
      乾      坤
```

其三,乾卦亦不变,坤卦取乾卦的从下而上,变为从上而下。此早为京房所用,以下表示之:

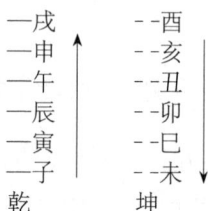

```
一戌  ↑   - -酉
一申      - -亥
一午      - -丑
一辰      - -卯  ↓
一寅      - -巳
一子  │   - -未
 乾        坤
```

这一配合的现象,密合于天地日月的相反旋转,亦见阴阳奇偶的自然交流,可示轻清上升、重浊下降之理,天地交泰水火交成既济为是,天地不交否水火不交成未济为非,实为观卦象的基本原则。而乾坤两卦十二爻辰的顺逆配合,正示易象交通的情况。故自京氏易用此法后,二千余年来的卜筮者,莫不用之。义犹相反旋转的两圈,可用另一方法示之:

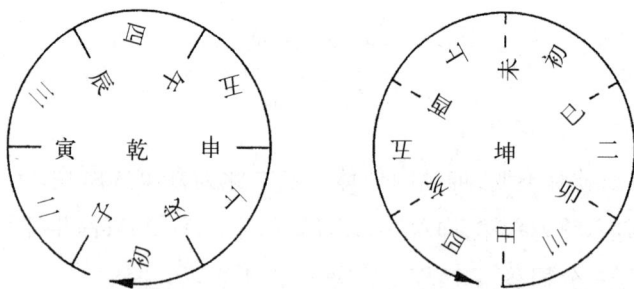

由乾坤推及六子的爻辰,亦惟京氏易用之。全准乾坤之例,凡阳卦震坎艮取阳支六,于位由下而上,阴卦巽离兑取阴支六,于位由上而下。且以初四爻为次,震为子午,巽为丑未,坎为寅申,离为卯酉,艮为辰戌,兑为巳亥,此以认识《周易·说卦》所排列的长男长女中男中女少男少女之次,配入十二地支之次,不待安排实合象数之自然。由是六子卦的三十六爻,各有唯一的地支。以下表示之:

```
--戌    一卯    --子    一巳    一寅    --未
--申    一巳    一戌    --未    --子    一酉

一[辰]  --[酉]  --[午]  一酉    --[戌]  --[亥]
--辰    一酉    --午    一亥    一申    --丑

--寅    一亥    一辰    --丑    一午    一卯
一[子]  --[丑]  --[寅]  一[卯]  --[辰]  一[巳]

 震      巽      坎      离      艮      兑
长男    长女    中男    中女    少男    少女
```

　　上表的配合，极有次序，非以意而言，此方可作为合理的坐标。当干支纳入卦爻后，庶可进一步研究其信息。而《参同契》所谓"屯以子申，蒙用寅戌"，全部属于六子卦的组合。屯卦为下震上坎，下震初爻子，上坎四爻申，故曰"屯以子申"；蒙卦为下坎上艮，下坎初爻寅，上艮四爻戌，故曰"蒙用寅戌"。如兼用纳甲爻辰，配合全卦六爻，宜以下表示之：

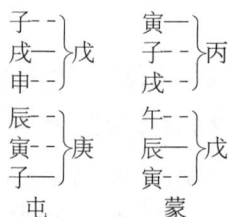

```
子-                寅一
戌-  }戊           子-  }丙
申--               戌-

辰-                午--
寅-- }庚           辰一  }戊
子一               寅-

    屯                 蒙
```

　　亦即每月初一卯时为庚子，辰时为庚寅，巳时为庚辰，午时为戊申，未时为戊戌，申时为戊子，酉时为戊寅，戌时为戊辰，亥时为戊午，子时为丙戌，丑时为丙子，寅时为丙寅。因既法日月星的运行以固定客观的时间，更法《序卦》之次以考察每月中每日每时的客观卦爻。且所相应卦爻，又可纳入干支。惟其配合之错杂，庶见时一空结构之丛杂，人参其中，诚变化万千。当养生炼功时用之，每人更有不同的条件。一言以蔽之，人有相似的生气与动力，故主客观间之关系，宜视此火候，以勉其增长功力。且有其配合之法，无其具体之实，方可为每人所用而各有所得。凡不知客观时空者，不可能完成任何事件。进一步论,不知人生主观之时间所谓生物钟者,更不能深入高层次的气功,此所以必须了解火候。且了解主客观的时一空后,必须配合炼气功者本身之情况以调剂火候。此所以不可言喻,实仍可有自知之明,故能跳出火候之丛杂,贵能掌握"活子时"。识"火候"与"活子时"之相反相成,始知"聊陈两象"之旨。

三、论《参同契》与《胎息经》的结胎

葛洪于东晋初(317)著成《抱朴子》,此书《遐览篇》载其师郑隐所收藏的道书书目,其间有《魏伯阳内经》与《胎息经》,此二书有其内在联系。《魏伯阳内经》当即桓灵之际(167)流传于会稽的《参同契》,或当其书的一部分,故另有《内经》之名。《神仙传》一书相传亦葛洪所著,其间有《魏伯阳传》大可参考,引之庶见《参同契》有关外丹的内容。今取《云笈七签》本,全文录之:

> 魏伯阳者,吴人也。高门之子而性好道术,不肯仕宦,闲居养性,时人莫知其所从来,谓之治民,养身而已。入山作神丹,将三弟子,知两弟子心不尽诚,丹成,乃诫之曰:"金丹虽成,当先试之。饲于白犬,犬即能飞者,人可服之,若犬死者即不可服也。"伯阳入山时,将一白犬自随,又丹转数未足,和合未至,自有毒丹,毒丹服之皆暂死。伯阳故便以毒丹与白犬食之,犬即死。伯阳乃复问诸弟子曰:"作丹恐不成。今成而与犬食,犬又死,恐是未得神明之意。服之恐复如犬,为之奈何?"弟子曰:"先生当服之否?"伯阳曰:"吾背违世路,委家入山,不得仙道,吾亦耻复归。死之与生,吾当服之耳。"伯阳便服丹,丹入口即死。弟子相顾谓曰:"所以作丹者,欲求长生耳,而服之即死,当奈此何。"惟一弟子曰:"师非凡人也,服丹而死,得无有意邪。"又服之,丹入口复死。余二弟子乃相谓曰:"作求长生耳。今服丹即死,当用此何为。若不服此,自

可得数十年在世间活也。"遂不服,乃共出山,欲为伯阳及死弟子求棺木殡具。二人去后,伯阳即起,将服丹弟子姓虞及白犬而去。逢入山伐薪人,作手书与乡里人,寄谢二弟子。弟子见书始大懊恼。伯阳作《参同契》、《五相类》凡二卷,其说如似解释《周易》,其实假借爻象以论作丹之意。而儒者不知神仙之事,多作阴阳注之,殊失其奥旨矣。

作此传者可能非葛洪,然当为东晋人,视《参同契》为炼外丹。从《抱朴子》观之,当时炼外丹之事正在发展中,亦见中医的制药在发展中。唯不承认服外丹致死的事实,乃伪作此传以神其事。人或信之,明知有毒而仍服之,此传贻误后人,已起了极坏的作用,今必须否定之。谓魏伯阳弟子中姓虞者信之,很可能因虞翻注《周易》有取于《参同契》之旨,故妄言信魏伯阳之弟子姓虞。又传中已说明伯阳作《参同契》、《五相类》二卷,则与今传本同。至于魏伯阳之作丹究属外丹还是内丹,此一问题的提出已当唐宋后,其前根本无内外丹对立的概念。于唐宋后,以自身修炼服气为内丹,服炼成的药物为外丹,因有服铅汞致死的大量事实,故炼内丹者大力否定外丹。宋初张伯端著《悟真篇》,于《参同契》仅取其内丹而不论其外丹。其实《参同契》中每言外丹,然所服药物不一定指铅汞,可及草木药物,与医药有关。《抱朴子·黄白》引仙经曰:"朱砂为金,服之升仙者,上士也;菇芝导引,咽气长生者,中士也;餐食草木,千岁以还者,下士也。"以今视之上士犹仙,谓之外丹;中士犹道,谓之内丹;下士犹医,贵能服药治病。而上医医未病者,自然须注意炼丹以养生。魏伯阳当东汉时,上中下士本可兼及,故炼丹者犹在制药,制身内的药为内丹,制身外之药为外丹。且当时的养生贵服食,内外丹云者分于服气与饮食。于铅汞的外丹又须明辨金丹与黄白,唯金丹可服之长生,黄白者仅指炼成金银而非服食金银,惜金银尚未炼成,遑论幻想的金丹。不幸历代有迷信者,因误服金丹而丧失生命,至今仍当引为深戒。然亦未可忽视其有贡献于化学,服食化学药品难免有后遗症,今西方医药尚有此失,何况二千年前。今日的西医能随时纠正其流弊,注意药物的副作用,对不得不用的特效药,则控制其用量。因矿物药品对生物未必适用,然人体内亦须有少量的金属元素,其间几微之辨,当进一步研究。此对整个人类的进化有关,不可不予重视。至于黄白术,自能打破原子核后,已不足为奇。元素间莫不可变,于二千年前中国已能注意及此,足以自豪,实为化学之源。汉后始传至阿拉伯,此处不予深入讨论。今须详论者,当中土之事,即于服食中仅取服气,则于《参同契》忽视其外丹,然未可忽视其天地人三才易理的象数及黄老的养生法。能继承其理而更有成就的文献就是《胎息经》,故于汉代黄老道中二书同时存在。《胎息经》者,犹总结《参同契》的服气。以唐宋后的概念喻之,《参同契》者,由大易、黄老契合于服食(包括外丹);而《胎息经》者,以大易、黄老仅契合于服气。《抱朴子·对俗》引仙经曰:"服丹守一,与天相毕;还精胎息,延寿无极。"已说明当时之所谓服丹,指人与自然界可由是以结合,此有外丹的意义,且可归诸天人合一。更以人体言,即须还精胎息,此指服气,而有内丹的意义。至于胎息的情况,《抱朴子·释滞》篇中有详细的叙述,当即据《胎息经》而言。今欲理解胎息的情况,宜以葛洪之言为准:

> 得胎息者,能不以鼻口嘘吸,如在胞胎之中,则道成矣。初学行气,鼻中引气而闭之,阴以心数至一百二十,乃以口微吐之,及引之皆不欲令己耳闻其气出入之声,常令入多出少,以鸿毛著鼻口之上,吐气而鸿毛不动为候也。渐习转增其心数。久久可以至千,至千则老者更少,日还一日矣。夫行气当以生气之时,勿以死气之时也。故曰仙人服六气,此之谓也。一日一夜有十二时,其从半夜以至日中六时为生气,从日中至夜半六时为死气,死气之

时行气无益也。善用气者,嘘水,水为之逆流数步;嘘火,火为之灭;嘘虎狼,虎狼伏而不得动起;嘘蛇虺,蛇虺蟠而不能去。若他人为兵刃所伤,嘘之血即止;闻有为毒虫所中,虽不见其人,遥为嘘祝我之手,男嘘我左、女嘘我右,而彼人虽在百里之外,即时皆愈矣。又中恶急疾,但吞三九之气,亦登时差也。但人性多躁,少能安静以修其道耳。又行气大要,不欲多食,及食生菜肥鲜之物,令人气强难闭。又禁恚怒,多恚怒则气乱,既不得溢,或令人发欬,故鲂有能为者也。予从祖仙公,每大醉及夏天盛热,辄入深渊之底,一日许乃出者,正以能闭气胎息故耳。

按此节之义,未可全以为非。二千余年来为儒术之理所束缚,于事不加核实,稍涉常人所不能者,必以为非。今必须纠正此武断,实事求是以研究其可能性。关键须自身实验之,及发现奇人奇事以证实之。如潜入水一日许,并非不可能。印度有瑜伽术,能活埋地中数日,其理同,皆用闭气法,即胎息之象。且由胎息以积气,当积气既足以嘘外物,犹能量增大,自然可起常人所未能的作用。至于胎息的功法,葛洪亦已详言之,要在能缓其呼吸之间,默然以数计之,其数可无穷增加,终及外呼吸似停止乃成。其实不可能绝对停止,要在已得内呼吸。又分生气死气者,指十二辟卦的子午周天,生死者复(☷☷)姤(☰)之象,生指一阳来复,死指一阴相遇。观《参同契》之朝屯夜蒙指卯酉周天,未可混为一谈。合此子午卯酉的时间,当实践炼气时,可有自然之调剂,必取子至巳六时为生气,取午至亥六时为死气者,先贵有积气而后须加以运用,死气时正在运用生气六时中所积之气,可使积气为我所用。不然,十二时全在增其心数,则气聚于身,有知凝而不知散之弊,不期而气一动志(古名之曰走火,今名之出偏差),则悔之莫及,故生死之气必须注意,特为郑重指出。以中医为喻,遇生时之象当为之益气补血以治之,遇死时之象当为之行气活血以治之。

识此胎息之象，乃可读《胎息经》。今存之《胎息经》见正统《道藏》。全文仅八十三字，是否即郑隐所收藏之书，当然未可肯定，然与葛洪所叙述的闭气法，确可相应。由《参同契》的服气法，以见《胎息经》中所归结的胎息，始可了解《胎息经》的重要。此八十三字中含有重要的养生功法，然必须根据同时代的名著《参同契》的认识论。《胎息经》首二句"胎从伏气中结，气从有胎中息"尤为重要。未知胎之由来，何有胎中之息？自宋后人读《参同契》，每不注意其外丹，因有毒的铅汞固可不服，然身外之象何可不知。一言以蔽之，于自身为服气，气由身外而来，自身与身外的客观时空有内外之分。此客观时空抽象而名之曰天，汉代重视天人合一、天人感应，早已重视诚合外内之道，故《参同契》所主张的炼丹，决不可分割成内丹与外丹。且以汉代人观之，人的一切思想行动必与天象相应，天象之变化莫不与人有关。且人由个人而及人类社会，就形成了儒术与道术两种认识论，儒术以人类社会的结构为主，道术以认识人类本身为主然后及社会结构。故不必论其人的社会地位，主要认识人体的结构及一生的生理现象，由生到死、由发育到衰亡的全过程，且处处注意人身与客观自然界的关系。而《胎息经》者，正在说明人生开始的生理现象，当认识此伏气中所结合之胎，必先了解且相应于客观时空中的天气。而《参同契》的精义之一，正在说明当时所了解的客观时空的气流。唯外界有此气流，如能认识之，相应之，伏其气以反诸身，斯名结胎。

魏伯阳于《参同契·自序》曰："表以为历，万世可循"，于原书中即详论历象。历所以记录时间，时间本诸日月星的运行。汉代的黄老道对天象变化有极深刻的认识。今总述魏伯阳与徐从事有取于天象运行的规律，当分日月星三类加以叙述。先以日言，当时以人为坐标，故每日见太阳由东方出西方落，间分十二时。魏伯阳曰："屯以子申，蒙用寅戌，余六十卦，各自有日"；徐从事曰："朔旦屯直事，至暮蒙当受。昼夜各一卦，用之依次序。"意义非常简要，就是取卦爻为每日时间的坐标。卦凡六爻,一爻当一时,相同于现在钟表上的二小时。六爻合十二时,二卦十二爻当一昼夜二十四小时。又旦指卯时,当现在早晨五时至七时;暮指酉时,当现在十七时至十九时。下以屯蒙二卦示一昼夜的时间表:

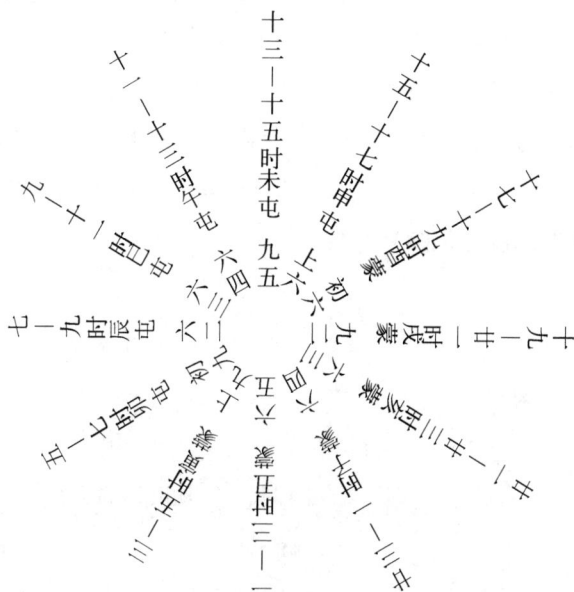

十一一十三时午屯 九五
十三一十五时未屯 九五
十一一十三时巳屯 六三
九一十一时辰屯 六二
十五一十七时申屯 初
七一九时卯屯 初
十七一十九时酉蒙 初六
五一七时寅屯 六四
十九一廿一时戌蒙 九二
三一五时丑蒙 六三
廿一一廿三时亥蒙 六三
一一三时子蒙 六四
廿三一一时 六五
上九

进而以月言,尚有方位变化。先以月望为例,月之运行与日相似,当傍晚出于东方而翌晨落于西方。然日落月出、月没日出的形象,仅合于月望前后数日,仔细观察每日月亮的出没,必经一个月而完成一个周期。唯其每日不同,故屯蒙二卦十二爻仅当初一的二十四小时,另外用需讼两卦当之。魏伯阳曰:"聊陈两象,未能究悉。立义设刑,当仁施德;逆之者凶,顺之者吉。按历法令,至诚专密,谨候日辰,审察消息,纤芥不正,悔吝为贼。"此见对客观历法的重视。每日审察日月的消息,因炼气者吸取外气时,每日有所不同。大而言之,春夏秋冬的气温,人人可感觉,然每日在渐复,此唯炼气者能提高功力而增加敏感性,故每日改变二卦,确有必要。且此对地月之运行言,尚非对一年四时地日之运行言。徐从事阐明之曰:"既未至晦爽,终则复更始,日辰为期度,动静有早晚。"说得更明白。魏伯阳所谓"余六十卦",是指六十四卦中去乾坤坎离四卦,且准《序卦》之次,由屯蒙需讼依次至既济未济,每二卦各指一月中某日的廿四小时。所以逐日不同,因每日的月出方位亦在变化,这一个变化周期,就是所谓"纳甲"。纳甲的意义是每日取同一时间以观察月亮所在的位置,凡上半月(望前)取傍晚(暮),下半月(望后)取清晨(旦)。其方位以甲乙东方、丙丁南方、戊己中央、庚辛西方、壬癸北方为准。由是以观一月中月出的方位,为由西而南而东,此见一月中的月亮运行,实与一日的太阳运行方位相反。以下图(日月出没方位图)示之:

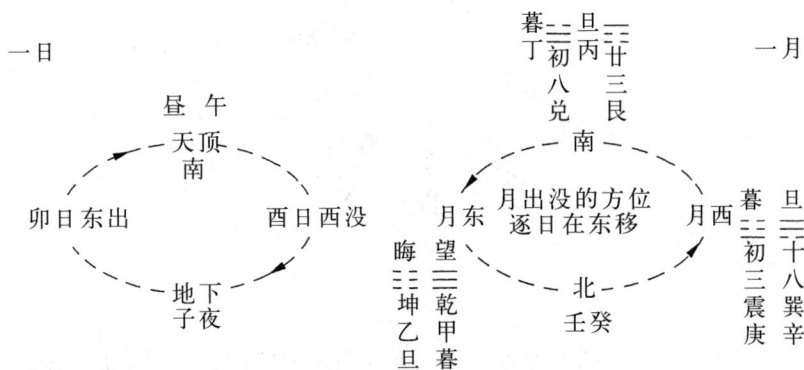

下引魏伯阳与徐从事的原文,义皆相应。魏伯阳《参同契》曰:

　　昴毕之上,震出为征,阳气造端,初九潜龙。阳以三立,阴以八通,故三日震动,八日兑行。九二见龙,和平有明,三五德就,乾体乃成。九三夕惕,亏折神符,盛衰渐革,终还其初,巽继其统,固济操持。九四或跃,进退道危,艮主止进,不得逾时,二十三日,典守弦期。九五飞龙,天位加喜,六五坤承,结括终始,韫养众子,世为类母。上九亢龙,战德于野,用九翩翩,为道规矩。阳数已讫,讫则复起，推情合性，转而相与。

徐从事《参同契·赞》曰：

三日出为爽，震庚受西方。八日兑受丁，上弦平如绳。十五乾体就，盛满甲东方。蟾蜍与兔魄，日月气双明，蟾蜍视卦节，兔者吐生光，七八道已讫，屈伸低下降。十六转受统，巽辛见平明。艮直于丙南，下弦二十三。坤乙三十日，东北丧其朋，节尽相禅与，继体复生龙。壬癸配甲乙，乾坤括始终，七八数十五，九六亦相当，四者合三十，阳气索灭藏。

按王国维《生霸死霸考》曰："余览古器物铭而得古之所以名日者凡四，曰初吉，曰既生霸，曰既望，曰既死霸。因悟古者盖分一月之日为四分，一曰初吉，谓自一日至七八日也；又曰既生霸，谓自八九日以降至十四五日也；三曰既望，谓十五六日以后至二十二、三日；四曰既死霸，谓自二十三日以后至于晦也。"此未言方位，或以方位合之，与纳甲略同。唯于四分，宜明辨望与晦，今以下表合之：

月　　　　　　　　　　　　　　　　　　　　　　　　日
☷☶　☳☷　初吉　☱　既生霸(☰望)　☴　既望　☶　既死霸(☷晦)　☰
戊　庚　　丁　　　甲　辛　　　丙　　　乙　　　己
　　　　　　　　　壬　　　　　　　　癸

可见月相的变化，殷周之际早为人所重视，何况在东汉顺帝时。然能合以天干方位卦象消息及《序卦》之次，于一月中的每日每时，各有不同的卦爻与之一一对应，斯为《参同契》的可贵处。

更由一日一月而以一年言，亦宜详察日之运行方位。虽每日为东出西落，然东方日出西方日落的方位，亦每日不同，此必一年而为周期。当时仅在中国北半球观之，今当以全地球论之，其义仍同。凡日出正东与日落正西,时当春分秋分,位当赤道。由春分至夏至日出之方位,由正东渐至北回归线;夏至至秋分,由北回归线渐至正东;秋分至冬至,由正东渐至南回归线;冬至至春分,由南回归线渐至正东。唯中国在北半球,故以面南为贵,若位于南半球的澳大利亚等处,当以面北为贵。然贵南贵北与日出一年的方位无关。由是以观一年的周期,以下图(一年出没方位图)示之:

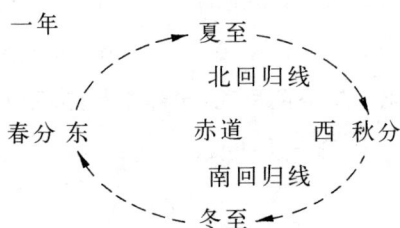

下引魏伯阳与徐从事的原文,合诸十二地支,是名爻辰。

魏伯阳《参同契》曰:

朔旦为复,阳气始通,出入无疾,立表微刚,黄钟建子,兆乃兹彰,播施柔暖,黎烝得常(复子黄钟)。临炉施条,开路正光,光跃渐进,日以益长,丑之大吕,结正低昂(临丑大吕)。仰以成泰,刚柔并隆,阴阳交接,小往大来,辐辏于寅,运而趋时(泰寅太簇)。渐历大壮,侠列卯门,榆荚堕落,还归本根,刑德相负,昼夜始分(大壮卯夹钟)。夬阴以退,阳升而前,洗濯羽翮,振索宿尘(夬辰姑洗)。乾健盛明,广被四邻,阳终于巳,中而相干(乾巳仲吕)。姤始纪序,履霜最先,井底寒泉,午为蕤宾,宾服于阴,阴为主人(姤午蕤宾)。遯去世位,收敛其精,怀德俟时,栖迟昧冥(遯未林钟)。否塞不通,萌者不生,阴伸阳屈,没阳姓名(否申夷则)。观其权量,察仲秋情,任畜微稚,老枯复荣,荠麦芽蘖,因冒以生(观酉南吕)。剥烂肢体,消灭其形,化气既竭,亡失至神(剥戌无射)。

道穷则反,归乎坤元,恒顺地理,承天布宣(坤亥应钟)。玄幽远
渺,隔阂相连,应度育种,阴阳之元,寥廓恍惚,莫知其端。先迷失
轨,后为主君,无平不陂,道之自然。变易更盛,消息相因,终坤始
复,如循连环,帝王承御,千载常存。

徐从事《参同契·赞》曰:

春夏据内体,从子到辰巳。秋冬当外用,自午讫戌亥。赏罚
应春秋,昏明顺寒暑。爻辞有仁义,随时发喜怒。如是应四时,五
行得其理。

黄中渐通理,润泽达肌肤。初正则终修,干立末可持。一者
以掩蔽,世人莫知之。

象彼仲冬节,竹木皆摧伤。佐阳诘贾旅,人君深自藏。象时
顺节令,闭口不用谈。天道甚浩广,太玄无形容,虚寂不可睹,匡
郭以消亡。谬误失事绪,言还自败伤,别序斯四象,以晓后生盲。

由《参同契》原文可知,魏伯阳能贯通律历,徐从事仅言历,以律合
历,更可深入了解人因时间而起性情的变化。此为爻辰之要义,且由
日出一年的方位而合诸二十八宿的十二辰次,则已由日月而及星,当
先秦时早知以北斗为主。而认识十二辰次的周流,且已由盖天仪认识
浑天仪,由北极而推知有南极,属中国天文学独特的成就。然在北半
球观之,当取二十八宿中的某一宿以相应于北斗,则又可成一平面,此
点魏伯阳极重视之,实为天象变化之枢机。原文曰:

晦朔之间,合符行中,浑沌鸿濛,牝牡相从,滋液润泽,施化流
通。天地神灵,不可度量,利用安身,隐形而藏,始于东北,箕斗
之乡。

当时已见银河终始于箕斗之方位。东北于易象为艮,艮成终而成始,故取为万世可循之标准,在当时之知识亦非贸然而言。不期今日之天文学于银河系的坐标,其中心点亦近在箕斗之乡,如此巧合正可引起注意,此处不作深入研究,仅论当时所了解日月星的运行方位。因地球有自转的事实,故表面观察,日月星同为东出西落,或能深入研究之,且赖天干地支纳甲爻辰的方位,可让一月的运行、一年的运行及北极相应于二十八宿中的箕斗之乡,自然可形成一个浑天仪。以下图示之:

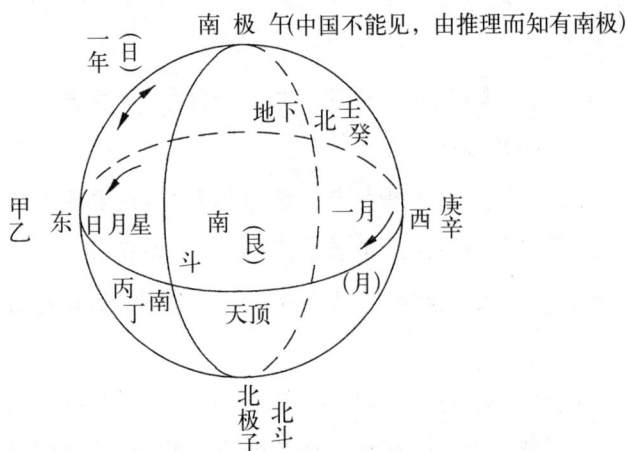

汉代的天文学,早已了解浑天仪,实由日月星的天气运行而形成。中国的天文学,既不取日心说,亦无所谓地心说,要在以观察者的目睹为准。根本不知日月星同为东出西没是由于地球在自转,然确信其为事实,又能进一步观察一月与一日的运行方向相反,确信其为阴阳之性质。至于一年的日出方位,往来于南北回归线之间,当时亦可视之为南北极。然已了解一年与一月的日月运行,其方位为互相垂直的二个平面,当时以纳甲爻辰分辨之极是。或不加分辨而视丙丁当天顶之南,同于子午之午当南北回归线或南北极之南,则垂直成立体之象就变成平面之象。此既为当时的文字表达不明,亦为后人未能以浑天仪之象观之,且不知核实纳甲爻辰所指的方位。更以星象言,则爻辰的方位又不同于纳甲,然二十八宿的周流,早知有众星所共的北辰,此为盖天仪的形象。由北极散成二十八宿,又知由二十八宿将合成南极,故魏伯阳能知"要道魁柄,统化纲纽"经"始于东北,箕斗之乡"而达南极,又能"利用安身,隐形而藏"于西南,卦位为坤,结果又达北极。故由日月顺逆的一周,达一月一年垂直的二周,更达一年星象又与日月各垂直的第三周,则于身外已成浑天之气,亦未尝不可名之曰外丹。又以浑天之象反身,其气周流无已,须伏此日月星三周之气,方能象浑天以结胎,是之谓天人合一,是之谓"胎从伏气中结"。既能合一以结胎,则"气从有胎中息"而可论天人感应之象。故论《胎息经》必本《参同契》的认识论,方可深入理解《胎息经》的功法。

四、论上下德与《胎息经》的功法

既得《参同契》之全貌,庶可论其功法,准其功法以反身,亦以复见全貌为旨。至于《参同契》的服气法,早已驾"房中"而上之,取《汉志》侍医李柱国的分类法,此书当属于"神仙"一类,其中有复杂的象数,所以说明律历之变化以当客观的时一空结构,反身取纳甲法合诸《序卦》以当人类生物钟的时一空结构。徐从事赞《参同契》所谓"米盐分判,以经为证",正指此象。如能得其机,则可以简御繁。不得不繁者,非繁不足以辨万物之象,是之谓下德;必得其机者,非体其道枢,又何能御万物以易简,是之谓上德。老子曰:"上德不德,是以有德,下德不失德,是以无德。"魏伯阳曰:"上德无为,不以察求,下德为之,其用不休。"徐从事赞之曰:"上闭则称有,下闭则称无,无者以奉上,上有神德居。此两孔穴法,金气亦相胥。"即此上下德之两孔穴法,斯为《参同契》之服炁之道,亦为基本功法。

老子曰:"失道而后德",然"道可道非常道",故落诸文字语言,不得不以德明道,犹不得不论功法之殊途以见道枢之同归。凡德分上下犹阴阳。上德阳，无为而有德，闭之犹无为，称有为有德。其唯闭之，故不以察求。下德阴，为之而无德，闭之犹为之，称无为无德。其唯闭之，故其用不休，合诸反身之象，犹身内之气血周流。当服食后体内加以消化运输、生精造血、吸收排泄等，自生迄死，决不能立刻暂停，是之谓"其用不休"。要在能闭，闭则下德为无德者以奉上，上德为有德者自然有神。其神何指？魏伯阳继之曰："知白守黑，神明自来。白者金精，黑者水基。水者道枢，其散各一。"唯其能"知白守黑"，庶能上下皆闭，闭而无德以奉有德，宜有"神明自来"。舍饮食而仅言服炁，则肺金白生肾水黑，此天一生水，是谓道枢。曰"其散各一"者，由一而二，是即上下德之两孔穴法。一而有无，是之谓"金气亦相胥"。然则徐从事又以"真人潜深渊，浮游守规中"赞之，实可当《参同契》所显示的主要功法，何必更乘河车以远游。

明此上下德之相合，乃可喻道，当其未失道而不言德。故魏伯阳于上德前先曰："内以养己，安静虚无，原本隐明，内照形躯，闭塞其兑，筑固灵株，三光陆沉，温养子珠，视之不见，近而易求。"若徐从事以坤卦六五赞之，其言曰："黄中渐通理，润泽达肌肤，初正则终修，干立末可持，一者以掩蔽，世人莫知之。"老子曰："昔之得一者，天得一以清，地得一以宁，神得一以灵，谷得一以盈，万物得一以生，侯王得一以为天下贞。"此一，犹非常道之道，大易、黄老、服食参者同契于一之功法，可言者亦如此而已。虽然确可见其不休之变化，由身内内丹而及身外外丹，仅可以实践与实验证之，何可妄信妄言。以服炁论，宜由德而道。当时能继其理论者，可归诸《胎息经》之作者，其功法亦较可捉摸。上已论述天人合一之结胎，此文更当再述《胎息经》之功法。

以后世所用内外丹的名词，返观《参同契》与《胎息经》，可有较明确的概念。就是作《参同契》时基本未分内外丹，而作《胎息经》者仅取后世所谓内丹，据侍医李柱国的分类，此书当属于房中与神仙之间。自汉后基本讳言房中，尤其是宋代理学兴起后。然在医学中，未尝可不加重视并研究,今所谓性生活,当然应有所知。《礼记·中庸》有言:"君子之道费而隐,夫妇之愚可以与知焉,及其至也,虽圣人亦有所不知焉。夫妇之不肖可以能行焉,及其至也,虽圣人亦有所不能焉。……君子之道造端乎夫妇,及其至也,察乎天地。"此义早已兼及房中,其后之儒术,仅知此而已。医学中虽有注意者,对优生方面,进步并未显著。至于以养生论,当然宜兼及,惜有执此为主者,而未知更有天地,可云大误。凡养生气功之成就,决非房中术,这一观点必须明确。凡男女有生理之不同,然以人言,未尝不同;各具有气血,亦未尝不同。如分言之男重气、女重血,此即生理之不同。以气功言,足其气血,而行其气血,凡人皆同。首当理解养生与房中之关系,始可证《胎息经》之功法。曰胎息者,实指妇女受孕后的情况,这一情况于医学界确宜作深入研究。然用于养生,已扩大胎息的含义,始可理解不论男女老幼,皆可锻炼胎息的功法。简而言之,胎息就是腹呼吸,当然未可能全同,然有相似处。《胎息经》首句曰"胎从伏气中结",故知气功的结胎,决非房中。读宋后之气功文献,十之七八提及"男儿怀胎"等语,究其实莫不有据于胎息之义而故玄其言。今从腹呼吸入手,可云简易之至。继之须由胎息而结胎,指炼功者能久作腹呼吸而腹中有聚气,则自然有"气从有胎中息"的感觉。凡男女运动员与歌唱家等皆须炼成腹中有气,方能见其功力,所谓"丹田之气"是其义。如不用时仍当注意之,且应终身注意之,经过相当时间,所谓"丹田气"可久久不衰。《胎息经》中特提出神气结合的概念,且应守虚无以养神气,终成神气相住而不出不入,是即有得于圆球之中心点。唯能味此虚无的中心点,始可相应于《参同契》由上下德而通于道。于《参同契》中特重上下闭,故葛洪论胎息以闭气为主,识此"闭"字,应可喻结胎之胎。闭于神气相住之中,是谓内丹。内丹之象,相应于独立的生物体之形。《胎息经》曰:"心不动念,无来无去,不出不入,自然常住",犹《参同契》之上德;"勤而行之,是真道路",犹《参同契》之下德。《周易·系辞》曰:"在天成象,在地成形,变化见矣。"是犹上下德与胎息之义。虽论功法,决不可忽视其整体。

第三节 《黄庭经》与《入药镜》及其功法

一、论《黄庭内外景》的形成及其要旨

《黄庭经》及其要旨第一次在文献上的记录,见于《抱朴子·内篇·遐览》。《抱朴子》是晋葛洪(283—363)所作,写成于晋建武元年(317),时年三十五岁。于《遐览》篇所著录的道书书目,全部属于他老师郑隐的收藏。有关郑隐的情况,葛洪说:"昔者幸遇师郑君,但恨弟子不慧,不足以钻至坚极弥高耳。于时虽充门人之洒扫,既才识短浅,又年尚少壮,意思不专,俗情未尽,不能大有所得,以为巨恨耳。郑君时年出八十。"按洪尚少壮时郑君已年出八十,故知郑隐的年龄长于葛洪六十岁左右。隐于永宁二年(302)知晋室将乱,年八十余东投霍山(今属安徽),莫知所在。由是可推得隐约生于汉末(220),于魏晋间(265)已近五十岁。宋欧阳修云:"《黄庭经》者,魏晋间道士养生之书也。"今知是时,郑隐或已收藏此书,故此书之成,似当更早若干年。除郑隐曾收藏此经外,直接有得于此经之旨者为魏夫人(252—334)。魏夫人名华存,是晋司徒剧阳文康公魏舒(209—290)的女儿。舒,樊城人(今湖北襄阳县北),以浚仪(今河南开封西北)令入为尚书郎。华存幼年好修道,二十四岁迫父命嫁于太保掾南阳刘义,生子二,长子名璞,次子名瑕。及二子稍长,更求神仙秘籍。《云笈七签》编者宋张君房叙述"上清经"的来源,并提及魏夫人告诫其子:"我愿终身寻真之志,于是离群独处,不交人事。深托隐痾,还修曩尚,入室百日,所期仙灵。积思希感,尔乃独节应神,丹心潜会,精苦仰彻,天真遐降。"魏夫人愿继续完成未嫁时寻求真人的志向,于是自谓有病而入室百日,由

于精神专一,感应而遐降四位真人。这四位真人是:其一,太极真人安度明;其二,东华大神方诸青童君;其三,扶桑碧海旸谷神王景林真人;其四,清虚真人王子登。王真人见魏夫人清修有得,特加名山之号,封为南岳夫人,授以《大洞真经》等三十一卷,而旸谷神王别授夫人《黄庭内景经》。宋代起重其封号,于南岳衡山建有"黄庭观",并视为魏夫人登仙处,此为千余年来传统神话。然当时的南岳,实指安徽的天柱山,郑隐东投霍山,亦可属南岳的范围中。此可证明于汉末魏晋之际养生法盛行,其书亦多,《黄庭经》是继《参同契》后又一于后世有大影响的专著。以今日学科分类观之,气功宜属于医学,而此《黄庭经》又可属于医学中的人体解剖学。当有《黄庭经》后,既为郑隐所收藏,于民间仍流传。魏夫人能得于旸谷神王者,或于未嫁时早已熟谙此经,又经此精神作用,始能贯通全经的宗旨。解剖人体由分而合,于结合成整体的时刻确有其机,机在理解气功,亦就是能明确感觉到气对人生所起的作用。此以气解剖活人自身而非解剖尸体,故最重要的关键,所认识的人身整体应包括人的思想,即今日分为生理、心理二大类的内容。

　　上述有文献记录的郑隐、魏夫人二人,同属早期研究《黄庭经》并有亲身体验的得道者,然非《黄庭经》的作者。由是有种种对作者的传说,基本不可深信,而成书在汉魏间似无可疑,迄今已有一千七百余年。进而观之,此书又有《黄庭内景经》与《黄庭外景经》的不同。郑隐所收藏的未分内外,可见仅有一种,惜未知其为《内景》还是《外景》。而民间流传,辗转抄写,难免有为之改作者。而魏夫人所得到的是《内景》。于本文中有"内篇"二字,故势必已有《外景》存在。然先有何"景"殊难定论,此研究气功者不可不加注意,因内、外景有不同的功法。古之传说基本以为先有《内景》后有《外景》,及宋欧阳修始否定之,其言曰:"余尝患世人不识其真,多以《内景》三十六章为本经,因取永和(345—356)刻石一篇,为之注解。"又曰:"今《道藏》别有三十六章

203

名曰《内景》，而谓此一篇为《外景》，又分上中下三部者，皆非也。盖《内景》者，乃此一篇之义疏尔。"欧阳修所提及的《道藏》，就是张君房所编辑的《大宋天宫宝藏》，成书于天禧三年(1019)，是年欧阳修仅十三岁。今观《内景》《外景》的主要分辨处，《内景》曰："上清紫霞虚皇前，太上大道玉晨君，闲居蕊珠作七言，散化五形变万神，是为黄庭曰内篇。"即认为玉晨君所作，且已有"内篇"之名。而《外景》曰："老君闲居作七言，解说身形及诸神。"则又认为是老君所作，且无外篇之名。若玉晨君与老君，同属道教所创立的神。又字数亦大异，《内景经》凡七字句四三七句，共三〇五九字。《外景经》凡七字句一九七句，共一三七九字。此视字数的多少为论，故欧阳修认为《内景》为《外景》的义疏。然亦可认为《外景》为总结《内景》而成的纲领，则《内景》字数虽多仍可居前。

最重要的根据，世间留有王羲之(321—379)书《黄庭经》的刻石，此刻石欧阳修尚见，以今本核之为《外景》。考永和上距汉末已百余年，魏夫人八十三岁卒时，羲之仅十四岁。当三十七岁书《黄庭经》，或《内景经》本尚未流传。所书者似即郑隐所收藏的一篇《黄庭经》，此篇尚无内外景之分。迨魏夫人本传出，中有"内篇"之文，乃加内外景之名以分辨之。然则虽有刻石，仍未可肯定《外景》在前《内景》在后。至于作者问题，玉晨君纯属创立的神，老君可联系于老子。或认为《黄庭经》与老子《道德经》无关，改玉晨君为老君者，后人欲由之以使老子《道德经》与《黄庭经》进一步发生关系。本此言之，则仍可视为托名玉晨君所作的《内景》在前，改名老君所作的《外景》在后。然老子《道德经》大部分讨论养生问题，如河上公以养生原理注《道德经》并非全部附会，故《黄庭经》与《道德经》不可谓无关系。详读《黄庭经》后，可见《黄庭经》的作者必已了解《道德经》中有关养生的部分，故未尝不可直接托名为老君所作，不一定有意改"玉晨君"为"老君"。然则仅凭托名的作者，不可能定《内景》《外景》的先后。

今综合以观之,辨在郑隐所收藏的原本与魏夫人所求得之原本,实有其不同的来源,由是有内外之分,亦有不同的功法。以时观之,基本皆出于汉末。考郑隐所传者,来源于东汉的黄老道,因黄老道后为黄巾所利用,且黄巾起义不幸惨遭汉室镇压而失败,故自魏晋起讳称黄老道。然东汉所积存的大量文献,部分即为郑隐收藏,《黄庭经》为其中之一。若张陵在四川结合当地的民间宗教五斗米道,实脱胎于黄老道。经陵、衡、鲁祖孙三代的经营,其教大行,较黄巾的被灭有截然不同的命运。张鲁于建安二十年(215)降汉,曹操待以客礼,拜他为镇南将军,封为阆中侯。由是五斗米道更属合法的组织,信者遍及全国,宜有如《黄庭经》一类的养生术大行于世间。若魏夫人、王羲之等所信奉的道教同为五斗米道,故魏夫人早年所传习的《黄庭内篇》似当来源此。当魏晋时,黄老道遗留的道经,必可与五斗米道的道经相互兼用,且可随意创作。若王羲之虽信五斗米道,其时在东晋,乃未得《黄庭内景经》的真传。或东晋道士中流传唯郑隐所藏之本,故即书《黄庭经》,无所谓《外景》。至于《内景经》的流传地域当在北方,由魏夫人于两晋之际因避难而携带至南方,既经精神专一而贯通,其后传于长子璞,璞又传于司徒琅琊王舍人杨羲(330—386)及护军长史许穆(305—376),穆传其子玉斧(341?—370)。穆曾读《黄庭内景经》百千遍,《真诰·翼真辅》尚载有所读遍数的记录表,玉斧则曾抄写。《真诰·握真检》曰:"掾抄魏传《中黄庭经》",此曰"掾",据《真诰》上文知其指玉斧。曰"《中黄庭经》",当即《黄庭内篇》。以时核之,王羲之书《黄庭经》时,玉斧仅十七岁,然则流传玉斧之书,时或稍后。今究其来源,不可以羲之与玉斧书写时为准,应该了解黄老道实早于五斗米道。然由郑隐收藏至王羲之写出,其变动难免,必有所删。又魏夫人本虽可于二十岁(271)左右得于北方的五斗米道,后经旸谷神王别授校定本,或较初得本更早,亦可能有所变动而增加。故仅以世传的内外景两种文献,不能肯定其孰先孰后,大致在东晋中叶同时流传。以理言,当以不分内外者为早。且《外景》赖有王羲之的书法,流传亦广。《内景》则在道教内部流传,而内容尤多精义。且详读内外景的原文,颇多相同的文句,故知必出一源,或增益之,或删简之,乃成内外两景。凡作者与增删者,至少有三人,惜未可考得其人。故今日研究《黄庭经》宜并观内外景,殊不必论其先后,定其是非得失,庶可代表魏时对人体内部的认识,更能结合内外景两种功法而得其本。切忌知内而不知外,知外而不知内,孜孜于一种功法而否定另一种功法者,则不论《内景》或《外景》,皆有失《黄庭经》的整体。

当早期流传时,《外景》既为一篇,《内景》亦未必分为三十六章。且贵在读诵,不究其义。然盲目读诵后,当文句已熟,其大义可不期显出。况此书内容所以解剖人身,且解剖是虚说,以时时不忘整体为主,故重在结构。此人体的结构,实自生命起源后经生物三十亿年进化而成,非达微观世界何能知之。今以分子生物学及量子生物学的原理,庶能见遗传密码的结构及其作用,然尚属初步,何况在一千七百年前,乃不得不由医学而纳入宗教范畴。当时能提出此微观世界的结构问题,已极可贵。唯其未能以文字得其意,故定为读诵,亦不失为传授的一种方法。且非仅道书,汉朝所重视的经学亦须背诵,著《黄庭经》者特作七言韵语,所以便于熟读,宜历代有人读诵之,亦自然有得其意而了解气功者。既得其意,仍不妨由文字入手以明其理。由是于《外景》近二百句,《内景》逾四百句,亦何可不加分段。凡《外景》分三部,《内景》分三十六章后,对《黄庭经》的内容确可深入一步了解。由三部与三十六章体验之,始可避免盲目熟读而仍不了解其内容。虽然由文字以了解内容,未能反身有得者,仍属纸上谈兵,毫无作用。能"穷理"而继以"尽性",方可讨论《黄庭经》的究竟。

观《隋志》所著录的书目中,尚未见有注解《黄庭经》者,因此经不需要注解,仅希望读者读之以悟自身的结构。此类经文忌用训诂式的注解,所谓"如人饮水而冷暖自知"。因虽能用寒暑表测得水的温度,奈人之情仍未能固定,则非自饮决难知其冷暖。凡读《黄庭经》恰合此义,因人身的外形固易见,而其体内实难知。于《内经》等医书,早经解剖而知内藏的结构,且各内藏有其相对的独立性,由独立部分的形象而合成整体的形象,其间必有所主。当汉魏时,正在发挥自古已传气充全身的道以及道法自然的理,这一结构属道教重要组成部分之一。惟有此人生的实体,方能破当时传入仅知人生如幻的小乘佛教。人生有其实体,何可以幻目之,此正中国思想与印度小乘佛教思想的大分辨处,亦所以形成中国大乘佛教于南北朝后广为流传的思想根源。然《黄庭经》的哲理,尚与佛教的哲理无关,此仅说明作《黄庭经》者的时代背景,当时中国尚未知有大乘佛教之理。惟以人体解剖学的理论全部纳入宗教形式中,究觉可惜,此不可不知时代的局限性。况整体结构有其不可分割的原则,因在解剖活人而须以自身为实验室,这一观点迄今犹有其作用。且由汉末至唐约经四百余年的努力,《黄庭经》始由读诵自悟而达分析内容,由悟得者为之注解方有价值,其注解亦未可限于文字。凡于此四百余年间的开悟者,时时在辗转传授,方能广为流传。至于欧阳修仅据考古言,则《外景》三部、《内景》三十六章之分,确非本有,然未可忽视既分后有助于理解整体。

以今所存的文献考之,最早分章加注《内景》者,为唐代的白履忠。履忠陈留浚人(今河南开封西北),博涉文史,尝隐于古大梁城,时人号为梁丘子。景云(710—711)中征拜校书郎,寻弃官而归。开元十七年(729)征赴京师,辞以老病,停数月而归,寿终于家。著《三玄精辨论》一卷,注《老子》及《黄庭内景经》,有《文集》十卷,今唯存《黄庭内景经注》。略同时又有务成子分《外景》为三篇以注之,皆见于《云笈七签》,是张君房所录存的版本,尚与欧阳修所见者相同。今当准此以论其内容。

今准唐梁丘子分三十六章的次序以述《上清黄庭内景经》每章内容。了解内容后,方可辨其功法而有所收获。

上清章第一　凡十三句九十一字

总述《黄庭内篇》的作用,重视象数,凡黄庭犹一,即胎仙,实继《胎息经》之象。舞之以三可散化五形,作七言以明九气出于身,皆取阳数。又气变无穷,以万神状之。义谓诵一过可得一神,故咏之万过,始穷万神的气变而可升三天。当未及万过时,已可瘳百病,消千灾,不惮虎狼而年永延。以"虎狼"返诸身,犹各种病毒与病菌,当人之生气主一有得,必可具备强大的免疫力,是之谓"不惮虎狼"。至于主一有得于黄庭,要在能生紫烟上出而化虚,即"上清紫霞虚皇"之象。以今日所理解的光谱观之,道教所重视者,当人目所不可见的紫外线。若儒家重视红色,其几在红外。故儒道恰当七色两端,古人观虹而知之。

上有章第二　凡十句七十字

明辨上魂灵,下关元,左少阳,右太阴,后密户,前生门六点,由相对二点转成三维球为琴心三叠,此三维球犹胎仙。出日为呼,入月为吸,呼吸以儴三维球,庶当时一空之变。由是以反身,自然见其分合,凡四气相合于中,二十八宿分列于四陆,所以明人参天地以生。丹田能容"回紫"的时间,"抱黄"的空间,人生其间,整体乃得,义取易学天地人三才之道。天当时间,地当空间,人当生物及人类的生物钟。且人因时一空而生紫烟,犹人的生气充塞于三丹田,可成为三素云,以三素云灌溉五华犹五藏,其本为灵根。凡人体内各种内分泌为七液,全以大脑为主,故曰"冲庐间"、"照阳门"。

上为章第三　凡七句四十九字

明口液的重要,以闭为要。老子曰:"塞其兑,闭其门,终身不勤",易象兑(☱)为口,上丹田名玉池。时时以口液漱口而咽之,渐可循口液之下而内观之。此内向阴象,故能登广寒,当然已可闻声见光。

黄庭章第四　凡十一句七十七字

明守一于黄庭,兼上中下三丹田言。"天庭地关列斧斤",所以慎上下丹田的出入。"灵台盘固永不衰",犹指中丹田,合成离象(☲)。

天地章第五　凡四句二十八字

使内气"自相扶"以合一于中池,其象为坎(☵),中丹田名中池。横津三寸来自漱咽灵液,亦即冲庐间的七液。

天中章第六　凡十一句七十七字

内气已合,乃明出青入玄,入玄水以出青木,即人之所以为人。生物贵能吸收外物以成为我所用的能量,此曰"玉带游",犹《易》曰"帝出乎震(☳)"。时空的形象指由冬而春,由北而东,以喻生物与人类的生气,"升天汉"为向外阳象。"舌下玄膺"为精气神之变化处,即阴阳顺逆之关键,黄庭之枢机。

至道章第七　凡十七句一一九字

明发、脑、眼、鼻、耳、舌、齿面部七神,此七神皆宗泥丸。泥丸有九真居于九房,犹脑分九宫,上丹田一部可通一切。主要与中丹田之心相应,易象乾(☰)首为脑。

心神章第八　凡十句七十字

继明心、肺、肝、肾、脾、胆六神皆在心,指脑与心相通。此兼六神的心"乃顺承天"以"内运天经",易象为坤(☷)。必使上丹田与中下两丹田相联系,乃成整体。凡气血周流不可或息,故曰"昼夜存之自长生"。以下九至十四章分论肺心肝肾脾胆六神的作用。

肺部章第九　凡九句六十三字

明肺的作用。主调气,唯"六气和而形不滞",乃见人的生气盎然。素锦色白,外应鼻,易象为巽(☴)。

心部章第十　凡九句六十三字

明心的作用。重调血,血阴。理命以适寒热,以和荣卫,乃见人的本质。丹锦色赤,外应口舌,易象为兑(☱)。

肝部章第十一　凡十句九字

明肝的作用,贵能"和制魂魄津液平"。所以因气造血,和平阳魂阴魄、阳津阴液而"永无倾"。锦色属青,外应眼目,易象为离(☲)。

肾部章第十二　凡九句六十三字

明肾的作用。肾主六府而为全身的"九液源",贵由下丹田以通上丹田,是之谓"冥上玄"。"上致明霞"、"苍锦色玄、外应两耳",易象为坎(☵)。"天一生水,地六成之",当"密户"对"生门"。

脾部章第十三　凡十三句九十一字

明脾的作用。脾能"消谷散气",食外物以得能量,属中央戊己。味甘香,其色黄,外应面上的气色,易象为艮(☶)。三老之象,以数喻之为二五八。

胆部章第十四　凡十一句七十七字

明胆为六府之精。"主诸气力摄虎兵","役使万神朝三元",有阳刚之象。以六府归诸五脏,犹"出青入玄"。"外应眼瞳鼻柱间",印堂当之,易象为震(☳),恰有"王三锡命"之象。

脾长章第十五　凡二十二句一五四字

明中部脾胃有"消谷粮"的作用,能"长精益命"以应下丹田阴阳之合,贵在"遂至不饥三虫亡,心意常和致欣昌",所以明辟谷。老君当三老之中,以数喻之犹明堂之中五,故曰"五岳之云气彭亨","五形完坚无灾殃"。

上睹章第十六　凡十四句九十八字

明三丹田合一,贵能"魂魄内守不争竞",乃有即三即一之象。又曰"灵注幽阙",犹结胎之象。以上二章言其合。合一而无之,故曰"一至不久升虚无","虚无"犹"虚皇"之象。

灵台章第十七　凡十三句九十一字

上已言合,此又言分。凡三丹田中,各可分上中下,左中右,前中后。虚而望之,可见"黄野","黄野"谓黄庭之野,旷达无垠,生气盎然。曰"七曜九元冠生门"者,宜知三丹田之九元,各有生门之道。

三关章第十八　凡五句三十五字

继言生门散于全身,三丹田化为口手足三关。指口为天关即脑,手为人关即心,足为地关即肾,以合天地人三才之道。以上三章言其分。三丹田之或分或合,皆以明人的整体,可自我平衡。

若得章第十九　凡十八句一二六字

知分知合而各守其位,治明堂,望黄野,存玄丹,安昆仑。以今日之概念喻之,达此境者已能见微观空间,故"自高自下皆真人",是犹见细胞的活动情况,一十百千自相连,何足为怪。人能主动使令全身的气血周流不已,是之谓"日月飞行六合间"。其间当有主持的脑细胞,即"泥丸"宫中"坐盘桓"的"童子"。

呼吸章第二十　凡十句七十字

由六合的空间达呼吸元气的时间,自然可"延我白首反孩婴"。此犹见细胞的传代,故不可不知自然界的时间与各种生物以及人类的生物钟,各有其时一空数量级的同异。如能结精育胞留胎止精以入此微观世界,则金室之气自然不倾。

琼宝章第廿一　凡十八句一二六字

谓当以泥丸夫人为主,"保我泥丸三奇灵",乃可入上清。若曰"长谷玄乡绕郊邑,六龙散飞难分别",正取《周易》的六龙以当六爻发挥之象。虽得其象,应注意"气亡液漏非己形,专闭御景乃长宁",方为养生之要。唯能专闭者,庶可驾御种种内景而长宁。

常念章第廿二　凡十四句九十八字

三房相通,内外洞得,由上中下而左中左、前中后,乃成九室之神。由是六丁以当阳九阴六的舍府,存思不已,内守勿泄,方可"行自翱翔入天路",犹得乾元上出。以上四章总述整体之象。此象决非部分所可了解,属吾国特有的人体解剖学。由解剖成遍体皆真人而能上出,不愧为顶天立地以当万物之灵的人类。

治生章第廿三　凡十四句九十八字

以下论具体的修炼。准八景神及二十四真,即三丹田各有八卦之象,如得其神则出入无疾,诚合外内,故"真人在己莫问邻"。唯此景非可言喻，切忌自欺欺人。曰"紫房"、"太室"、"三五玄"、"璇玑门"等，皆以象数为喻，论象数时各有数学原理，然决不仅指黄庭。乃作黄庭者，特用此象数以明其内景而已，不必以神秘视之。

隐影章第廿四　　凡十三句九十一字

此进一步说明微观世界与世殊。"倏欻游遨无遗忧"，犹见生物进化之象。若必曰"入山何难故踌躇，人间纷纷臭帠如"，正指汉末混乱时代。

五行章第廿五　　凡十句七十字

人"能存玄真"，始见生命起源之几，其几进化至今。即"一身精神"欲求玄真，安得不用"五行相推反归一，三五合气九九节"的象数，犹今日所谓数学语言。

高奔章第廿六　　凡七句四十九字

日月合一，犹达坎离既济之象(䷾)，其间生气郁然而起，渐生黄庭的作用。

玄元章第廿七　　凡九句六十三字

合六神以归虚，犹中下丹田的"结珠固精"可养"上丹田"的"神根"，乃获飞仙之果。飞仙者，上应于二十二章的"入天路"。

仙人章第廿八　　凡十三句九十一字

"安在黄阙两眉间"其门凡七，负甲持符以开，与四章的"天庭地关列斧斤"同义。其门七，可当七液之门。其数七，有合于蓍数变化之象。"此非枝叶实是根"，可喻《黄庭内景经》的修炼法。犹后世的性宫，且"仙人道士非有神"而得于"积精累气以为真"，亦可见黄庭之旨。

紫清章廿九　　凡十句七十字

"昼夜七日思勿眠"，已通阴阳变化之极致，"飞升入天"，仍在其中。归诸精诚与专而非自然，已达乎"人能弘道"的境界，此为可贵处。人而自然，是谓"虚中恬淡自致神"，则人犹神，神犹人，此由精诚而专向内无已而得，且神由外入非人外出，是之谓内景。

百谷章第卅　凡七句四十九字

当辟谷食气以结胎。胎合魂魄,黄庭始得,得黄庭以宁之,是谓黄宁。

心典章第卅一　凡六句四十二字

阴阳因五行而调,生克无辨,动静咸宜,故成"心典一体五藏王",此即黄庭之象。

经历章第卅二　凡五句三十五字

天地四方为六合,其中隐去卯酉,以见天地南北之精无已,守之藏之,犹乾元初九勿用之象。此以潜龙当知雄守雌,知白守黑,可见著者之深通易老。

肝气章第卅三　凡二十一句一四七字

肝木生气的周流,终始无端。人寿以百二十年为限,乃属常性,其数为阴阳二次花甲,或能进而思存七元,则九精八琼丹,始可达异于常人的寿命。以数论仍属九宫八卦七著的变化,然数量级不同,已直接有应于日月之华,则外内无异,未可为人类的生物钟所限。

肺气章第卅四　凡十句七十字

更论肺气的周流,贵得"众神会合精相索",亦已通贯内外。此二章特论肝肺,因气血为养生的基础。"开通百脉血液始",又见气为血之始。

隐藏章第卅五　凡三十二句二二四字

以脾总结肝肺之气血,其象为"外方内圆神在中",即宇宙在我心之义,佛教有三千大千世界入于一微尘,亦与此相似。方圆内外以当阴阳生生,即上下"玄玄虎章"之交。"隐环八素琼"应于三十三章的"九精八琼丹",或出或入,始成黄庭之象。

沐浴章第卅六　凡二十二句一五四字

最后一句为"不死之道此真文",今当知其有微观世界的现象,全篇的意义方能迎刃而解。至于慎其授受,戒其不敬,亦不得不然。读其书者,须沐浴盛洁东向以得生气而无死地,皆增其信心而已。

梁丘子由合而分成三十六章,凡四三七句三〇五九字。今更可由分而合成四段,则《黄庭内景经》的大义自然可显。

凡一至六章,共五十六句三九二字,明黄庭的大纲。

七至二十二章,共二〇二句一四一四字,明十三神的作用,体验十三神的或分或合,庶见体内的整体结构。

二十三至三十章,共八十三句五八一字,明修炼以达黄庭的具体方法。

三十一至三十六章,共九十六句六七二字,明既得黄庭后的现象。

于三十三章中提出以百二十岁为初步成就,正合一般人类的生理现象。更深入而出始青,则纯以微观世界立言,使万灵炼五形,犹陶铸尧舜。唯今日已有分子生物学等学科的客观存在,方能了解一千七百余年前的有道者,确已从反身修炼入手而见其象,唯未能以今日的实验方法得之,乃不得不借宗教形象以明之。况玄玄虎章之象,或尚非今日的实验所可测得。此众妙之门,由肺气当兑虎时合六位成章而生,散飞的六龙已能分别,始得上下交通而阴阳和,是即"郁仪结璘善相保"。或能"安在黄阙两眉间",确为"此非枝叶实是根"的既济现象。准此以通读《黄庭内景经》,决非空言。又最后一章提及《大洞经》,因其理可通,乃魏夫人同时悟得者。间以老君当脾,属中丹田的黄庭,与《外景》视为老君所作,实可相通。又唐玄宗注《老子》已确认玉晨君为老子的道号,则可推知《黄庭经》不论内外景,皆为汉魏间的羽士准老子《道德经》的原理而作。唯其有反身之德,决非空言者所可理解。

以上既明《内景经》,以下宜准务成子分三部的次序,以叙太上黄庭《外景经》三部的内容。

上部经一 凡六十五句四五五字

综论身中的三丹田,且应任其自然,乃能"修德明达神之门",当积精气由微而深。

中部经二　凡六十四句四四八字

继既达神门而"长生久视乃飞去",下又及内外相合之象,故曰"出日入月是吾道,天七地三回相守",三七当卯酉之阴阳互根,已见存诚而诚立。"魂欲上天魄入渊,还魂返魄道自然","戴地悬天周乾坤,象以四时赤如丹",皆明外出之象。又曰"负甲持符开七门,此非枝叶实是根",则知外景所以名外,全在七门之开。

下部经三　凡六十八句四七六字

复由外而守内,故首即曰"伏于玄门候天道,近在子身还自守"。然已不同于上部,彼仅通内,此已当通外而复返内,故又贵自守。若曰"七窍已通不知老,还坐天门候阴阳",候天门之开阖,以当出入的通路,其间可闪见吾形,故又曰"伏于太阴成吾形,出入二窍合黄庭"。或合此出入二窍以成黄庭,全书之旨庶几可见矣。唯合二窍的黄庭,于"出入无疾"之理尤宜慎勿传。非真勿传,必得其人方可传,此非故玄其辞,慎防其流弊耳。

由上三部共一九七句一三七九字,于外景出入的理论已在其中。或出或入,孰为其主,人其勉旃!

综而论之,《黄庭经》本为一书,其后因传授及地域各种原因,不期分成《内景》与《外景》两种版本。今当合观内外景的同异,凡同在其理,异在结构。《黄庭》属反身修德之书,内外景的原理全同。《内景》重体内十三神的分合,七门虽开而归诸两眉间,是之谓内。《外景》贵七门之开而周乾坤,是之谓外。故内外景的结构不可不异,以同而异,合异而同,实无二理,研读者殊未可仅取其一。非由《内景》,何以得十三神而主之,乃外出之基。非由《外景》,何以慰魂上天魄入渊之欲。况外本三阳,内拘三神,何可不交。识此外内之景以达一阴一阳之道,《黄庭》岂远乎哉!更据唐梁丘子与务成子之注,以言其旨。先论内景,录梁丘子注释叙:

　　夫万法以人为主，人则以心为宗。无主则法不生，无心则身不立。心法多门，取用非一。有无两体，随事应机。故有凡圣浅深，愚智真假，莫匪心神辨识运用之所由也。但天下之道殊途而同归，百虑而一致。从粗入妙，权实则有二阶；吻迹符真，是非同乎一见。《黄庭内景经》者，东华之所秘也。诚学仙之要妙，羽化之根本。余襞习未周，而观想粗得，裁灵万品，模拟一形。义有四宗，会明七字，指事象喻，内外两言。绌聪隳体之余，任嘘从咽之暇，舐笔摩墨，辄贻原筮。

　　此叙已得《黄庭》之象。"绌聪隳体"犹外，"任嘘从咽"犹内，亦即有无两体。又究其粗得之象凡三。其一，由万而一，即由部分而得整体。此为体认活人而非解剖尸体，乃人体解剖的最高形式。故由《黄帝内经》阶段而进入《黄庭经》阶段，于中医理论为一大进步，惜迄今未见能去其不可捉摸的外衣而显其合理的核心。此"模拟一形"的形体，足以控制亿兆细胞，而每一细胞皆为生物，当时即认为是"自高自下皆真人"。其二，由四而七，二章曰"四气所合列宿分"，即二十八宿处于四陆，每陆一气当七宿，此已属银河系。核实而言，四宗犹春夏秋冬四时，然不为太阳系所限。七字指体内七液，即各种内分泌，曰"字"者，亦指经文七言。以文学角度视之，汉末以七字成文的文体，有影响于诗歌的发展。此体又与佛偈相似，孰前孰后尚可一考，此不及详。由四七之相合，由外以及内，斯确属《黄庭》之象。其三，明辨事象。凡有无穷之事，自然有无穷之象。舍事象之实而得事象的本身，虽事象各有内外，合之事在外而象在内。又合成黄庭，一切指喻皆在其中，唯梁丘子有得于此，故能分章以深入体味。此十三神之内外相应，七门之开关，对中医理论实起重要作用，从粗入妙，由权而实，亦须运用心神辨识以得之。此心法之机，《黄庭》确已述及。然则作此《黄庭经》者，不可不认为对人身的整体已能了然。此作者为谁？实为悟道而又取无名之名。唐梁丘子据原序,仍认为东华之所秘,东华非人名,义谓东方之华,东为生方,东华指春色蠢蠢百华争艳。而作此《黄庭经》者,宜处于东华宫中,凡有兴读《黄庭经》可先成东华之象,或能有所得。原序曰:

> 扶桑大帝君命旸谷神仙王传魏夫人。黄庭内景者,一名太上琴心文,一名大帝金书,一名东华玉篇。当清斋九十日,诵之万遍。使调和三魂,制炼九魄,除去三尸,安和六府,五藏生华,色返孩童,百病不能伤,灾祸不得干。万过既毕,自然洞观鬼神,内视肠胃,得见五藏。其时当有黄庭真人、中华玉女教子神仙焉,此不死之道也。

此见《内篇》由魏夫人传出,于道教的三洞属上清。其后既及陶弘景所居的茅山,唐五代后亦传于南岳衡山。此《内外景经》与《大洞经》并重,迄今为茅山的基本经典。又有务成子注叙曰:

> 旸谷神王当是大帝之臣。授此经时,与青童君俱来,夫人初在修武县中也。

此据《真诰》之义,可见《内篇》传自北方河南修武县一带,与《外景》的流传有地域之异,于东晋后始并传。至于黄庭的概念及内外之辨,务成子又曰:

> 脾为黄庭命门明堂中部,老君居之,所以云"黄庭内人服锦衣"也。自脐后三寸皆号黄庭命门,故下一云命门中有黄庭元王玄阙大君。又云坐当命门,犹如头中亦呼为泥丸洞房中也。此经以虚无为主,故用黄庭标之耳。其景者,神也。其经有十三神,皆

身中之内景名字，又别有老君外景经，总真云"黄庭内外"、涓子云
"黄庭内经"、"外经"者皆是也。

此见唐代早已内外合一，黄庭由中宫脾兼及下宫命门、上宫明堂、
三一一三，同归虚无，庶合用黄庭标名的原义。由是可起于内景，然后
合外景而一。又外景亦有务成子注，其序曰：

《黄庭经》者，盖老君之所作也。其旨远，其词微，其事肆而
隐，实可为典要。强识其情，则生之本也。故黄者二仪之正色，庭
者四方之中庭。近取诸身则脾为主，远取诸象而天理自会。然谷
神不死，是谓玄牝，是以宝其生也。后晋有道士好黄庭之术，意专
书写，常求于人。闻王右军精于草隶而复性爱白鹅，遂以数头赠
之，得乎妙翰。且右军能书，缮录斯文，颇多逸兴自纵，而未免脱
漏矣。后代之人，但美其书，踪而以为本，固未睹于真规耳。余每
惜太上圣旨万世莫测，今故纂注以成一卷，义分三部，理会万神，
冀得圣人之教，不泯于当来矣。

读此外景原委亦明。唯王羲之的原刻已佚，致起后人之疑，今由
欧阳修上及前人之说为证，羲之书《黄庭经》确属事实。今推得《外景》
为郑隐所收藏，似可成立。再者，内外景之外形，以文字论同异互见，
深究其实质同出一原，绝无可疑，主要以"黄庭"之义明之。

《外景》曰"上有黄庭下关元"，务成子注："黄庭者目也。"而《内景》
此句为"上有魂灵下关元"，则黄庭犹魂灵。其实黄庭当出入之门。凡
《内景》主要论十三神的作用，归诸"安在黄阙两眉间，此非枝叶实是
根"。而此黄阙两眉间，实即魂灵所在之黄庭。又合诸《外景》言，相应
于此二句为"负甲持符开七门，此非枝叶实是根"。此所谓七门，实指
七液之出入处，亦指体内体外之出入处。然则黄庭的位置虽在上，亦

未尝不可及中下丹田。故分则脾为黄庭,命门明堂中部老君居之,亦可名之曰黄庭。然"三田之中精气微",由微而积,故须"七蕤玉籥闭两扉"。闭以聚之,聚以著之,方能"七液洞流冲庐间",由是方可开七门而见黄庭。故内外景的原理完全一致,同在深得乎黄庭的精义。凡习黄庭者不妨始于由内而外,继之由外而内。实则自为终始,处处可出可入,可内可外。为客观自悟计,似不必先有"上有黄庭"的固定观念,以便于认识口手足"三关之中精气深"。精气既深,黄庭自明,切忌先从固定的概念反身。继当由外而内,须知"负甲持符开七门"与"此非枝叶实是根"之间,尚有"火兵符图备灵关,前昂后卑高下陈;执剑百丈舞锦幡,十绝盘空扇纷纭;火铃冠霄坠落烟,安在黄阙两眉间"六句。此是作内景者据外景而增,还是作外景者据内景而删,实未能肯定。亦可以认为外景作者,录内景而脱此六句,根本未注意其内容,事实亦可能如此。然自唐迄今已逾千年,内外景早已并存,且已有注。是根非叶者,或开七门,或在眉间,不可不从此以得信息。既在眉间,方可渐开七门,继之由外而内而出入无疾,始可有见于《内景》、《外景》之所同,由是则黄庭可得,整体可悟。以今日认识生物进化之理观之,生物中的人类属万物之灵,当自为其主,此所以仍有研究《黄庭内外景》的价值。不论《内景》或《外景》,各含有大量信息,足以说明人体内部包括人类思维方式的种种结构。凡既得《参同契》上下德的要旨而有验于身,自然可喻《黄庭内外景》中有种种结构的功法,内与外犹上与下,实为二大类功法,非仅二种功法。如以《内景》论,则可深入研究《大洞真经》,另书详之。

二、论《参同》、《胎息》和《黄庭》

大易黄老之象数理论,足以指示服食之道。参者同契于一,应有规中可守。何以守内? 当上下闭之,是犹胎息成而神气相住。唯服气之道,何可不知气之由来,故当兼及能成浑天象之律历。于所服外丹之药,早已"八石弃捐"(见魏伯阳自序),然服气时,未尝不可服药。鼎炉制药而观铅汞之变化,正属格物之象,物格知至,为养生时应有的认识论。西汉初淮南王刘安所重视的太一与黄白术,可见尚黄老本具此义。惜大部分文献失传,今所存的气功文献中仅《参同契》能继淮南。若《胎息经》者,专一于继承《参同契》中的服炁,经文仅戋戋八十三字,所示大义与葛洪所论的胎息法同。服气以结胎的重要,犹细胞贵有其细胞膜,由是细胞能独立存在。而《黄庭经》又在发展《胎息经》之理。《黄庭内景经》曰:"琴心三叠舞胎仙",此曰"胎仙"指胎息之成,成则结胎。舞其所结之胎,所以合其内外,然则于黄庭之内外景,不可不见其同。当内外相合,犹人胎之三维球以合于浑天仪,故继之曰"九气映明出霄间",是犹参同之象。然琴心三叠之曲,非结胎者何能闻之。由胎息以结胎,于《胎息经》仅言其旨,而《黄庭经》殊能详述其情状。或能由参同胎息而黄庭,更见功法变化之深妙。

《黄庭内景经》曰:"上有魂灵下关元,左为少阳右太阴,后有密户前生门,出日入月呼吸存。"是犹《胎息经》所谓"气从有胎中息",胎之象即为上下左右前后的三维球。今以养生气功观之,于《黄庭经》之功法,必先了解所谓黄庭。黄庭者,言其空间的形象。黄为中央之色,《周易·文言》"天玄而地黄"是其义;庭指四方之中,《周易·节卦》"初九,不出户庭无咎;九二,不出门庭凶"。此黄庭在户庭之内应当不出,在门庭之内不可不出。然不论在户庭或门庭,皆指有空地足以置此三维球,故黄庭者犹丹田。推原而言,《胎息经》曰"胎从伏气中结",黄庭尚指门户内之空地,能于空地上结胎,始名丹田。此丹田在身内且分为三,《黄庭内景经》曰:"三田之中精气微。"且三田为门户所限故曰"关",《黄庭内景经》又曰:"三关之中精气深,九微之内幽且阴。口为心关精神机,足为地关生命扉,手为人关把盛衰。"此已说明三丹田的位置,合于人体外形的解剖。凡人身之形骸,上为头部,以口当之为心关,心关犹天关上丹田。中为胸部自颈下至腰上,以手当之为人关,人关犹中丹田。下为腹部自腰至下,以足当之为地关,地关犹下丹田。故《黄庭经》之功法,要在于黄庭中结丹,其丹于三丹田中或出或不出,当善自安排。且由气而成丹,丹于三丹田中或动或止,是否适当,自然相应于形外。故于天,见其精神之有无;于地,见其生命之寿夭;于人,见其德业之盛衰。此莫不与客观时空有密切联系,然"外物不可必",自身当有所主,似可以五步明之。一,聚气以择其田;二,绕其田而成黄庭;三,洁静黄庭以置其丹;四,畅通三丹田间之交流;五,开闭门户以出入其丹。究《黄庭内外景》之旨,约可以上述五步概言之,且须了解其有应于参同与胎息。以下逐步简言之:

其一,聚气以择其田——观察人身之结构,确为上中下三部,上部为头面,以颈为界,《黄庭内景经》:"一面之神宗泥丸,泥丸九真皆有房,方圆一寸处此中,同服紫衣飞罗裳。"泥丸指脑,上已言及"脑神精根字泥丸"。故于上部当择上丹田于脑,脑有"所存在心自相当"的作用,故天关又为心关。中部为颈下腰上,《黄庭内景经》:"心神丹元字守灵,……六腑五藏神体精,皆在心内运天经。"故于中部当择中丹田于心。下部为腰下,《黄庭内景经》:"魂魄内守不争竞,神生腹中衔玉珰。"故于下部当择下丹田于腹。又腹为总名,所指较广,下丹田确多变化,宜取腹字。由是以脑、心、腹为三丹田的所在地。

其二,绕其田而成黄庭——《黄庭外景经》"上有黄庭下关元",已变《内景经》"上有魂灵下关元"之魂灵为黄庭,则黄庭仅指上丹田脑。此殊有具体的作用,因三田之精气,以上丹田为主,当由内而外,内当合一于上,是犹《参同契》所谓"无者以奉上,上有神德居"。必当三丹田畅通而一于上,庶能由内而外,故气绕其田以成黄庭。初当有三,其后以上丹田之黄庭为主,其中有泥丸九真之房,犹"洛书"之象数。又脑既应心,泥丸又名"精根"者又应于下丹田,故能以腹归诸脑以启外景。然心腹之丹田,亦当以气围成之。此中亦有大作用,且属反身体验的基础。

其三,洁静黄庭以置其丹——由结胎而成丹,仅可置于洁静之丹田中。凡中丹田主食,所以维持生物之生命,犹空间。下丹田主色,所以维持生物之遗传,犹时间。此时一空结构之变化,上丹田掌握之,告子曰"食色,性也"是其义。然洁静其食色于上丹田中,必当重视其时一空结构。丹之为象,岂为一人而成。或孜孜于一人之得失,亦未尝不可得气,然何能大其时一空结构以达到较高的境界。故洁静之黄庭,不可不深思。"易教"为"洁静精微而不贼",尤宜注意。

其四,畅通三丹田间之交流——有丹置于黄庭中,自然可流通于三丹田之间,进一步分辨其所周流之气,于功力殊多不同。要而言之,有未成丹之气,有成丹后之气,有分归于三丹田之气,有仅至某一丹田之气,所循之脉络更变化不一,此所以有无穷之功法。《黄庭内景经》:"若得三宫存玄丹,太一流珠安昆仑,重中楼阁十二环,自高自下皆真人。……此人何去入泥丸,千千百百自相连。……"即玄丹畅通于三丹田之象。此处之真人,不妨以细胞当之,细胞各自独立以传递信息,自可相连。三丹田间有万千通衢,反身而睹此生气,始可云结丹,是之谓太一流珠。置珠于昆仑之上,基本指上丹田言,脑有九房为明堂,能总摄三丹田之通道,《内景》所谓"立于明堂望丹田",以见其畅通之象。以下取"洛书"之数喻之。

于得之后锻炼不辍,自然有初觉气血周流之象。由此象起,可用"洛书"之数为喻。周流者,犹四周三数,其和同为十五,东方为834,南方为492,西方为276,北方为618。炼此周流之功不已,庶能见规中而守之,此于功法为一大进步。《参同契》所谓:"浮游守规中";《黄庭内景》则曰:"琼宝之中八素集,泥丸夫人当中立,长谷玄乡绕郊邑,六龙散飞难分别";《外景》又曰:"上合天门合明堂,通利六府调五行,金木水火土为王,通利血脉汗为浆,修护七窍去不祥,二神相得化玉英。"此泥丸夫人就是指水火木金之中心土。二神相得者皆交于中五,其数为951当南北,357当东西,456当东南西北,258当西南东北,其和仍为十五。详以下图示之：

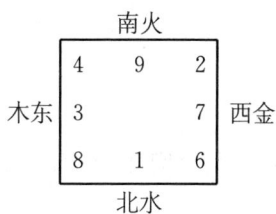

	南火	
4	9	2
木东 3		7 西金
8	1	6
	北水	

琼宝之中八素集

```
东        南        西
南   4    9    2   南
东   3   [5]   7   西
东        北        西
北   8    1    6   北
```

泥丸夫人当中立

此由周流而守规中而见泥丸夫人，于功力实有所不同。故分洛书为二，于反身有所变化，不可不加分辨。行之有得后，又将由泥丸夫人而知"二神相得"之情况。且所谓二神，初宜由"戴九履一"、"左三右七"及二与八、四与六的相对者体验之，又经理论实践之相互提高，此脑中处于九房的九真，又将综合而成为阴阳二神，是谓"长谷玄乡绕郊邑"。有中之绕与"八素集"实有不同，是皆除反身体验外，仅能以象数喻之。八素之中，将分阴阳为二。又有左右旋二圆之变化以观流珠，阳数三，逆其旋为七；阴数二，逆其旋为八。数之变化，以下式示之：

$$3 \times 3 = 9 \qquad 7 \times 7 = 49$$

$$9 \times 3 = 27 \qquad 49 \times 7 = 343$$

$$27 \times 3 = 81 \qquad 343 \times 7 = 2401$$

$$81 \times 3 = 243 \qquad 2401 \times 7 = 16807$$

$$243 \times 3 = 729 \qquad 16807 \times 7 = 117649$$

$$\vdots \qquad \vdots \qquad \vdots \qquad \vdots \qquad \vdots$$

$$2 \times 2 = 4 \qquad 8 \times 8 = 64$$

$$4 \times 2 = 8 \qquad 64 \times 8 = 512$$

$$8 \times 2 = 16 \qquad 512 \times 8 = 4096$$

$$16 \times 2 = 32 \qquad 4096 \times 8 = 32768$$
$$32 \times 2 = 64 \qquad 32768 \times 8 = 262144$$

$$\vdots \quad \vdots \quad \vdots \qquad \vdots \quad \vdots \qquad \vdots$$
$$\vdots \quad \vdots \quad \vdots \qquad \vdots \quad \vdots \qquad \vdots$$

此犹阴阳二神相得之左右旋,其数可无穷增加,而末位数示为四数之周流。详以"洛书"数示于下:

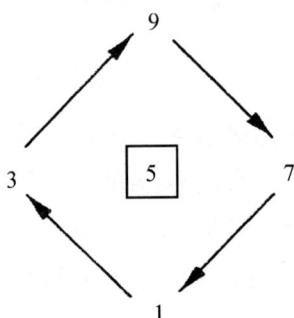

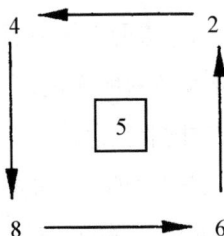

参天相得于两地

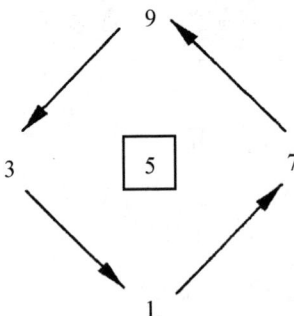

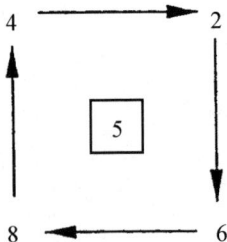

七蓍相得于八卦

今以反身论,贵在得气,了解其气血之周流。当既知周流又贵在守中,其中有光,始可有悟于"有大患之身"可无,以完成弃绝"意必固我"四者,是之谓"吾丧我"。以今而言,就是化小我为大我,则三二七八相应之旋由吾取之,始可自吾以畅通三丹田间之交流。流珠运行以安昆仑,属脑细胞的作用,此黄庭之内景,实具无穷之象。理可喻事无尽,故生命之奥秘本诸黄庭,当与有见于泥丸夫人者共研之。

五,开闭门户以出入其丹——黄庭之门户,可开可闭,可出入,可闭关,是之谓"玄牝之门"。由阴阳而万物,则可当"众妙之门"。然天门之开阖,实为精神生命盛衰之几,故曰"还坐天门候阴阳",又曰"上坐天门候故道",此为《外景》之旨,终能"出于天门入无间,恬惔无欲养华茎"。《周易·复卦》曰"出入无疾",有复其道之象,故唯见"七日来复"者始可喻之。"魂欲上天魄入渊,还魂返魄道自然",始可体验自生命起源以来时时在出入其丹,进化成今日之人类,于偶然之中或亦有必然之理。今日之发展,于外已见及六十四种遗传密码之变化,于内何可不知三丹田之交流。《外景》曰:"外本三阳物自来,内拘三神可长生",写成《外景》者实已知诚合外内之理。故以反身言,参同之兼及内外丹,黄庭而结合内外景,于大我之身似仍相同,而汉与晋之时代思潮已大不相同。宜参同之黄白术,已变成黄庭脑中之九真。核实而喻以数,神气相住而见泥丸夫人,犹参同所谓"九还七反"。《内经》以六七八九当天地人三才之整体,实取诸易数。《参同》、《黄庭》发展反身之象,亦莫不重视之,此与今日利用数学模型之理全同。二千年来的气功文献能用易学象数,有其先见之明,亦为中国传统文化的特色。

三、论内外景与《入药镜》的功法

《黄庭经》本为一书,何尝有"内景"、"外景"之异。然因时一空之变,不期而分成内外。当既分内外,又能见其功法之同异。且"内景"能辨十三神之作用,对中医的理论已起大作用,对反身以体验内气之动静,较之《参同契》的功法有明显进步。陶弘景知医,既表彰汉代名医茅氏三兄弟,又重视《黄庭内景经》作为茅山主要经典之一,决非偶然。《黄庭外景经》又赖王右军手书而广为文人雅士所玩赏。故魏晋以来,《黄庭经》日在流传。然深入知其功法者,基本在道教内部。故直至唐代,始有为之分章注解,亦有知其内外景合一者。及胡愔为之补"五藏图",其时已近唐末,实为养生与中医结合的关键所在。更观唐代有关气功的文献,特选取崔希范《入药镜》,此书实有以总结黄庭之功法而另有发展,间于黄庭与悟真,相应于《胎息经》间于参同与黄庭。于功法的同异,文字篇幅的长短,其间有自然的调节,此于较长数量级的时一空结构中可知,约当元会运世中的运级。故有见于合一黄庭内外景之功法后,殊可深入体味《入药镜》的功法。

《周易·文言》曰:"先天而天弗违,后天而奉天时",此先天后天的本义在说明天人之变化。天犹客观的时空长流,或能超越现在而及知未来,则想象的未来是否与将来时空相同,如能相同,是谓"先天而天弗违"。如先天而天违,亦何贵于先天。或未能先天者,当重视"后天而奉天时",后天者当随时适应客观环境,是犹"不敢为天下先"。凡《易》贵先天而时时以天时校正之,老贵后天而实为知雄守雌。唯结合易老之思想,则既可乘北方河车以远游,又能见泥丸夫人以守一,唯不知辨于先后天之气者或能得之,则安知有内外景之异。畅然怡然,陶然如醉,此"醉"之形象,亦唯得之者知之。一言以蔽之,已能"出入无疾"而"得意忘象"。故任何功法不可不舍,且决不同于以某一功法的理论所能得到的形象。此合于三才整体的形象,外则合于日月运行,内则入乎黄房之胎息。"穷戊己"以"成至宝",必当调干寒以济水火,由外气而内气,是谓"盗天地夺造化"。究"河图"、"洛书"的五行生克,贵得顶天立地的脊椎骨,三才坐标离坎不变,交其真水真火,犹由未济而既济。以下图示之:

真水·☵
真火·☲ 既济

首{☲
腹 ☵ 未济

上图虽简,实为炼气功时根本的形象,汉易注释《周易》文字,亦以此象为鹄的。然彼属"远取诸物",此属"近取诸身",当然亦"自可验"。凡具体的功法,莫不当未济之既济中之一种变化,而不可能及未济之既济的整个过程,此所以不得不用易学象数以喻其理。至于概念的变化,莫要于崔希范之变神气为性命。其实性犹神,命犹气,然既加取舍是非,凡附属于"性命"、"神气"概念的一切名词,各有不同程度的变化,此对气功的功法,虽同而已异。故必直接理解三才整体之易学象数,则以名词代入符号,运算法既同,答案亦同。更以答案之符号,代入时代思潮之名词,则何碍于"性命"、"神气"之是非。以人类的生存而言,有极长的时—空结构,故论气功的理论,决不可执名词而不知象数,所谓"穷戊己,定庚甲"、"攒五行、会八卦"等语,定须确切理解,毫不含糊,否则极难由具体的功法抽象成整体的理论。当不能掌握整体的理论前,很难提高功法的水平。

至于火候问题,先当认识"真橐龠,真鼎炉",或以三才整体观之,鼎炉犹天地,橐龠犹生物犹人。必识人受天地之中以生之象,始能人定胜天以炼丹,于十二时中莫不可动其橐龠以煽火,是之谓"活子时"。虽然,未辨天地日月之"宇宙",何可用"世界"之"活子时",而或用之,作用甚微。故月之"朔望"、日之"昏晓",物性之"浮沉"、人情之"主客"且不知,自然知一而不知二、知二而不知一;知神而不知气、知气而不知神;知性而不知命、知命而不知性;知性命而不知神气、知神气而不知性命;则何辨"子时"之死活。这一问题又须能"饮刀圭"以"窥天巧"者始可知之。刀圭之圭,义合坤西南阴土,艮东北阳土,以当五行之生克,饮之则生克既合,戊己既穷,生物自然有自强上出之力、进化不已之功,故合称刀圭。以刀圭之功力,乃可立地以窥天巧。天巧者,唐明皇时大行气功之风,所以取七七蓍数之象。更提及"火候足,莫伤丹"者,因人有遗传之命,犹今分子生物学所认识的遗传密码,欲改变其遗传之丹,须逐步为之,何可以天地日月之火候伤之。因"天地灵,造化悭",人何可一步登天,功力亦何能一时骤增。每见火候伤丹之象,令人惋惜。《参同契·鼎器歌》曰:"首尾武,中间文",当始终不忘。

考《入药镜》一书,《宋志》已著录,曾慥《道枢》提及吕纯阳即读此而悟道。今读其以"醉"字象其内景,正当唐代尚酒之时,又以天巧为喻,亦属唐代所崇尚的形象。传说认为唐崔希范著,基本可信。于《道藏》中另有《天元入药镜》一文(见涵芬楼本一二五册),前题崔真人希范述,末又题唐庚子岁望日至一真人崔希范述。此文内容与《入药镜》大义亦合,然时代当在唐明皇后。庚子岁有三,其一当肃宗乾元三年(760),其二当宪宗元和十五年(820),其三当僖宗广明元年(880)。今以意测之,以宪宗时可能性最大。

第四节 《悟真篇》及其功法

一、论《悟真篇》的象数结构

《悟真篇》之可信,有张伯端自作的前后序。据其前序,知悟道于熙宁己酉(1069)。既悟道乃作《悟真篇》,成而序之已当乙卯(1075),三年后戊午(1078)更作后序。计自悟道至作后序时经十年,于十年中的情况,何能不变。当悟道而成《悟真篇》,或已有所异。读其后序与前序之观点,更有不同。相应其思想之变化,随时增加《悟真篇》的内容。故早期传其书者难免未全,若干年后自然有版本的不同。《文献通考》著录其书,书名《通元秘要悟真篇》一卷,引晁以道(1059—1129)曰:"皇朝张用成撰。用成字平叔,天台人,熙宁中随陆师入蜀,授道于隐者,因成律诗八十一首。"此与前序同。然序中又曰"续添《西江月》一十二首以周岁律"等语,是否已有,是否晁以道简而未引,惜此《通元秘要悟真篇》一卷已失传,未能知其详。然最早之《悟真篇》为八十一首,确可无疑。其后陈振孙《直斋书录解题》曰:"天台张伯端平叔撰,一名用成。熙宁遇异人于成都,所著五七言诗及《西江月》百篇,末卷为禅宗歌颂。以谓学道之人,不通性理,独修金丹,则性命之道未全。有叶士表、袁公辅者各为注。凡五卷。"此书今尚存,已由一卷增至五卷,去其叶袁之注,以原著论,亦已由八十一首增至百篇,且末卷有禅宗歌颂。考陈直斋所见者,属夹漈郑氏、方氏、林氏、吴氏所收藏之古书。以《悟真篇》论,亦属最早之原文及最早之注本。元至元元年(1335)戴起宗集成《悟真篇注疏》,于序中曰:"自叶文叔(士表之号)未注之前,道传于师,无注其义者。自叶文叔既注之后,人晦于道,无辨其错者。予所见数十家注,皆以独修偏解,或以旁术妄笺,致使金丹大道世不得闻,茫然无蹊径以入其门奥,而师传亦殆绝。既绝于师,则从何闻焉,是以能闻者寡,安有能行之者乎。"可知戴氏之书,全在辩论注之是非,然皆在叶注后。且对原书,戴已为师承所惑,有意颠乱其次,故未能客观理解张伯端之旨,尤其三教合一之理。暂不论叶注之是非,其可贵处,尚能保存原著的面貌,直斋点明总数百篇,尤为重要。通读百篇及禅宗歌颂,然后知《悟真篇》的所谓"真"。尤妙者寓其理于象数结构之中,况以禅宗歌颂相应于百篇中之最后一首《西江月》,更能了解张伯端悟道后之一得永得。以下依《悟真篇》之增订论其象数结构。

读张伯端的前后序,知其悟道后的十年间,殊多世事之变。既未得适当之人以传之,又三遭祸患,则不得不托之文字以传久远。然有关养生气功之法,确有非文字语言所可尽者,故中国二三千年来,早知利用象数。张伯端自然深知于此,乃于《悟真篇》之结构寓以整体之象数。或未悟其旨,则于每诗每句每字之文义详加注释,自南宋迄今反复不已,且颠乱其次以明之,是之谓"迷者愈惑愈繁";而或知其结构,则"达者惟简惟易"。至于《悟真篇》的象数结构,当据张伯端《自序》,宜分四层以明之。前三层在前序,第四层在后序。

第一层，于《自序》曰："仆既遇真筌，安敢隐默，罄所得成律诗九九八十一首，号曰《悟真篇》。内七言四韵一十六首，以表二八之数；绝句六十四首，按《周易》诸卦；五言一首，以象太乙。"此义已极明白，晁以道之言当即据此。观张伯端之著书，特于诗之结构中示其象数，要在以九九通于八八。凡读《悟真篇》时，先当通晓八八六十四首绝句之概貌，此与读《周易》卦爻辞情况略同，故必取六十四首以按《周易》诸卦。然读《周易》卦爻辞者或未必能喻其象，二千年来迄今仅知"经学易"者尚多知其文而不知其象，既未知象，则何能理解有"系辞尽言"作用的卦爻辞。必当先知"尽言"，始可离言以探象。凡《悟真篇》六十四首绝句皆属象辞，象有所本，要在二八之数，是犹《周易》之贞悔，各当乾一兑二离三震四巽五坎六艮七坤八的八卦数，故曰"以表二八之数"，此乃张伯端有得于陈抟之先天图。故六十四首绝句，不啻为六十四句大象，要在能归诸天地水火山泽雷风上下两体之组合，乃知七言四韵之一十六首，为六十四首之本。尤要者，八卦由四象两仪而生于太极，太极犹太乙，故以象太乙之五言一首，方属《悟真篇》之旨。此首内含对养生的基本认识及说明任何功法抽象成理论时所必具的形象。故读《悟真篇》而未能辨其主次，不能由太乙二八而六十四，则何能理解六十四与八十一之关系，亦自然不能得其弦外之音。以上第一层为《自序》中所明言，了解陈抟先天图者，自然可知。

第二层的含义，于《自序》继之曰："续添《西江月》一十二首，以周岁律。其如鼎器尊卑，药物斤两，火候进退，主客后先，存亡有无，吉凶悔吝，悉备其中矣。"此所以续添《西江月》一十二首以周岁律，乃在进一步说明《悟真篇》由八十一首九九数以及六十四卦八八数的关系，这个关系就是乐理的三分损益法。准此三分损益法，方可于十二律吕中以取宫徵商羽角五音。下示五音所取的三分损益数：

$$81 \quad (宫) \quad (土)$$
$$81 \times 2/3 = 54 \quad (徵) \quad (火)$$
$$54 \times 4/3 = 72 \quad (商) \quad (金)$$
$$72 \times 2/3 = 48 \quad (羽) \quad (水)$$
$$48 \times 4/3 = 64 \quad (角) \quad (木)$$

以此五音,周取于一岁之十二律吕,即旋宫而成六十调(详见《淮南子·天文训》)。识此六十调的分辨,可作成无穷乐曲以示六合内外种种人情物理之象。反身而悟此太乙药物之一、贞悔斤两之二八与六十四卦的关系,其间瞬息呈象,变化万千,犹在演奏令人向往之天乐,亦就是《庄子·齐物论》之天籁,《黄庭经》所谓"琴心三叠舞胎仙"之琴心,故"火候进退,主客后先,存亡有无,吉凶悔吝,悉备其中矣"。全部《悟真篇》之片饷工夫,至此已备。若所闻之乐、所散之花,孔子尚有三月不知肉味之沾,此所以有吉凶悔吝之异。

于第三层,言之尤隐,以象数观之,结构粲然。《自序》继之又曰:"于本源真觉之性,有所未尽。又作为歌颂乐府及杂言等,附之卷末,庶几达本明性之道,尽于此矣。"此于完成《悟真篇》后,不得不加卷末之附,正见悟道后尚有所增。所悟者以儒术喻之犹"内圣",此有较长之时一空数量级,所增者增其"外王"之权,此不可不知有时代思潮之影响。至于又作为歌颂乐府及杂言等未言篇数,且合诸卷末之附,亦何尝有歌颂乐府,仅有绝句五首、《西江月》一首及杂言《读周易参同契》一文。故或有认为附篇未全,然幸有直斋数之共为百篇,则知又附七篇者,为叶注的版本。且《悟真篇》自序亦有二种版本,他处之异无关宏旨,唯一节文义不同,当加分辨。另一本为:"及乎编集既成之后,又觉其中惟谈养命固形之术,而于本原真觉之性有所未究。遂玩佛书及《传灯录》,至于祖师有击竹而悟者。乃形于歌颂诗曲杂言三十二首,今附之卷末。庶几达本明性之道,尽于此矣。"然此本序言视附之卷末之歌颂乐府及杂言等即禅宗歌颂三十二首,如信此,则极重要的《读周易参同契》,即不能收入《悟真篇》。且张伯端之思想结构早已会通三教,于禅宗之理何能不知?岂待既成《悟真篇》后更玩佛书。故伯端之自序不宜有此节,文字当准叶注本为是。至于伯端所作的歌颂乐府及杂言等必不止此,当正式编定《悟真篇》有取于象数之理,乃于《西江月》十二首外,仅附七首,所以由九九而足成十十百篇。所附之七首,于五首七绝犹五行,亦即于十二律吕中所取的宫商角徵羽五音。一首《西江月》为禅几,一首《读〈周易参同契〉》为道几。此由九九而十十,理当由悟道至写成前序时的思想变化。

第四层的象数结构产生在写前序至写后序期间。此数年间于世间遭遇更为颠沛,尤见有身之患。故陆续成"禅宗歌颂",特选三十二首,皆归诸无生妙用。取三十二数者,犹四八之数,处于二八与八八数之间,以见无生之妙用,本在生生之间,此所以得最上一乘之妙旨。总以下图示《悟真篇》及"禅宗歌颂"之象数结构:

禅宗歌颂		
妙用无生	悔一八之数	太乙
六律	周易六十四卦	贞一八之数
羽水木 角		
宫商徵土金火	六吕	简易

《悟真篇》象数结构图

232

二、综论《悟真篇》的当下功法

研究任何学问,必须了解承前启后的作用,亦就是事物有过去、现在、未来三时的发展形象。以养生中的气功论,尤当重视三时的变化,而要在能掌握"当下"(即现在)。

本书介绍历代气功的情况,比较注意概念的变化,因于反身时概念的变化能起到不同的作用。当阅读中国古代的气功文献,以时代观之,于北宋后虽仍在发展,尤其是王重阳开创全真教作用更大(另书详之)。而其基本概念,张伯端的《悟真篇》已起了划时代的作用,其作用迄今未变。故以气功的概念论,可不讨论《悟真篇》以后的气功文献,而必当深入研究《悟真篇》核心思想及其功法。

《悟真篇》作者张伯端,北宋天台人。他是一位专心研究气功者,是否为道士,已无原始文献可考。生平于书无所不读,尤醉心于体验金丹。初曾受累充军岭南,治平(1064—1067)中为陆诜(1012—1070)所知,入幕下,随之自桂林转成都,未久于成都悟道。据自序云:"后至熙宁己酉岁(1069),因随龙图陆公入成都,以夙志不回,初诚愈恪,遂感真人授金丹药物火候之诀。其言甚简,其要不繁,可谓指流知源,语一悟百,雾开日莹,尘尽鉴明,校之仙经,若合符契。"此"陆公"即陆诜,于伯端悟道后未久即亡。故后序有"当年且主公倾背"之言,当年者犹指悟道未及一年。不善处世之伯端,又陷入困境,乃有"三传与人,三遭祸患"之不幸。当既成《悟真篇》(1073)后,仍未遇有力者,故于"内圣"虽已得不变之经,于"外王"之权不妨改禅机,以足成百篇《悟真篇》中的"无生妙用",此所以更作"禅宗歌颂"。凡读《悟真篇》而不知"禅宗歌颂",又何能了解张伯端的思想结构,况百篇中早已重视禅机以继承陈抟之学。以下全准《悟真篇》的象数结构,以明一百三十二篇的纲领及其"当下"的功法,且须从前后序说起。

前序有曰:"教虽分三,道乃归一,奈何后世黄缁之流,各自专门,互相非是,致使三家宗要,迷没邪歧,不能混一而同归矣。"此为张伯端思想结构的枢纽,基本继承陈抟。故于道为黄老,《易》为三圣,于佛为达摩六祖,莫不能以陈抟先天之学结合于"当下"。且合诸宋初"当下"的时代思潮,已承认禅机为性宫、道门为命宫之原则。而于命宫中,分易遇难成与难遇易成两大类,自属于难遇易成者。这一概念,全同于佛法中的渐顿两大法门。渐教须经三大阿僧祇劫,顿教如禅机等可"当下"开悟。且禅机本身亦有分辨,仅知坐禅而不知参悟,张伯端名之曰"二乘坐禅"相当于修命宫,易遇难成中的闭气法虽能有得,尚未可与难遇易成之参悟相比。此难遇易成之功法,名之曰"金液还丹"。序中详论其形象,凡研究《悟真篇》者,首当知之。其言曰:

夫炼金液还丹者,则难遇而易成。要须洞晓阴阳,深达造化,方能超二气于黄道,会三性于元宫,攒簇五行,和合四象,龙吟虎啸,夫倡妇随,玉鼎汤煎,金炉火炽,始得玄珠有象,太乙归真,都来片饷工夫,永保无穷逸乐。至若防危虑险,慎于运用抽添,养正持盈,要在守雌抱一,自然复阳生之气,剥三才阴杀之形,节气既周,脱胎神化,名题仙籍,位号真人,此乃大丈夫功成名遂之时也。

此节之大义,实已达到宋初时最圆满的认识论,今日读之仍可见其三才的整体。如译成本书中已经解释的概念明之,就是能由人类生物钟的时—空结构(世界)以达天地人三才整体的客观时—空结构(宇宙)。所谓"洞晓阴阳,深达造化,方能超二气于黄道,会三性于元宫"者,已见及天地之阴阳,且以人参天地,故能"超二气于黄道"。三性指天性、地性、人性,函三抱一,故能"会三性于元宫"。《说卦》曰:"立天之道曰阴与阳,立地之道曰柔与刚,立人之道曰仁与义。兼三才而两之,故易六画而成卦。分阴分阳,迭用柔刚,故易六位而成章。"《系辞》曰:"易之为书也,广大悉备,有天道焉,有人道焉,有地道焉。兼三才而两之故六,六者非他也,三才之道也。"此三才整体的时—空结构可利用今日的数学概念,不妨本诸六维空间的象数加以说明。凡七八九六四象合于卦爻之变,当相互对偶之迁移,于迁移之际,始得"玄珠有象",是犹阴阳之出入。又圆而神之著,属自对偶,义当阴阳混沌而"太乙归真"。且不论相互对偶与自对偶,凡由整个空间的顶点迁移至胞腔空间的中心为减少一维,由胞腔空间的中心迁移至整个空间的顶点为增加一维,于出入维数之际,何可不慎。故于养正持盈之道,必当慎防其险,此老子所以有慈、俭、不敢为天下先之三宝。守雌抱一,论命而不论性,性自然由命而生,安有不尽性而能有至命之象,此即"穷理尽性以至于命"的精义。序所谓"但以命术寓诸易象,性法混诸微言耳",能识易象之微言,于养生气功的理论"都来片饷工夫"而性命合一,有根性猛利之士,即此已可得最上乘之理。以上为序文之旨。且作前后序时,虽仅相隔三年,而其心情殊多不同,由谈命以知性,变为悟性以至命。后序中且谓"当钳口结舌,虽鼎镬居前,刀剑加项,亦无复敢言矣",是诚深有感于世事。不得不截断先天而虽生犹死,然仍"后天而奉天时"寓其当下之功法,则虽死犹生。识此当下之"片饷工夫",庶可由百篇之《悟真篇》以得三教之混一,自然畅通于三十二篇《禅宗歌颂》之机。以下分七层喻其象。

其一,绝句六十四首。关键为"用了真铅也弃捐"(第九首)。试思真汞真铅为何物? 得既不易,仍须弃捐,是有"丧我"之象,则始见混成之物,是之谓"返根复命"(第五十一首),由是而"一粒金丹吞入腹,始知我命不由天"(第五十四首)。然此是初得之象,而后静观其命,则"也知由我亦由天"(第五十六首),最后为"圆即圆兮方即方","教人争得见行藏"(第六十四首),所以归诸上德不德之无为,是即"圣人立象尽意"之义。凡此形象当有得于内气后,皆可逐步加以认识。

其二,七言四韵十六首。大义谓"欲向人间留秘诀,未闻一个是知音"(第十一首),故不得不化成数学语言。"三五一都三个字,古今明者实然稀","婴儿是一含真炁,十月胎圆入圣基"(第十四首),此以象数明理,所应用的形象就是天地十数所组合成的"河图"。且识陈抟先天图之方位,故曰"依他坤位生成体,种向乾家交感宫","若人了得诗中意,立见三清太上翁"(第十六首),义指天一生水于北当"坤位",移向地二生火于南当"乾家",是犹由命而性,亦就是河图四方的数,分奇偶画成 1、3、7、9 及 2、4、6、8 二根以 5 与 10 为限的螺旋曲线,其间以奇数 1、3 限于 5 一根,偶数 2、4 的一根亦限于 5。且 1 与 4 合成 5,2 与 3 亦合成 5,就是取 12345 以当五行生数。于生数外,678910 当五行成数,于 6789 又可见阴阳之变不变。妙在此二根曲线,于生数的二、三合成五,于成数七八当阴阳不变,生数一与四合成五,于成数六九当阴阳的变,此变与不变,就是天门地户。至于西南东北,则当五行的生克,且易数七而九,八而六,故生则外旋,克则内旋,由是由中央所起的两根螺旋曲线,既可同为外向作无穷的旋,又可成为 1379 阳为向外旋,8642 阴为向内旋,由是知向外向内各有极点以变其向。今可见中心一极,以示向内转或向外之玄牝,见下图:

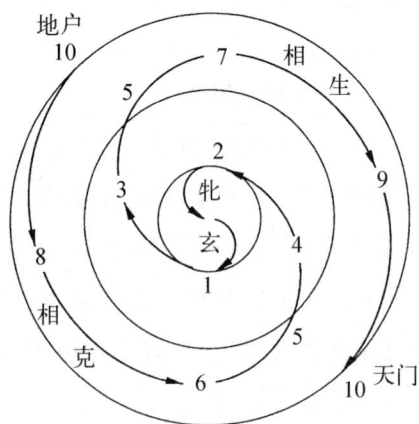

或能视上图为四维球的形象,又可见向外转成向内的中心一点。爱因斯坦曾取封闭的四维,即取此四维球,其后认识红移而又取开放

的四维体。然开放的情况,始终未有所得。今反诸人体,亦属开放的四维体。一气出入于玄牝之门,妙在已合性命两端为一。又以卦爻的象数当取六维的数学模型,则其对偶之出入,变化尤多,皆可有直观的几何图形示之。而三种类型的正则多维空间,是犹"立见三清太上翁"之象。

其三,为五言一首。所以总结六十四与十六,以合一的太乙观出入的阴阳。此首为由六十四成八十一的枢纽,当《悟真篇》的中点,所以由相对的阴阳以达混成阴阳的道,亦就是三清合一的形象。悟其象,于养生的究竟可一得永得。仅四十字的原文,不妨录于此,以便较深入地加以阐释。

　　女子著青衣,郎君披素练。见之不可用,用之不可见。恍惚里相逢,杳冥中有变。一霎火焰飞,真人自出现。

此诗曰"女子"指离象,《说卦》"离为中女"。先天方位在东,其色青,故曰"著青衣"。衣有包裹人身的作用,犹指范围一空间以定其位。曰"郎君"指坎象,《说卦》"坎为中男"。先天方位在西,其色白,故曰"披素练"。练有贯串终始的形象,犹指无穷的时间长流。以见离坎犹未合一时空而不可用,是当三画卦之象。能用坎离合一以成六画卦的既济☳☲或未济☲☵,则用在坎离的结合,而决不可见或坎或离的水火。若此结合的情况,惟能由三维空间结合成六维时间中"相逢"。当时未能以直观的几何图形示之,仅知以卦象象之,故有"恍惚"、"杳冥"之言。今又可借用具体的几何形象为喻,且正则六维空间的各顶点与各胞腔中心点之间,确可"相逢",确可"有变",如及相对的两顶点的中心点或相对的两胞腔中心点的中心点,当此两中心点合一,方能"一霎火焰飞"而"真人自出现"。当时以卦象示之,故必续添《西江月》十二首以周岁律为喻。

其四,《西江月》十二首以当律吕。此当结合其三"一霎火焰飞"的形象,且以十二律吕写十二辟卦消息的情况,表示出"太极图"的基本意义。若太极图的画法,由三部分组成。其一为圆周,凡人见日及月圆的形象早已知圆,知规矩后已能正确画成圆周。其二为 S 曲线,此于古器的图案中亦屡见不鲜。其三为以 S 线画入圆中成⊜的形象,今于江陵地区得古代纺轮之图案,有作 S 形而纺轮本身为圆形,故自然成此图形。然尚无黑中有白、白中有黑的两点。其四为 S 曲线中加二点成〇,此在上古文字中亦有相似的形象。其五,半坡文化的图像有取诸双鱼,此双鱼之目,颇似后世所绘成太极图中的黑白两点。在发现半坡遗址前,传说中本有双鱼太极图之名。其六,划船时船桨所掀起的水纹,亦似太极曲线。合而言之,连接"河图"中的奇偶数,奇数为 1379、偶数为 2468。且以中数 5 与 10 为圆周,则的确已有太极图的具体形象。然尚有中间的一圆,故明韩邦奇(1479—1555)及来知德(1525—1604)所绘成的太极图如下式:

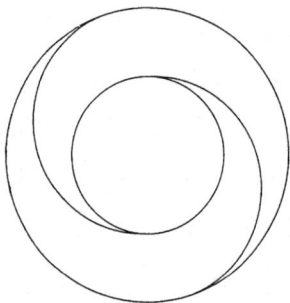

今以一般的太极图核之,实即此两根螺旋曲线能交于一点,则中间之一圈(〇)就化成黑白各自独立的二小圆。合诸古义,此太极图的成形可归诸十二辟卦的消息,且于否泰反类而取其天一生水与地二生火,就成为黑中有白、白中有黑的两点,也就成为乾坤坎离的形象。详以下图示之:

辟卦太极图

此图以辟卦太极图名之,于反身体验时有大作用。既可闻三分损益隔八相生之天乐,当阴阳平均的否泰出现,确可有"一霎火焰飞"的形象。白中有黑与黑中有白,就当否泰反类以成需讼晋明夷。此天一生水、地二生火的现象,为生命起源于天三生木的前奏。以地球上的生物论,水火为生命的基础,以数象之,就是天数一三五七九、地数二四六八十的中数天五地六,亦就是五子六甲的象数。作《序卦》者的思想结构已理解第五第六的重要,故《序卦》上篇的第五第六卦为需讼,下篇的第五第六卦为晋明夷,就是由太极图中黑白二点以当阴阳互根的意义。取需讼的天水、晋明夷的地火,于内外卦相合,就成为否泰与既济未济的消息,此实为《悟真篇》更作十二首《西江月》的大义。此太极图的图形就是"玄珠形兆",当"阴阳气足自然灵,出入岂离玄牝",能由"天地才经否泰,朝昏好识屯蒙",且当由屯蒙而及"需讼",则"得一万般皆毕",然必须"损之又损慎前功,命宝不宜轻弄"。"德行修逾八百,阴功积满三千",岂是老生常谈而丝毫可忽。虽然"德行"与"阴功"

的实质,有其极长的时—空数量级,反身体验时逐步可增加其认识深度。而或"不肯自思已错,更将错路教人。误他永劫在迷津,似恁欺心安忍",诚为由衷之言,与深入理解养生理论后的思维形象有关。今当以客观事实为标准,乃对人类进化有联系,非空论道德可比。

其五,由以上四部分,《悟真篇》所谓难遇易成的命术实已完备,然"于本源真觉之性,有所未尽"。故卷末又有所附,当乙卯岁所编成的《悟真篇》实仅附七篇,所以足成由九九而十十。此七篇的大义,其一明知性不知命之失,失在"未免抛身却入身"。其二明修命之得,得在"真金起屋几时枯"。其三明知命不知性之失,失在"奈何弃旧却移居"。其四明修性之得,得在"释氏教人修极乐"。可见张伯端的思想,即以"真金"所起之"屋",当释教净土之象,然当在生前到达。故其五明性命合一之象,则已合"世界"于"宇宙",所谓"天地尘沙尽成宝",犹"生物钟"已归诸"化学钟"。以下两首同为兼及性命之象。而《西江月》一首之兼及性命,以性为主,佛当之。《读〈周易参同契〉》一首之兼及性命,以命为主,道当之。《西江月》一首即承第五首绝句以归于"无生妙用",《读〈周易参同契〉》一首即取"易简而天下之理得"以归于"当下"。

其六,由百篇《悟真篇》以通于《禅宗歌颂》,是当张伯端于乙卯至戊午间之思想情况。所以发挥附录中一首《西江月》的"无生妙用",因是时尚有"吾所以有大患者为吾有身"。虽于养生时早已了然种种不同的时—空数量级的变化,且可由生物钟归于化学钟,则不啻已通于三才之整体。然最关键处就是"当下",患在未能面授诸人,乃知"难遇易成"之命术,非百年中必能出其人以继之,故不得不作《悟真篇》以传于后人,更作"禅宗歌颂"以显其"当下"之理。凡此"难遇易成"之命术,如未识"当下",所以有"屡泄天机"之患。而此"歌颂谈见性之法",即"无为妙觉之道也。然无为之道,济物为心,虽显秘要,终无过咎",此见当时的"当下"。可见《悟真篇》之附有"禅宗歌颂",仍在以性显命。虽曰"钳口结舌,虽鼎镬居前,刀剑加项,亦无复敢言矣",然未尝无言,是之谓不屑教诲是亦教诲之,惜当时仅得石杏林一人。后人读《悟真篇》者不计其数,然什九为此"禅宗歌颂"而是之非之,则何能见张伯端"当下"之功法。观此三十二篇之旨,可云篇篇精深,字字珠玑,既深入无生妙用之理,又能浅出其"无复敢言"之言。以下择要略加阐明之:

"性地颂"有言"不移一步到西天,端坐诸方在目前",则已合净土于禅。又曰"眼见不如耳见,口说争如鼻说",又能归"宇宙"于气。"读雪窦禅师《祖英集》"之"把鼻孔穿放杖上"义同。"无罪福"所以通三乘而作。"圆通"曰:"见了真空空不空,圆明何处不圆通,根尘心法都无物,妙用方知与佛同",当与陈抟之"观空"并观,要能由空而有。此有无之变,于释为真空妙有,《悟真篇》中特取"无生妙用",实同为性命混一而得圆通之象。惜"难遇易成"之命术,孰能知其可圆通于养性而得最上一乘之妙旨。可见有心研习《悟真篇》之"当下"功法而不读其"禅宗歌颂",犹缘木求鱼。"宝月"之傀儡,犹"不敢为天下先";"戒定慧"之互为体用,犹"混然之物","湛然清静"即"道法自然"。"无心颂"之妙用,方可喻"出入无疾"之机。最后《西江月》十二首之末首曰"二边俱遣弃中心,见了名为上品",是即"终以真如觉性遣其幻妄,而归于究竟空寂之本源",可喻三乘之象,实互为体用。以今而言,必得此真空之坐标,方能示性命神气之变化而知其所趋,则"当下"之功法不期而自现。由未济反诸既济,可视为"当下"功法的具体形象。

其七,在百篇《悟真篇》及三十二篇"禅宗歌颂"之外的不言之言,此即"当下"之功法。或谓不据伯端之文字,何能知之。若干字句,尚须考其真伪,故于文字不可不执。其实所谓不言之言,当见及文字所示的信息,内有无穷之机。"如其习气尚余,则归中小之见,亦非伯端之咎矣",此为后序之末句,故所谓"当下"之功法,研习者当以去习气为主。习气去一分即近"当下"一分,习气去十分即近"当下"十分。故不论神气性命,不论三教得失,不论鼎炉火候,不论顿渐难易,孰能脱离"当下"。若张伯端之读《参同契》,应有"当下"之象,今日论古代养生的理论与功法,而或未知"当下",则何用之有? 此不可不知。

三、并论《参同契》与《悟真篇》以究其功法

《参同契》一书,是东汉上虞人魏伯阳所著,著成时客居在燕间,曾示青州徐从事,徐从事隐名而为之重述加序。伯阳回上虞后,又示同郡人淳于叔通。淳于叔通为之作"乱辞"等。故今传之《参同契》实兼三位有道者之言,大义基本一致。魏伯阳成书时间约在顺帝(126—144 在位)末年。二十余年后,于桓灵之际因淳于叔通之力,始能行于世(另详拙稿《〈参同契〉作者及成书年代考》),迄今已存在一千八百余年。

《悟真篇》一书,是北宗张伯端所著,成而自序于熙宁乙卯(1075),迄今亦已有九百余年。于《悟真篇》中屡及卦象,序中言及"迨夫汉魏伯阳引易道交媾之体作《参同契》,以明大丹之作用"。且于篇末附有《读〈周易参同契〉》一文,始知张伯端生前确重视《周易参同契》,与其悟道有关。今论此二书,当客观理解《参同契》、《悟真篇》之内容及其作用,又当注意张伯端所理解的《参同契》是否魏伯阳等三人的本意。再者《参同契》与《悟真篇》同属反身养生之书,如何反身、如何观象、其法是否相同等,皆属极复杂的问题,当思辨体验进入精微处,方可喻其性命之理。张伯端《读〈周易参同契〉》一文仅二百三十二字,而义殊精粹。当先录原文,以便深究其内容:

　　大丹妙用法乾坤,乾坤运兮五行分。五行顺兮,常道有生有死;五行逆兮,丹体常灵常存。一自虚无兆质,两仪因一开根,四象不离二体,八卦互为祖孙。万象生乎变动,吉凶悔吝兹分。万姓日用不知,圣人能究本源。顾易道妙尽乾坤之理,遂托象于斯

文。否泰交则阴阳或升或降,屯蒙作则动静在朝在昏。坎离为男女水火,震兑乃龙虎魄魂。守中则黄裳元吉,遇亢则无位而尊。既未慎万物之终始,复姤昭二炁之归奔。月亏盈,应精神之衰旺;日出没,令荣卫之寒温。本立言以明象,既得象以忘言;犹设象以指意,悟其意则象捐。达者惟简惟易,迷者愈惑愈繁。故知修真上士,读《参同契》不在乎泥象执文。

此文诚简而要,非得《参同契》之旨者,决不能作此。惜经张伯端之转述,已使魏伯阳等三人的本意,化成《悟真篇》的纲要,或认为《参同契》的内容全同此文则大误。因张伯端于己酉岁(1069)在成都悟道,虽未自言其师之名,然是时成都之情况尚可考见。在约百年前,《参同契》的原文,由彭晓为之分章加图而流行于成都(彭晓自序于丁未947)。故《悟真篇》之理,有据于《参同契》无疑。然汉末与宋初时代思潮截然不同,非抽象而言其旨,何能古为今用。考张伯端上推魏伯阳等约为九百年,今上距张伯端亦约为九百年,故今日研究《参同契》、《悟真篇》二书,除了解并体验本书外,又须了解并体验张伯端如何读《参同契》。且已知张伯端读《参同契》与原书之义不全同,能深入时一空结构以明辨其同异,庶可由今而得《悟真篇》之旨,又可得《参同契》之旨,是之谓上友古人。且识古今流传的反身养生之理,必须抽象而悟其即一即二、即二即一。或以为《悟真篇》同《参同契》者未是,或以为《悟真篇》不同于《参同契》者亦未是。在时一空结构中有复杂的变化,何可仅以同、不同明之。当知同中有异、异中有同,斯为得之,然后可究张伯端之言。

大丹之变化,须准阴阳五行的象数以喻之,此《参同契》《悟真篇》所同。然《参同契》曰:"黄土金之父,流珠水之母,水以土为鬼,土填水不起,朱雀为火精,执平调胜负,水胜火消灭,俱死归厚土,三性既合会,本性共宗祖。"而张伯端认为《参同契》以五行分顺逆,此实与《参同契》不同。虽然,能得"共宗祖"后,五行又可变成阴阳。既三性会合而成阴阳,则阴阳之变化,顺逆而已。能于阴阳之顺逆以见五行之顺逆,此《参同契》归五行数于水火之义,于深入反身体验时,其象仍可观。《参同契》曰:"阴阳之始,玄含黄芽;五金之主,北方河车。"然则五行顺逆之转,更当明辨于河车,河车之神岂仅任督二脉而已,此不可不知。知此而能合五行于阴阳,则生死为二,丹体犹一。一而二、二而一有其枢机,可不慎乎?《参同契》曰:"推演五行数,较约而不烦,举水以激火,奄然灭光荣,日月相激薄,常存晦朔间,水盛坎侵阳,火衰离昼昏,阴阳相饮食,交感道自然,名者以定情,字者缘性言,金来归性初,乃得称还丹。"此明五行数合诸阴阳水火。然"金来归性初"之还丹,仍当金生水之象,未得性初,何来顺逆? 故知张伯端之研究《周易参同契》用力已久,此文岂贸然而言,然亦何可不读《参同契》而仅读此文。

以下四句据先天图言,先天图创自陈抟(890? —989),抟之道学传于张无梦,无梦传于陈景元(1025—1094)。无梦与景元,于《老子》等有妙悟。无梦当长于伯端二十岁左右,方可亲见陈抟。因陈抟卒年可靠,是时伯端为数岁之孩童,而景元更较伯端少三十余岁,同为天台山人。以时间推之,张无梦约二十岁见陈抟,五十年后又授二十岁之陈景元。是时张无梦已七十余岁,而张伯端亦可能曾见无梦或景元。因景元注《老子》其书尚在,确有心得,成书于三十岁(1055),尚在张伯端悟道(1069)前。故知无梦、景元注《老子》之旨,伯端当能知之。如无此基础,亦不可能在成都悟道,须知伯端为无书不读者,况五千道德灵文。且能得无梦受于陈抟所解之《老子》,又能传陈抟传于某人之先天图,此人或即伯端在成都所遇之师。今当以《悟真篇》原文证其与陈抟之关系,绝句六十四首中屡屡提及:

(十一)梦谒西华到九天,真人授我《指玄篇》。

其中简易无多语,只是教人炼汞铅。

(十二) 道自虚无生一炁,便从一炁产阴阳,
　　　　阴阳再合生三体,三体重生万物昌。

(十九) 西山白虎正猖狂,东海青龙不可当,
　　　　两兽捉来令死斗,炼成一块紫金霜。

(二十) 华岳山头雄虎啸,扶桑海底牝龙吟,
　　　　黄婆自能相媒合,遣作夫妻共一心。

　　由上四首之义可确证伯端之私淑陈抟,所遇之师当与陈抟有关。《指玄篇》为陈抟所著的修炼书,《宋志》已著录《陈抟九室指玄篇一卷》,今全书已佚,尚可辑得一、二。尤要者伯端能识先天图之象,且使之合于《参同契》。宋后的学者每多谓陈抟法《参同契》而作《先天图》,实未是。因《参同契》中仅论纳甲消息而未定坎离方位,与《先天图》并不相同。陈抟则未用纳甲,思路全不相应。而当张伯端既见先天图后,始为明确生生的八卦,可合于老子之"道生一、一

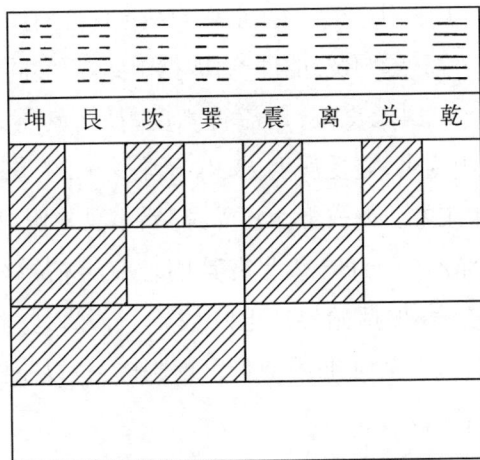

先天八卦次序图

生二、二生三、三生万物"之理。下以陈抟所创立的先天八卦次序图，示《悟真篇》之旨。

(八卦相荡成六十四卦)	三生万物	三体重生万物昌	
四象生八卦	二生三(孙)	生三体	八卦互为祖孙
两仪生四象	一生二(父)	阴阳再合	四象不离二体
是生两仪	道生一(祖)	便从一炁产阴阳	两仪固一开根
易有太极	道	道自虚无生一炁	一自虚无兆质
《周易·系辞》	《道德经》	《悟真篇》	《读周易参同契》

至于《参同契》所取的纳甲消息，义准京房(前77—前37)的易学，下示京房所取天干与八卦的相配法：

甲乙	丙丁	戊己	庚辛	壬癸
乾坤	艮兑	坎离	震巽	乾坤

此法二千年来，莫不认为是京房所作。然自得长沙马王堆汉初古墓的帛书《周易》后(下葬于汉文帝前元12，前168)，观其六十四卦的卦次，实有据纳甲之次，始知京房的纳甲法亦有所本，当在战国中晚期已形成。而《参同契》的理论，即据于此。《参同契》曰："坎离者，乾坤二用。二用无爻位，周流行六虚，往来既不定，上下亦无常。……三日出为爽，震受庚西方，八日兑受丁，上弦平如绳，十五乾体就，盛满甲东方。……十六转受统，巽辛见平明，艮直于丙南，下弦二十三，坤乙三七日，东北丧其明。节尽相禅与，继体复生龙，壬癸配甲乙，乾坤括始终。七八数十五，九六亦相应，四者合三七，阳气索灭藏。"故准纳甲消息之理，其方位以下图示之(图见下页)：

今以先天八卦方位图合观之，虽可见其消息，然于周流六虚的方位完全不同。此证先天图不可合于纳甲消息，如合之，须全部放弃纳

火

(艮直于丙南)　　丙　丁　　(八日兑受丁)
(下弦二十三)　　　南　　　(上弦平如绳)

(十五乾体就)　甲　　土　　　庚　(三日出为爽)
(盛满甲东方)　　东　中　　　西　金(震受庚西方)
　　　　　　木　　　戊　己　　　辛(十六转受统)
(坤乙三十日)　乙　　(二用无爻位)　(巽辛见平明)
(东北丧其明)　　　　(周流行六虚)

壬　癸
北
水

壬癸配甲乙　乾坤括始终

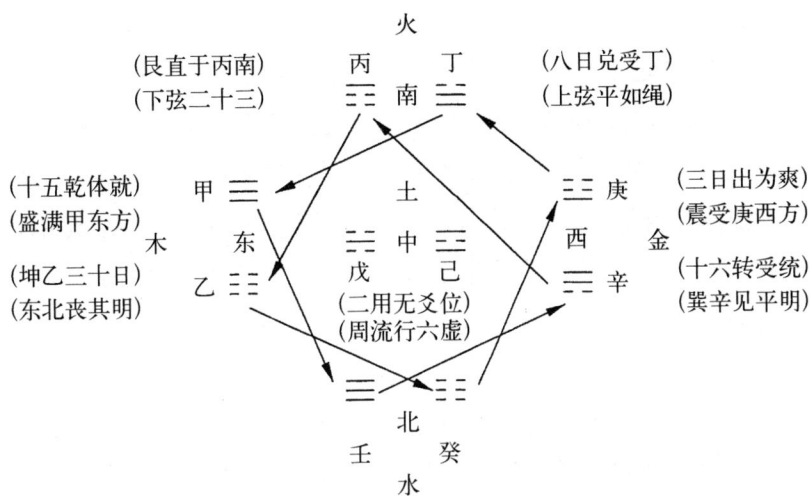

甲消息的精义。凡日月运行的顺逆变化,反身以得胎息的《参同契》象
数,决不可以先天图为喻。特于先天八卦方位图中,示其周流六虚的
消息,可确证其不同于纳甲的方位。

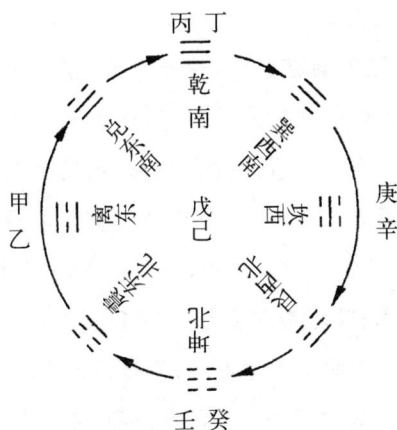

先天八卦方位图

更以《周易·系辞》"易有太极,是生两仪,两仪生四象,四象生八卦"的汉注观之,亦与陈抟仅以一分为二之说不同。汉虞翻曰:"太极、太乙,分为天地,故生两仪也。四象、四时也。两仪谓乾坤也。乾二五之坤成坎离震兑,震春兑秋坎冬离夏,故两仪生四象。归妹卦备,故《彖》独称天地之大义也。乾二五之坤则生震坎艮,坤二五之乾则生巽离兑,故四象生八卦。乾坤生春,艮兑生夏,震巽生秋,坎离生冬者也。"按虞翻与魏伯阳同为上虞人,生于灵帝初,正《参同契》流行之时。其父日南太守虞歆,最有旧书,当能收藏初行的《参同契》。数十年后虞翻注易,有取于纳甲消息,作为全书重要组成部分之一,而其内容与文字,基本源于《参同契》。此注四象生八卦,所谓"乾坤生春,艮兑生夏,震巽生秋,坎离生冬",即纳甲的方位。而整个由太极至八卦的卦象,亦与《参同契》有关。《参同契》曰:"能存能亡,长乐无忧,道成德就,潜伏俟时,太乙乃召,移居中洲,功满上升,膺箓受图。"考太乙之象,于今所存的文献中,实出于《淮南子》。先录《淮南子·原道训》于下:

夫道者,覆天载地,廓四方,柝八极。高不可际,深不可测,包裹天地,禀授无形,源流泉浡,冲而徐盈,混混滑滑,浊而徐清。故植之而塞于天地,横之而弥于四海,施之无穷而无所朝夕,舒之幎于六合,卷之不盈于一握。约而能张,幽而能明,弱而能强,柔而能刚,横四维而含阴阳,纮宇宙而章三光。甚淖而凋,甚纤而微。山以之高,渊以之深,兽以之走,鸟以之飞,日月以之明,星历以之行,麟以之游,凤以之翔。泰古二皇,得道之柄,立于中央,神与化游,以抚四方。是故能天运地滞,轮转而无废。水流而不止,与万物终始,风兴云蒸,事无不应,雷声雨降,并应无穷。鬼去电入,龙兴鸾集,钩旋毂转,周而复匝,已雕已琢,还反于朴。无为为之而合于道,无为言之而通乎德,恬愉无矜而得于和,有万不同而便于性,神托于秋豪之末,而大宇宙之总。其德优天地而和阴阳,节四时而调五行,呴谕覆育,万物群生,润于草木,浸于金石。禽兽硕大,豪毛润泽,羽翼奋也,角觡生也,兽胎不㜪,鸟卵不毈。父无丧子之忧,兄无哭弟之哀,童子不孤,妇人不孀,虹蜺不出,贼星不行,含德之所致也。

上录《原道训》约当全文十五分之一,必略读原文,方能了解西汉初对道的认识必以天地万物为基础,决非无实的空想。《淮南子》全书二十一训,最后一篇《要略训》自作前面二十训的提要。其言曰:"原道者,卢牟六合,混沌万物,象太一(一与乙谐音,而字可通)之容,测窈冥之深,以翔虚无之轸。托小以苞大,守约以治广,使人知先后之祸福,动静之利害,诚通其志,浩然可以大观矣。"此处详引《淮南子》,可明所谓"太一"者何指,当时的概念如何。虞翻取太一释太极者,正取其"神托于秋毫之末,而大与宇宙之总"。而魏伯阳已取人格化的太一,亦可见太一的作用。老子曰:"有物混成,先天地生",是即道,要在应理解"道法自然"之理。这一理论魏伯阳已能应用,故曰:"若药物非种,各类不同,分剂参差,失其纪纲,虽黄帝临炉,太一降坐,八公捣练,淮南执火,立宇崇坛,玉为阶陛,麟脯凤腊,把籍长跪,祝章神祇,请哀诸鬼,沐浴斋戒,冀有所望,亦犹和胶补釜,以卤涂疮,去冷加冰,除热用汤,飞龟舞蛇,愈见乖张。"此尤见《参同契》全准实事求是的科学原理,因药物非种,或分剂失调,自然不能有治病之功。益以种种宗教仪式,虽属第一流的神化人物,亦何益之有。除黄帝太一外,八公即助淮南炼丹者,淮南即淮南王刘安,合八公、淮南于黄帝太一,可喻魏伯阳之重视《淮南子》。又非深悟"道法自然"之理,何能大破宗教仪式。须有此卓见,则太一之理虽被人格化,亦可无妨。当既合于道,所谓"道成德就,潜伏俟时",自然有人格化的"太一乃召"而"移居中洲"。此"太乙"在汉人思想中有其崇高地位,包括淮南王刘安与魏伯阳,而虞翻能继承之,故以太一释太极,义极精深。由太极而两仪,即以太一为混成之物,以天地为两仪。或以卦象示其理,则两仪即乾与坤,可兼取三画卦或六画卦示之。以三画卦言,中画变化阴阳;以六画卦言,乾坤二五变化阴阳,同样成为坎离。详以下图示之:

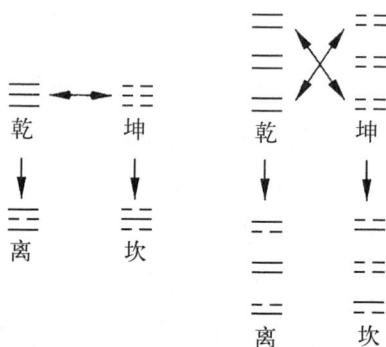

《参同契·上篇》:"乾坤者,易之门户,众卦之父母。坎离匡郭,运毂正轴,牝牡四卦,以为橐籥。"《参同契·中篇》:"乾刚坤柔,配合相包,阳禀阴受,雄雌相须,须以造化,精气乃舒,坎离冠首,光耀垂敷,玄冥难测,不可画图。"是即乾坤坎离之象。"须以造化,精气乃舒",犹虞注所谓"乾二五之坤则生震坎艮,坤二五之乾则生巽离兑",此即太一的作用。于坎离曰"光耀垂敷",指日月悬天时的现象。又曰"玄冥难测",指日没与月晦时的现象。天地之阴阳,由日月运行而显,故《周易·系辞》曰"阴阳之义配日月",虞注即以魏伯阳之说取"日月为易"。至于两仪生四象,尚非乾坤坎离四者。虞翻兼从两说,亦与《参同契》同,其一,"四象,四时也。指震春兑秋坎冬离夏而合诸归妹卦"。于四时卦的方位时间准诸《说卦》,并加四时八节、四象四数。以下图示之:

所以合诸归妹卦者,因六画的六十四卦中,内含四个三画卦,恰当震春离夏兑秋坎冬者,唯归妹一卦。而归妹者,义当震兄归兑妹,凡父不及嫁女而亡,兄当有责以归妹,不然兄妹势必失时而不和。先以下图示之:

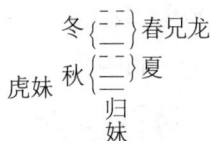

兄能归妹,则仍得阴阳之和,故易有"帝乙归妹,以祉元吉"之辞。此四时之象,《参同契》以二十八宿当之,凡震春当青龙,离夏当朱雀,兑秋当白虎,坎冬当玄武。其言曰:"爻象内动,吉凶外起,五纬错顺,应时感动,四七乖戾,侈离俯仰,文昌总录,诘责召辅,百官有司,各典所部。"所谓"四七乖戾"义指二十八宿以当四时,而常有失时之乖戾。又言"古记题龙虎",即以四时合于震龙兑虎之象,古早有《龙虎经》。其二,四象指乾与坤,震坎艮三男与巽离兑三女。合于数即乾为九,震坎艮为七,坤为六,巽离兑为八。此七八九六的四象,卜筮法中用之,合诸四时,可据"河图"数而青龙八,朱雀七,白虎九,玄武六。合诸卦象则本诸参天两地的原则,且当乾坤二五相交成坎离后,于六画坎离中,坎必含有三画的艮震,离必含有三画的兑巽。更以下图示之:

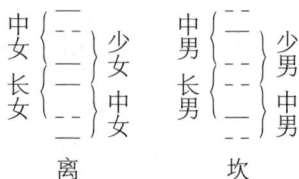

中女 长女 ｛ 少女 中女 ｝ 　中男 长男 ｛ 少男 中男 ｝

离　　　　　　坎

《周易·说卦》曰:"乾天也,故称乎父;坤地也,故称乎母。震一索而得男,故谓之长男;巽一索而得女,故谓之长女。坎再索而得男,故谓之中男;离再索而得女,故谓之中女。艮三索而得男,故谓之少男;兑三索而得女,故谓之少女。"此述八卦自然之次,战国时早已通行。更以"参天两地而倚数"合之,凡整体之(—)画为阳一,数当三分之三;中断之(- -)画为阴二,数当三分之二,是之谓"参天两地"。由是三画皆阳,数当三三为九;三画皆阴,数当二三为六。三男为一画阳数三,二画阴数四,合为七;三女为一画阴数二,二画阳数六,合为八。由是八卦可归诸六七八九四数。以下图示之:

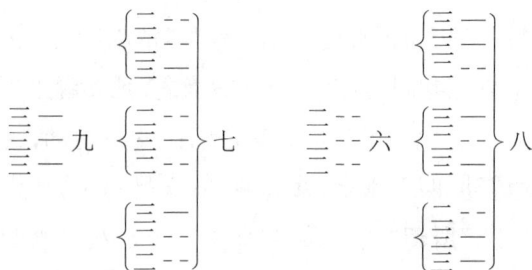

九　　　七　　　六　　　八

《参同契》曰"刚施而退,柔化以滋,九还七返,八归六居"即此义。合以上诸段之意,总以下图示汉代魏伯阳虞翻等对太极两仪四象八卦的认识,可证与陈抟一分为二的先天图截然不同。

		九 ―	乾	（父）	春
太乙	天（乾）	七 ―	震	（长男）	秋
			坎	（中男）	冬
			艮	（少男）	夏
	地（坤）	八 ―	巽	（长女）	秋
			离	（中女）	冬
			兑	（少女）	夏
		六 ―	坤	（母）	春
太极	两仪（用在坎离）	四象（四时）	八卦（用在归妹）		（纳甲消息）

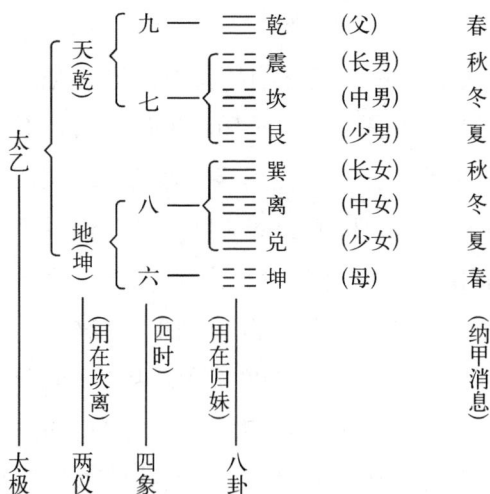

上述虞翻取魏伯阳《参同契》之说，其间变化多端，唯能随境取象永无窒碍者，庶足以见太一之象。合而观之，乃知虞翻合诸魏伯阳孟京刘安之说，基本由形而下以达形而上；张伯端合诸陈抟以读《参同契》，乃由形而上而达形而下。唯张伯端之悟其变通之理，庶能另辟途径以识《参同契》之旨。今必当知其原文之异而观其会通，方见《悟真篇》之能用《参同契》。《悟真篇》自序曰"始得玄珠有象，太乙归真"是其旨。

至于张伯端的具体应用卦象，于六十四卦中，已得否泰、屯蒙、坎离、震兑、坤乾、既济未济、姤复七对十四卦。准此十四卦之旁通反复，庶见阴阳消息之妙，故曰"顾易道妙尽乾坤之理，遂托象于斯文"。凡此十四卦之种种变化，全出《参同契》之有取易象，其意岂文字可尽。进而观之，亦宜由象而悟意，此张伯端有取于庄子、王弼之说而又有所加深。

《庄子·外物》："筌者所以在鱼，得鱼而忘筌，蹄者所以在兔，得兔而忘蹄，言者所以在意，得意而忘言。吾安得夫忘言之人而与之言哉。"凡既得鱼兔而宜忘筌蹄，然未得鱼兔时，何可不知筌蹄。庄子取筌蹄为喻以明得意忘言,然未尝废言,当与忘言之人而与之言,庶可免终身致力于方法论之失,然亦未可不知方法论。故庄子之言殊无流弊。进而观《周易·系辞》之言:"子曰:书不尽言,言不尽意。然则圣人之意,其不可见乎。子曰:圣人立象以尽意,设卦以尽情伪,系辞焉以尽其言,变而通之以尽利,鼓之舞之以尽神。"此《系辞》之"五尽",实与庄子之义相同。以正面论之,犹已得夫忘言之人而与之言。于"五尽"中"系辞"指六十四卦卦辞、三百八十四爻爻辞与用九用六,故《周易》共系四百五十节之辞。或能知"观象玩辞"之理,则其辞已可"尽言",然必须忘系辞之言而得其象者,方可与之言。进一层分辨之,卦辞所以"尽情伪",爻辞所以"尽利",二用所以"尽神",而要在立卦爻二用之象,方可"尽意"。然更须与得意而忘象者,方可与之体验卦爻二用之象。此于言意间加入象的概念,较庄子之义尤精深。迨王弼利用庄子之义以注易,则曰"夫象者出意者也,言者明象者也。……言者象之蹄也,象者意之筌也。……故立象以尽意而象可忘也,重画以尽情而画可忘也"。以上之言犹以庄子之义释《周易·系辞》,理尚可取。而失在未能理解庄子所谓"安得夫忘言之人而与之言哉"。由是而曰:"是故触类可为其象,合义可为其征。义苟在健,何必马乎,类苟在顺,何必牛乎。爻苟合顺,何必坤乃为牛,义苟应健,何必乾乃为马。而或定马于乾,案文责卦,有马无乾,则伪说滋漫,难可纪矣。互体不足,遂及卦变,变又不足,推致五行,一失其原,巧愈弥甚,从复或值而义无所取,盖存象忘意之由也。忘象以求其意,义斯见矣。"可云大误。奈自王弼易注出而汉易废,乃能悟立象尽意系辞尽言者未多见,此易学之不幸,然亦未尝失传。若张伯端亦已取王弼之义,故结曰"读《参同契》不在乎泥象执文"。或有读此文者,认为张伯端全同于王弼,则既不能读《悟真篇》,亦不曾理解《参同契》。况张伯端之可贵,贵在能不泥象不执文,而处处在立象系言。所以欲与忘象忘言者共象之,共言之,易学何可扫象而不言乾马坤牛、互体卦变、五行生克等。故张伯端之观

《周易》象数,实在加深王弼之说而救其偏,决非从王弼之义。凡"否泰分则阴阳或升或降"直至"日出没令荣卫之寒温",方为此文之旨。此张伯端之所以能得诸《参同契》,又能因时而成《悟真篇》。故《悟真篇》与《参同契》之功法,同中有异,异中有同。以下述其所同,可举"坎离为男女水火,震兑乃龙虎魄魂"二句以明其象,象明则意在其中。

此二句即指四时卦合成六画卦归妹。归妹上卦震东当四七二十八宿中之角亢氐房心尾箕七宿,其象为青龙,于人身指肝,功为造血。下卦兑西当四七二十八宿中之奎娄胃昴毕觜参七宿,其象为白虎,于人身指肺,功为炼气。上已引及《悟真篇》六十四首之十九即指此,其象为兑金克震木。当死斗之时,自然由东西而变成南北性命。南离火为女,北坎水为男,由震兄兑妹而兄为归之,乃成坎夫离妇。亦即木生火以炼汞,于人身指心神;金生水以炼铅,于人身指肾精。当由震东兑西而离南坎北,于今日之语言喻之,犹于地球之自旋已得南北极之轴,于人体之带脉旋转,已得脊椎之直立,庶见人之精神。继之更由离上坎下未济而坎上离下既济。其间或上或下,或顺或逆,刹那之间,变化万千。上已引及《悟真篇》绝句六十四首之二十,雄虎指坎,牡龙指离,黄婆反身指脾土,于《参同契》中当所谓"三性既合会,本性共宗祖",指水火土合一。合一后方可论顺逆,乃可喻性命之理。

然汉末至宋初,于性命之象又何能无异。《参同契》曰:"将欲养性,延命却期,审思后末,当虑其先。人所禀躯,体本一无,元精密布,因气托初。阴阳为度,魂魄所居,阳神日魂,阴神月魄,魂之与魄,互为室宅。性主处内,立置鄞鄂;情主营外,筑垣城郭,城郭完全,人物乃安。"若人所安之城郭,处于城郭内之性犹水火土同名三性之性,命指养性之功力,功力愈高则延命愈久,要在能"推情合性",此《参同契》之旨而功法已在其中。及张伯端之论性命,虽亦取《周易·说卦》"穷理尽性以至于命",而其实质大相径庭。因《参同契》仅以三圣之易理明之,于《悟真篇》则既用易象,又能合儒释道三教以喻之。此非反身有悟,决难以文字明之。故读《参同契》而不知易象、黄老、服食三者之同契,何能得天人合一的胎息。读《悟真篇》而忽乎张伯端与雪窦禅师之交往,又何能深入体验其"一块紫金霜"。或仅以《参同契》之功法合诸《悟真篇》,又何能见张伯端有划时代的作用。反之,仅以张伯端有取于《参同契》之功法以了解《参同契》,亦何能识《参同契》之由两孔穴法以得安于城郭内之象。故今日研究《参同契》与《悟真篇》,宜见及魏伯阳与张伯端皆有划时代的作用。汉末宋初的时代思潮既不同,故其功法虽可于异中见同,于性命的实质早已同中有异。此取决于人类对客观宇宙的理解。况在时—空结构变迁不已的环境中,究此二种关系极密切的古籍,理当结合三种形象。其一,用一千八百年前的《参同契》象数;其二,用九百年前张伯端所发展的《参同契》象数;其三,用九百年前的《悟真篇》象数,能识其本旨而见其同异,庶可形成今日之意。愿与得意忘象者共论其象,且以愈惑愈繁为戒,以惟简惟易为的。既不可执象,又何可扫象,有志者首当明辨之,于具体之功法可思过半矣。

第六章

附录：历代著名的养生文献

一、考订编次《参同契》原文

前言

《参同契》一书，已可确证为魏伯阳、徐从事、淳于叔通三位有道者合著而成，初流行于东汉桓灵之际(168)。今所存的文献，以五代彭晓本(947)最早，当作为底本。朱子考异本(1197)可作为主要参考本。且于彭朱的《参同契》，皆取明正统道藏本(1445)以考订文字。至于编次以俞琰所悟得的分四字句五字句等为原则，以蒋一彪本(1614)为主要参考本。文字方面基本准彭朱本；于编次尽量尊重彭本，遇有混乱处，则根据原义及蒋本不得不有所改变次序以恢复原貌。编定后注明彭本的章数，以不加减原文及尽量减少改变次序为原则。考《参同契》成书的情况，初为魏伯阳著成四字句的《参同契》，今存《自序》一篇亦为四字句可证。是时客居在燕间，即以示青州徐从事。徐从事为之写《赞序》一篇，并另为叙述其大义，基本用五字句，亦有散文。其后魏伯阳回会稽，又示于同郡人淳于叔通，叔通为之著《乱辞》，前有《序》，又

著《鼎器歌》。最后魏伯阳另作《五相类》及《后序》。今以彭本核之,内容尚合于流传的史实。先示彭本的分卷分章:

卷上分为一——四十章。

卷中分为四十一——七十八章。

卷下分为七十九——九十章,于九十章后附《鼎器歌》及《赞序》。

彭本的分章,可云对《参同契》原文的内容毫无所知。然分三卷,或准古之传本。今见卷上基本以五字句为主,属徐从事所著。卷中基本以四字句为主,属魏伯阳所著。惜其间于彭晓前早有紊乱,故据蒋本加以调整,对魏伯阳与徐从事之文献确可分辨。先示蒋本的编次:

卷上　经文上篇　中篇　下篇　魏伯阳著

卷中　上篇　中篇　下篇　徐从事著

卷末　上篇(乱辞)　下篇(鼎器歌)　后序　淳于叔通著

今观蒋本,全书尚有所未备,然已确有所见,宜作参考。先核实彭本卷下的内容及其作者。

79——淳于叔通所作《乱辞》之《序》(从原义)

80、81、82、83——淳于叔通所作的《乱辞》(从蒋本)

84——魏伯阳补著的《五相类》(从原义)

85、86——魏伯阳的《后序》(从原义)

87——五言句当属徐从事所作(从蒋本)。且从原义,可见与21章有关,彼述坤五,此述乾初,乾坤消息之机

88、89、90——魏伯阳初著《参同契》的《自序》(从原义)

附于90章后之《鼎器歌》——当为淳于叔通所著(从蒋本)

附于《鼎器歌》后之《赞序》——当为徐从事所作(从朱义)

由是《参同契》卷下的作者基本可定。更以彭本的卷上卷中论，既知魏伯阳之《参同契》皆为四字句，凡五字句及散文当属诸徐从事，莫不相应于四字句而更有所补充。能分而读之，则次序丛杂、内容重复之彭本，可复成条理分明，内容清晰。下示蒋本相应于彭本的情况：

"卷上"上篇当彭本 41、42、43、44、45、7（下）、8、9、46、47、48、49、50、51、52、53、54、55、56、57、58、59、60、61、17、18、19（下）、20（上）。

中篇当彭本 62、63、64、74、75、78、22、23、24、25、26、20（下）。

下篇当彭本 79、72、73、68、69、70（上）、76、77、28（下）、70（下）、71。

"卷中"上篇当彭本 1、2、3、4、5、6、7（上）、10（上）、19（上）、10（下）、11、12、13、14、15（上）、87、15（下）、16、35、36。

中篇当彭本 65、66、21、27、28（上）。

下篇当彭本 33、34、29（上）、30、67、37、38、31、32、39、40。

"卷末"上篇当彭本 80、81、82、83。

下篇当彭本附于 90 章后之《鼎器歌》。

后序当彭本 84（上）、85、86。

详究蒋本有所未备者，其一，尚有所阙。84 章阙下半，88、89、90 章阙；附于《鼎器歌》后之《赞序》阙。其二，分辨四言及五言散文，尚有错杂，22 章未分上、下。其三，于彭本的次序变动太多。今进一步加以考订，原文以彭本为主，阙者补之，未分辨四言及五言者，再为分辨，于编次仅移动六处：

其一：7 下、8、9 移于 45 与 46 之间。

其二：16 下、17、18、19 下、20 移于 61 之下。

其三：22 上、23、24、25、26、28 下移于 62 之上。

其四：87、65 移于 21 之下（二处）。

其五：66、67 移于 22 下之下。

前三处为四字句属魏伯阳之言，后三处为五字句属徐从事之言，移动后并列魏徐之言，可见其基本相应。各分为二大段，上言大易，下

言黄老,服食兼在其中。全书之编次,仍以彭本之章次示于下:

 魏伯阳《参同契》41—45、(7 下、8、9)46—61、(16 下、17、18、

  19 下、20) ⎫

 徐从事《参同契·赞》1—7 上、10—16 上、19 上、21(87)、(65) ⎭ 大易

 魏伯阳《参同契》(22 上、23—26、28 下)62—78 ⎫

 徐从事《参同契·赞》22 下、(66、67)27、28 上、29—40 ⎭ 黄老

 魏伯阳《参同契·序》88—90。

 徐从事《参同契·赞序》鼎器歌后。

 淳于叔通《参同契·乱辞序》79。

 淳于叔通《参同契·乱辞》80、81、82、83。

 淳于叔通《参同契·鼎器歌》90 章后。

 魏伯阳《参同契·五相类》84。

 魏伯阳《参同契·后序》85、86。

《参同契》原文(并列上篇与中篇)

中篇

魏伯阳《参同契》

乾刚坤柔,配合相包,阳禀阴受,雄雌相须,须以造化,精气乃舒。坎离冠首,光耀垂敷,玄冥难测,不可画图。圣人揆度,参序元基,四者混沌,径入虚无。六十卦周,张布为舆,龙马就驾,明君御时,和则随从,路平不邪,邪道险阻,倾危国家。[41]君子居[其]室,出其言善,[则]千里[之外]应之。[谓]万乘之主,处九重[之]室,发号施令,

上篇

徐从事《参同契·赞》

乾坤者,易之门户,众卦之父母,坎离匡郭,运毂正轴。[1]牝牡四卦,以为橐籥。覆冒阴阳之道,犹工御者,准绳墨,执衔辔,正规矩,随轨辙。处中以制外,数在律历纪,月节有五六,经纬奉日使,兼并为六十,刚柔有表里。[2]朔旦屯直事,至暮蒙当受,昼夜各一卦,用之依次序。[3]既未至晦爽,终则复更始,日辰为期度,动静

顺阴阳节,藏器待时,勿违卦月。屯以子申,蒙用寅戌,余六十卦,各自有日。[42]聊陈两象,未能究悉,立义设刑,当仁施德。逆之者凶,顺之者吉,按历法令,至诚专密,谨候日辰,审察消息,纤芥不正,悔吝为贼。[43]二至改度,乖错委曲,隆冬大暑,盛夏霜雪,二分纵横,不应漏刻,风雨不节,水旱相伐,蝗虫涌沸,群异旁出,天见其怪,山崩地裂。孝子用心,感动皇极,近出己口,远流殊域,或以招祸,或以致福,或兴太平,或造兵革,四者之来,由乎胸臆。[44]动静有常,奉其绳墨,四时顺宜,与气相得,刚柔断矣,不相涉入,五行守界,不妄盈缩,易行周流,屈伸反复。[45](幽潜沦匿,变化于中,包囊万物,为道纪纲。[7下]以无制有,器用者空,故推消息,坎离没亡。[8]言不苟造,论不虚生,引验见效,校度神明,推类结字,原理为证。坎戊月精,离己日光,日月为易,刚柔相当,土王四季,罗络始终,青赤白黑,各据一方,皆禀中官,戊己之功。[9])晦朔之间,合符行中,混沌鸿濛,牝牡相从,滋液润泽,施化流通,天地神明,不可度量,利用安身,隐形而藏。始于东北,箕斗

有早晚。[4]

春夏据内体,从子到辰巳,秋冬当外用,自午讫戌亥。[5]赏罚应春秋,昏明顺寒暑。爻辞有仁义,随时发喜怒,如是应四时,五行得其理。[6]天地设位而易行乎其中矣。天地者,乾坤之象也。设位者,列阴阳配合之位也。易谓坎离,坎离者,乾坤二用。二用无爻位,周流行六虚,往来既不定,上下亦无常。[7上]易者,象也。悬象著明莫大乎日月。穷神以知化,阳往则阴来,辐辏而轮转,出入更卷舒。易有三百八十四爻,据爻摘符,符谓六十四卦。晦至朔旦,震来受符。当斯之际,天地媾其精,日月相撢持,雄阳播玄施,雌阳化黄包,混沦相交接,权舆树根基,经营养鄞鄂,凝神以成躯。众夫蹈以出,蠕动莫不由。[10]于是仲尼赞鸿濛,乾坤德洞虚,稽古当元皇,关雎建始初,冠昏气相纽,元年乃牙滋。[11]至

261

之乡,旋而右转,呕轮吐萌,潜潭见象,发散精光。[46]

昂毕之上,震出为征,阳气造端,初九潜龙。阳以三立,阴以八通,(故)三日震动,八日兑行。九二见龙,和平有明,三五德就,乾体乃成。九三夕惕,亏折神符,盛衰渐革,终还其初。巽继其统,固济操持,九四或跃,进退道危。艮主止进,不得逾时,二十三日,典守弦期。九五飞龙,天位加喜。六五坤承,结括终始,韫养众子,世为类母。上九亢龙,战德于野。用九翩翩,为道规矩。阳数已讫,讫则复起,推情合性,转而相与。[47]循据璿玑,升降上下,周流六爻,难可察睹,故无常位,为易宗祖。[48]朔旦为复,阳气始通,出入无疾,立表微刚,黄钟建子,兆乃兹彰,播施柔暖,黎烝得常。[49]临炉施条,开路正光,光跃渐进,日以益长,丑之大吕,结正低昂。[50]仰以成泰,刚柔并隆,阴阳交接,小往大来,辐辏于寅,运而趋时。[51]渐历大壮,侠列卯门,榆荚堕落,还归本根,刑德相负,昼夜始分。[52]夬阴以退,阳升而前,洗濯羽翮,振索宿尘。[53]乾健盛明,广被四邻,阳终于巳,中而相干。[54]姤始

人不虚生,上观显天符,天符有进退,诎伸以应时,故易统天心。[12]

复卦建始萌,长子继父体,因母立兆基,消息应钟律,升降据斗枢。三日出为爽,震庚受西方,八日兑受丁,上弦平如绳。十五乾体就,盛满甲东方,蟾蜍与兔魄,日月气双明。蟾蜍视卦节,兔者吐生光,七八道已讫,屈折低下降。[13]十六转受统,巽辛见平明,艮直于丙南,下弦二十三。坤乙三十日,东北丧其明,节尽相禅与,继体复生龙。[14]壬癸配甲乙,乾坤括始终,七八数十五,九六亦相应,四者合三十,阳气索灭藏。八卦布列曜,运移不失中。[15]元精眇难睹,推度效符证,居则观其象,准拟其形容,立表以为范,占候定吉凶,发号顺时令,勿失爻动时。上察河图文,下序地形流,中稽于人心,参合考三才。动则循卦节,静则因象辞,乾坤用施行,天地然后治。[16上]日合五行精,月受六律纪。五六三十度,度竟复更始。[19上]黄中渐通理,润泽达肌肤,初正则终修,干立末可持,一者以掩蔽,世人莫知之。[21](象彼

纪序,履霜最先,井底寒泉,午为蕤宾,宾服于阴,阴为主人。[55]遯去世位,收敛其精,怀德俟时,栖迟昧冥。[56]否塞不通,萌者不生,阴伸阳屈,没阳姓名。[57]观其权量,察仲秋情,任畜微稚,老枯复荣,荠麦芽蘖,因冒以生。[58]剥烂肢体,消灭其形,化气既竭,亡失至神。[59]道穷则反,归乎坤元,恒顺地理,承天布宣。[60]玄冥远渺,隔阂相连,应度育种,阴阳之元,寥廓恍惚,莫知其端。先迷失轨,后为主君,无平不陂,道之自然,变易更盛,消息相因,终坤始复,如循连环,帝王承御,千载常存。[61]（可[得]不慎乎,[16下]御政之首,管括微密,开舒布宝,要道魁柄,统化纲纽。爻象内动,吉凶外起,五纬错顺,应时感动,四七乖戾,哆离俯仰。[17]文昌统录,诘责台辅,百官有司,各典所部。[18]）（原始要终,存亡之绪,或君骄溢,亢满违道,或臣邪佞,行不顺轨,弦望盈缩,乖变凶咎,执法刺讥,诘过贻主。[19下]辰极受正,优游任下,明堂布政,国无害道。内以养己,安静虚无,原本隐明,内照形躯,闭塞其兑,筑固灵株,三光陆沉,温养子珠,视之不见,近而易求。[20]）

仲冬节,竹木皆摧伤,佐阳诘贾旅,人君深自藏。象时顺节令,闭口不用谈,天道甚浩广,太玄无形容,虚寂不可睹,匡郭以消亡。谬误失事绪,言还自败伤,别序斯四象,以晓后生盲。[87]）（阳燧以取火,非日不生光。方诸非星月,安能得水浆,二气玄且远,感化尚相通,何况近存身,切在于心胸,阴阳配日月,水火为效征。[65]）

（以上大易服食）

263

（上德无为，不以察求，下德为之，其用不休。[22上]）（知白守黑，神明自来，白者金精，黑者水基，水者道枢，其数名一，阴阳之始，玄含黄芽，五金之主，北方河车。故铅外黑，内怀金华，被褐怀玉，外为狂夫。[23]金为水母，母隐子胎，水者金子，子藏母胞。真人至妙，若有若无，仿佛大渊，乍沉乍浮，退而分布，各守境隅。[24]采之类白，造之则朱，炼为表卫，白里贞居，方圆径寸，混而相拘，先天地生，巍巍尊高。[25]旁有垣阙，状似蓬壶，环币关闭，四通踟蹰，守御密固，阏绝奸邪，曲阁相通，以戒不虞。可以无思，难以愁劳，神气满室，莫之能留，守之者昌，失之者亡，动静休息，常与人俱。[26]勤而行之，夙夜不休，服食三载，轻举远游，跨火不焦，入水不濡，能存能亡，长乐无忧。道成德就，潜伏俟时。太一乃召，移居中洲，功满上升，膺箓受图。[28下]）将欲养性，延命却期，审思后末，当虑其先。人所禀躯，体本一无，元精密布，因气托初。[62]阴阳为度，魂魄所居，阳神日魂，阴神月魄，魂之与魄，互为室宅。性主处内，立置鄞鄂，情主营外，筑垣城

上闭则称有，下闭则称无。无者以奉上，上有神德居，此两孔穴法，金气亦相须。[22下]（耳目口三宝，固塞勿发扬，真人潜深渊，浮游守规中。旋曲以视听，开阖皆合同，为己之枢辖，动静不竭穷。离气内营卫，坎乃不用聪，兑合不以谈，希言顺鸿濛。三者皆关键，缓体处空房，委志归虚无，无念以为常。证难以推移，心专不纵横，寝寐神相抱，觉悟候存亡。颜容浸以润，骨节益坚强，排却众阴邪，然后立正阳。修之不辍休，庶气云雨行，淫淫若春泽，液液象解冰，从头流达足，究竟复上升，往来洞无极，怫怫被容中。反者道之验，弱者德之柄，耘锄宿污秽，细微得调畅，浊者清之路，昏久则昭明。[66]世人好小术，不审道浅深，弃正从邪径，欲速阏不通。犹盲不任杖，聋者听宫商，没水捕雉兔，登山索鱼龙，植麦欲获黍，运规以求方，竭力劳精神，终年无见功。欲知服食法，事约而不繁。[67]）是非历藏法，内视有所思，履行步斗宿，六甲以日辰。阴道厌九一，浊乱弄元胞，食气鸣肠胃，吐正吸外邪，昼夜不卧寐，晦

郭，城郭完全，人物乃安。爰斯之时，情合乾坤，乾动而直，气布精流，坤静而翕，为道舍庐。刚施而退，柔化以滋，九还七返，八归六居。男白女赤，金火相拘，则水定火，五行之初，上善若水，清而无瑕。道之形象，真一难图，变而分布，各自独居。[63]类如鸡子，白黑相符，纵广一寸，以为始初，四肢五脏，筋骨乃俱，弥历十月，脱出其胞，骨弱可卷，肉滑若铅[64]。太阳流珠，常欲去人，卒得金华，转而相因，化为白液，凝而至坚。金华先唱，有顷之间，解化为水，马齿阑干，阳乃往和，性情自然，迫促时阴，拘畜禁门。慈母育养，孝子报恩，严父施令，教敕子孙。五行错王，相据以生，火性销金，金伐木荣，三五与一，天地至精，可以口诀，难以书传[68]子当右转，午乃东旋，卯酉界隔，主定二名。龙呼于虎，虎吸龙精，两相饮食，俱相贪便，遂相衔咽，咀嚼相吞。荧惑守西，太白经天，杀气所临，何有不倾。狸犬守鼠，鸟雀畏鹯，各得其功，何敢有声[69]不得其理，难以妄言，竭殚家产，妻子饥贫，自古及

朔未尝休，身体日疲倦，恍惚状若痴，百脉鼎沸驰，不得清澄居。黑土立坛宇，朝暮敬祭祠，鬼物见形象，梦寐感慨之。心欢意悦喜，自谓必延期，遽以夭命死，腐露其形骸。举措辄有违，悖逆失枢机，诸术甚众多，千条有万余，前却违黄老，曲折戾九都。[27]明者省厥旨，旷然知所由。[28]上火记不虚作，演易以明之。偃月法鼎炉，白虎为熬枢，汞日为流珠，青龙与之俱，举东以合西，魂魄自相拘。上弦兑数八，下弦艮亦八，两弦合其精，乾坤体乃成，二八应一斤，易道正不倾，铢有三百八十四，亦应卦爻之数。[29]金入于猛火，色不夺精光，自开辟以来，日月不亏明。金不失其重，日月形如常，金本从月生，朔旦受日符，金返归其母，月晦日相包。隐藏其匡郭，沉沦于洞虚，金复其故性，威光鼎乃熺。[30]子午数合三，戊己号称五，三五既和谐，八石正纲纪。呼吸相贪欲，伫思为夫妇，黄土金之父，流珠水之母。水以土为鬼，土镇水不起，朱雀为火精，执平调胜负，水盛火消灭，俱死归厚土，三

今,好者亿人,讫不谐遇,希有能成,广求名药,与道乖殊。如审遭逢,睹其端绪,以类相况,揆物终始。[70]五行相克,更为父母,母含滋液,父主禀与,凝精流形,金石不朽,审专不泄,得为成道。立竿见影,呼谷传响,岂不灵哉,天地至象。(若以)野葛一寸,巴豆一两,入喉辄僵,不得俯仰,当此之时,(虽)周文揲著,孔子占象,扁鹊操针,巫咸扣鼓,安能令苏,复起驰走。[71]河上姹女,灵而最神,得火则飞,不见埃尘,鬼隐龙匿,莫知所存,将欲制之,黄芽为根。[72]物无阴阳,违天背元,牝鸡自卵,其雏不全。夫何故乎,配合未连,三五不交,刚柔离分,施化之精,天地自然。(犹)火动(而)炎上,水流(而)润下,非有师导,使其然也,资始统政,不可复改。观夫雌雄,交媾之时,刚柔相结,而不可解,得其节符,非有工巧,以制御之。若男生而伏,女偃其躯,禀乎胞胎,受气元初,非徒生时,著而见之,及其死也,亦复效之,此非父母,教令其然,本在交媾,定制始先。[73]坎男为月,离女为日,日以施德,月以舒光,月

性既合会,本性共宗祖。[31]巨胜尚延年,还丹可入口,金性不败朽,故为万物宝,术士服食之,寿命得长久。土游于四季,守界定规矩,金砂入五内,雾散若风雨,薰蒸达四肢,颜色悦泽好,白发皆变黑,齿落生旧所,老翁复丁壮,耆妪成姹女,改形免世厄,号之曰真人。[32]胡粉投火中,色坏还为铅,冰雪得温汤,解释成太玄,金以砂为主,禀和于水银,变化由其真,终始自相因。欲作服食仙,宜以同类者,植禾以当黍,覆鸡用其子,以类辅自然,物成易陶冶,鱼目岂为珠,蓬蒿不成槚,同类者相从,事乖不成宝。是以燕雀不生凤,狐兔不乳马,水流不炎上,火动不润下。[33]世间多学士,高妙负良才,邂逅不遭遇,耗火亡货财。据按依文说,妄以意为之,端绪无因缘,度量失操持,捣治羌石胆,云母及矾磁,硫黄烧豫章,泥汞相炼飞,鼓下五石铜,以之为辅枢,杂性不同类,安有合体居。千举必万败,欲黠反成痴,侥幸讫不遇,圣人独知之。稚年至白首,中道生狐疑,背道守迷路,出正入邪

266

受日化，体不亏伤。阳失其契，阴侵其明，晦朔薄蚀，掩冒相倾，阳消其形，阴凌灾生，男女相须，含吐以滋，雌雄错杂，以类相求。[74]金化为水，水性周章，火化为土，水不得行。（故）男动外施，女静内藏，溢度过节，为女所拘。魄以钤魂，不得淫奢，不寒不暑，进退合时，各得其和，俱吐证符。[75]丹砂木精，得金乃并，金水合处，木火为侣，四者混沌，列为龙虎。龙阳数奇，虎阴数偶，肝青为父，肺白为母，肾黑为子，脾黄为祖，子五行始，三物一家，都归戊己。[76]刚柔迭兴，更历分部，龙西虎东，建纬卯酉，刑德并会，相见欢喜，刑主伏杀，德主生起。二月榆落，魁临于卯，八月麦生，天网据酉，子南午北，互为纲纪，一九之数，终而复始，含元虚危，播精于子。[77]关关雎鸠，在河之洲，窈窕淑女，君子好逑，雄不独处，雌不孤居，玄武龟蛇，蟠虬相扶，以明牝牡，竟当相须。（假使）二女共室，颜色甚姝，（令）苏秦通言，张仪结媒，发辩利舌，奋舒美辞，推心调谐，合为夫妇，弊发腐齿，终不相知。（若）药物非种，名

蹊，管窥不广见，难以揆方来。[34]若夫至圣，不过伏牺始画八卦，效法天地，文王帝之宗，结体演爻辞，夫子庶圣雄，十翼以辅之。三君天所挺，迭兴更御时，优劣有步骤，功德不相殊，制作有所踵，推度审分铢，有形易忖量，无兆难虑谋，作事令可法，为世定诗书。素无前识资，因师觉悟之，皓若褰帷帐，瞑目登高台[35]。火记六百篇，所趣等不殊，文字郑重说，世人不熟思，寻度其源流，幽明本共居。窃为贤者谈，曷敢轻为书，若遂结舌瘖，绝道获罪诛，写情寄竹帛，又恐泄天符，犹豫增叹息，俯仰缀斯愚。陶冶有法度，未忍悉陈敷，略述其纲纪，枝条见扶疏。[36]以金为堤防，水入乃优游，金计有十五，水数亦如之，临炉定铢两，五分水有余，二者以为真，金重如本初。其三遂不入，火二与之俱，三物相含受，变化状若神，下有太阳气，伏蒸须臾间，先液而后凝，号曰黄舆焉。岁月将欲讫，毁性伤寿年，形体为灰土，状若明窗尘。[37]捣治并合之，持入赤色门，固塞其际会，务令致完坚。炎火

类不同,分刻参差,失其纪纲,(虽)黄帝临炉,太一执火,八公捣炼,淮南调合,立宇崇坛,玉为阶陛,麟脯凤腊,把籍长跪,祷祝神祇,请哀诸鬼,沐浴斋戒,冀有所望,(亦犹)和胶补签,以卤涂疮,去冷加冰,除热用汤,飞龟舞蛇,愈见乖张。[78]

张于下,昼夜声正勤,始文使可修,终竟武乃成,候视加谨慎,审察调寒温,周旋十二节,节尽更须亲。气索命将绝,休死亡魄魂,色转更为紫,赫然成还丹,粉提以一丸,刀圭最为神。[38]推演五行数,较约而不繁。举水以激火,奄然灭光明,日月相激薄,常在晦朔间,水盛坎侵阳,火衰离昼昏,阴阳相饮食,交感道自然。[39]名者以定情,字者缘性言,金来归性初,乃得称还丹。吾不敢虚说,仿效圣人文,古记题龙虎,黄帝美金华,淮南炼秋石,王阳加黄芽,贤者能持行,不肖毋与俱。古今道犹一,对谈吐所谋,学者加勉力,留念深思惟,至要言甚露,昭昭不我欺。[40]

(以上黄老服食)

魏伯阳《参同契·自序》

会稽鄙夫,幽谷朽生,挟怀朴素,不乐欢荣,栖迟僻陋,忽略利名,执守恬淡,希时安平。晏然闲居,乃撰斯文,歌叙大易,三圣遗言,察其旨趣,一统共论。[88]务在顺理,宣耀精神,神化流通,四海和

徐从事《参同契·赞序》

参同契者,辞陋而道大,言微而旨深,列五帝以建业,配三皇而立政。若君臣差殊,上下无准,序以为政,不致太平,服食其法,未能长生,学以养性,又不延年。至于剖析阴阳,合其铢两,日月弦

平，表以为历，万世可循，序以御政，行之不繁。引内养性，黄老自然，含德之厚，归根返元，近在我心，不离己身，抱一毋舍，可以长存。配以服食，雌雄设陈，挺除武都，八石弃捐。[89]审用成物，世俗所珍。罗列三条，枝茎相连，同出异名，皆由一门。非徒累句，谐偶斯文，殆有其真，砾硌可观，使予敷伪，却被赘愆，命参同契，微览其端，辞寡意大，后嗣宜遵。委时去害，依托丘山，循游寥廓，与鬼为邻，化形而仙，沦寂无声，百世一下，遨游人间，陈敷羽翮，东西南倾，汤遭厄际，水旱隔并，柯叶萎黄，失其华荣，吉人(相)乘负，安稳(可)长生。[90]

望，八卦成象，男女施化，刚柔动静，米盐分判，以经为证，用意健矣。故为立法，以传后贤，惟晓大象，必得长生，强己益身，为此道者，重加意焉。鼎器歌后

《参同契》原文（下篇）

淳于叔通《参同契·乱辞序》

惟昔圣贤，怀玄抱真，服炼九鼎，化迹隐沦。含精养神，通德三光，津液腠理，筋骨致坚，众邪辟除，正气常存，积累长久，变形而仙。忧悯后生，好道之伦，随傍风采，指画古文，著为图籍，开示后昆。露见枝条，隐藏本根，托号诸名，覆谬众文，学者得之，韫椟终身，子继父业，孙踵祖先，传世迷惑，竟无见闻，(遂使)宦者不仕，农夫失耘，商人弃货，志士家贫。吾甚伤之，定录此文，字约易思，事省不繁，披列其条，核实可观，分量有数，因而相循，故为乱辞，孔窍其门，智者

审思,用意参焉。[79]

淳于叔通《参同契·乱辞》

法象莫大乎天地兮,玄沟数万里。河鼓临星纪兮,人民皆惊骇。晷影妄前却兮,九年被凶咎。皇上览视之兮,王者退自改。关键有低昂兮,害气遂奔走。江淮之枯竭兮,水流注于海。天地之雌雄兮,徘徊子与午。寅申阴阳祖兮,出入复终始。循斗而招摇兮,执衡定元纪。[80]升熬于甑山兮,炎火张设下。白虎唱导前兮,苍液和于后。朱雀翱翔戏兮,飞扬色五彩。遭遇罗网施兮,压之不得举。嗷嗷声甚悲兮,婴儿之慕母。颠倒就汤镬兮,摧折伤毛羽。漏刻未过半兮,鱼鳞狎鬣起。五色象炫耀兮,变化无常主。潏潏鼎沸驰兮,暴涌不休止。接连重叠累兮,犬牙相错距。形如仲冬冰兮,阑干吐钟乳。崔嵬而杂厕兮,交积相支拄。[81]阴阳得其配兮,淡泊而相守。青龙处房六兮,春华震东卯。白虎在昂七兮,秋芒兑西酉。朱雀在张二兮,正阳离南午。三者俱来朝兮,家属为亲侣。本之但二物兮,末而为三五。三五并与一兮,都集归二所。治之如上科兮,日数亦取甫。[82]先白而后黄兮,赤黑达表里。名曰第一鼎兮,食如大黍米。自然之所为兮,非有邪伪道。若山泽气相蒸兮,兴云而为雨。泥竭遂成尘兮,火灭化为土。若蘖染为黄兮,似蓝成绿组。皮革煮成胶兮,麹蘖化为酒。同类易施功兮,非种难为巧。惟斯之妙术兮,审谛不诳语。传于亿世后兮,昭然自可考。焕若星经汉兮,昺如水宗海。思之务令熟兮,反复视上下。千周灿彬彬兮,万遍将可睹。神明或告人兮,心灵乍自悟。探端索其绪兮,必得其门户。天道无适莫兮,常传与贤者。[83]

淳于叔通《参同契·鼎器歌》

圆三五,寸一分,口四八,两寸唇。长尺二,厚薄匀,腹脐三,坐垂温。阴在上,阳下奔,首尾武,中间文。始七十,终三旬,二百六,善调匀。阴火白,黄芽铅,两七聚,辅翼人。瞻理脑,定升玄,子处中,得安存。来去游,不出门,渐成大,情性纯。却归一,还本原,善爱敬,如君臣。至一周，甚辛勤，密防护，莫迷昏。途路远，复幽玄，若达此，会乾坤。刀圭霑，静魄魂，得长生，居仙村。乐道者，寻其根，审五行，定铢分。谛思之，不须论，深藏守，莫传文。御白鹤兮驾龙鳞，游太虚兮谒仙君，录天图兮号真人。[90后]

魏伯阳《参同契·五相类》

参同契者，敷陈梗概，不能纯一，泛滥而说，纤微未备，阙略仿佛。今更撰录，补塞遗脱，润色幽深，钩援相逮，旨意等齐，所趣不悖，故复作此，命《五相类》，则大易之情性尽矣。

五位相得而各有合

甲	丙	戊	庚	壬
沈石	武火	药	世金	真汞
三	二	五	四	一
木	火	土	金	水
乙	丁	己	辛	癸
浮石	文火	物	世银	真铅[84]

魏伯阳《参同契·后序》

大易情性，各如其度，黄老用究，较而可御，炉火之事，真有所据，三道由一，俱出径路。[85]枝茎华叶，果实垂布，正在根株，不失其素，诚心所言，审而不误。[86]

（原文取《正统道藏》本所收彭晓《分章通真义》为主，参酌朱熹《考异》、俞琰《发挥》等考订编次而成。）

二、《胎息经》原文

胎从伏气中结，气从有胎中息。气入身来为之生，神去离形为之死。知神气可以长生，固守虚无，以养神气。神行即气行，神住即气住。若欲长生，神气相注。心不动念，无来无去。不出不入，自然常住。勤而行之，是真道路。

（原文取《正统道藏》本所收幻真先生注所用之《胎息经》。）

三、《黄庭内景经》《黄庭外景经》分章原文

《上清黄庭内景经》

> 上清紫霞虚皇前，太上大道玉晨君。
> 闲居蕊珠作七言，散化五形变万神。
> 是为黄庭曰内篇，琴心三叠儛胎仙。
> 九气映明出霄间，神盖童子生紫烟。
> 是曰玉书可精研，咏之万过升三天。
> 千灾以消百病痊，不惮虎狼之凶残，
> 亦以却老年永延。（一）
> 上有魂灵下关元，左为少阳右太阴。
> 后有密户前生门，出日入月呼吸存。
> 四气所合列宿分，紫烟上下三素云。
> 灌溉五华植灵根，七液洞流冲庐间。
> 回紫抱黄入丹田，幽室内明照阳门。（二）
> 口为玉池太和官，漱咽灵液灾不干。
> 体生光华气香兰，却减百邪玉炼颜。
> 审能修之登广寒，昼夜不寐乃成真，
> 雷鸣电激神泯泯。（三）
> 黄庭内人服锦衣，紫华飞裙云气罗。

丹青绿条翠灵柯，七蕤玉籥闭两扉。

重扇金关密枢机，玄泉幽关高崔巍。

三田之中精气微，娇女窈窕翳霄晖。

重堂焕焕明八威，天庭地关列斧斤，

灵台盘固永不衰。（四）

中池内神服赤珠，丹锦云袍带虎符。

横津三寸灵所居，隐芝翳郁自相扶。（五）

天中之岳精谨修，云宅既清玉帝游。

通利道路无终休，眉号华盖覆明珠。

九幽日月洞空无，宅中有真常衣丹。

审能见之无疾患，赤珠灵裙华蒨粲。

舌下玄膺生死岸，出青入玄二气焕，

子若遇之升天汉。（六）

以上第一段。凡六章，五十六句，三百九十二字。

至道不烦决存真，泥丸百节皆有神。

发神苍华字太元，脑神精根字泥丸。

眼神明上字英玄，鼻神玉垄字灵坚。

耳神空闲字幽田，舌神通命字正伦。

齿神崿锋字罗千，一面之神宗泥丸。

泥丸九真皆有房，方圆一寸处此中。

同服紫衣飞罗裳，但思一部寿无穷。

非各别住俱脑中，列位次坐向外方，

所存在心自相当。（七）

心神丹元字守灵，肺神皓华字虚成。

肝神龙烟字含明，翳郁导烟主浊清。

273

肾神玄冥字育婴,脾神常在字魂停。

胆神龙曜字威明,六腑五脏神体精。

皆在心内运天经,昼夜存之自长生。(八)

肺部之宫似华盖,下有童子坐玉阙。

七元之子主调气,外应中岳鼻齐位。

素锦衣裳黄云带,喘息呼吸体不快。

急存白元和六气,神仙久视无灾害,
用之不已形不滞。(九)

心部之宫莲含华,下有童子丹元家。

主适寒热荣卫和,丹锦飞裳披玉罗。

金铃朱带坐婆娑,调血理命身不枯。

外应口舌吐五华,临绝呼之亦登苏,
久久行之飞太霞。(一〇)

肝部之中翠重里,下有青童神公子。

主诸关镜聪明始,青锦披裳佩玉铃。

和制魂魄津液平,外应眼目日月清。

百疴所钟存无英,同用七日自充盈。

垂绝念神死复生,摄魂还魄永无倾。(一一)

肾部之宫玄阙圆,中有童子冥上玄。

主诸六府九液源,外应两耳百液津。

苍锦云衣舞龙幡,上致明霞日月烟。

百病千灾急当存,两部水王对生门,
使人长生升九天。(一二)

脾部之宫属戊己,中有明童黄裳里。

消谷散气摄牙齿,是为太仓两明童。

坐在金台城九重,方圆一寸命门中。

主调百谷五味香,辟却虚羸无病伤。

外应尺宅气色芳，光华所生以表明。

黄锦玉衣带虎章，注念三老子轻翔，

长生高仙远死殃。（一三）

胆部之官六府精，中有童子曜威明。

雷电八振扬玉旌，龙旂横天掷火铃。

主诸气力摄虎兵，外应眼童鼻柱间。

脑发相扶亦俱鲜，九色锦衣绿华裙。

佩金带玉龙虎文，能存威明乘庆云，

役使万神朝三元。（一四）

脾长一尺掩太仓，中部老君治明堂。

厥字灵元名混康，治人百病消谷粮。

黄衣紫带龙虎章，长精益命赖君王。

三呼我名神自通，三老同坐各有朋。

或精或胎别执方，桃孩合延生华芒。

男女回九有桃康，道父道母对相望。

师父师母丹玄乡，可用存思登虚空。

殊途一会归要终，闭塞三关握固停。

含漱金醴吞玉英，遂至不饥三虫亡。

心意常和致欣昌，五岳之云气彭亨。

保灌玉庐以自偿，五形完坚无灾殃。（一五）

上睹三元如连珠，落落明景照九隅。

五灵夜烛焕八区，子存内皇与我游。

身披凤衣衔虎符，一至不久升虚无。

方寸之中念深藏，不方不圆闭牖窗。

三神还精老方壮，魂魄内守不争竞。

神生腹中衔玉当，灵注幽阙那得丧。

琳条万寻可荫仗，三魂自宁帝书命。（一六）

灵台郁蔼望黄野,三寸异室有上下。

间关营卫高玄受,洞房紫极灵门户。

是昔太上告我者,左神公子发神语,

右有白元并立处。明堂金匮玉房间,

上清真人当吾前。黄裳子丹气频烦,

借问何在两眉端。内侠日月列宿陈,

七曜九元冠生门。(一七)

三关之中精气深,九微之内幽且阴。

口为心关精神机,足为地关生命扉,

手为人关把盛衰。(一八)

若得三宫存玄丹,太一流珠安昆仑。

重中楼阁十二环,自高自下皆真人。

玉堂绛宇尽玄宫,璇玑玉衡色兰玕。

瞻望童子坐盘桓,问谁家子在我身。

此人何去入泥丸,千千百百自相连,

一一十十似重山。云仪玉华侠耳门,

赤帝黄老与己魂。三真扶胥共房津,

五斗焕明是七元。日月飞行六合间,

帝乡天中地户端,面部魂神皆相存。(一九)

呼吸元气以求仙,仙公公子已可前。

朱鸟吐缩白石源,结精育胞化生身。

留胎止精可长生,三气右回九道明。

正一含华乃充盈,遥望一心如罗星。

金室之下可不倾,延我白首反孩婴。(二〇)

琼室之中八素集,泥丸夫人当中立。

长谷玄乡绕郊邑,六龙散飞难分别。

长生至慎房中急,何为死作令神泣。

忽之祸乡三灵殁，但留吸气录子精。

寸田尺宅可治生，若当决海百渎倾。

叶去树枯失青青，气亡液漏非己形。

专闭御景乃长宁，保我泥丸三奇灵。

恬淡闭视内自明，物物不干泰而平。

恧矣匪事老复丁，思咏玉书入上清。（二一）

常念三房相通达，洞得视见无内外。

存漱五牙不饥渴，神华执巾六丁谒。

急守精室勿妄泄，闭而宝之可长活。

起自形中初不阔，三官近在易隐括。

虚无寂寂空中素，使形如是不当污。

九室正虚神明舍，存思百念视节度。

六府修治勿令故，行自翱翔入天路。（二二）

以上第二段。凡十六章，二百零二句，一千四百十四字。

治生之道了不烦，但修洞玄与玉篇。

兼行形中八景神，二十四真出自然。

高拱无为魂魄安，清静神见与我言。

安在紫房帏幙间，立坐室外三五玄。

烧香接手玉华前，共入太室璇玑门。

高研恬淡道之园，内视密盼尽睹真。

真人在己莫问邻，何处远索求因缘。（二三）

隐影藏形与世殊，含气养精口如朱。

带执性命守虚无，名入上清死录除。

三神之乐由隐居，倏欻游遨无遗忧。

羽服一整八风驱，控驾三素乘晨霞。

277

金辇正立从王舆,何不登山诵我书。

郁郁窈窕真人墟,入山何难故踌躇,

人间纷纷臭帑如。(二四)

五行相推反归一,三五合气九九节。

可用隐地回八术,伏牛幽阙罗品列。

三明出华生死际,洞房灵象斗日月。

父曰泥丸母雌一,三光焕照入子室。

能存玄真万事毕,一身精神不可失。(二五)

高奔日月吾上道,郁仪结璘善相保。

乃见玉清虚无老,可以回颜填血脑。

口衔灵芒携五皇,腰带虎箓佩金珰,

驾欻接生宴东蒙。(二六)

玄元上一魂魄炼,一之为物叵卒见。

须得至真始顾眄,至忌死气诸秽贱。

六神合集虚中宴,结珠固精养神根。

玉籥金籥常完坚,闭口屈舌食胎津,

使我遂炼获飞仙。(二七)

仙人道士非有神,积精累气以为真。

黄童妙音难可闻,玉书绛简赤丹文。

字曰真人巾金巾,负甲持符开七门。

火兵符图备灵关,前昂后卑高下陈。

执剑百丈舞锦幡,十绝盘空扇纷纭。

火铃冠霄队落烟,安在黄阙两眉间,

此非枝叶实是根。(二八)

紫清上皇大道君,太玄太和侠侍端。

化生万物使我仙,飞升十天驾玉轮。

昼夜七日思勿眠,子能行此可长存。

积功成炼非自然，是由精诚亦由专。

内守坚固真之真，虚中恬淡自致神。（二九）

百谷之实土地精，五味外美邪魔腥。

臭乱神明胎气零，那从反老得还婴。

三魂忽忽魄糜倾，何不食气太和精，

故能不死入黄宁。（三〇）

以上第三段。凡八章，八十三句，五百八十一字。

心典一体五藏王，动静念之道德行。

清洁善气自明光，坐起吾俱共栋梁。

昼日曜景暮闭藏，通利华精调阴阳。（三一）

经历六合隐卯酉，两肾之神主延寿。

转降适斗藏初九，知雄守雌可无老，

知白见黑急坐守。（三二）

肝气郁勃清且长，罗列六府生三光。

心精意专内不倾，上合三焦下玉浆。

玄液云行去臭香，治荡发齿炼五方。

取津玄膺入明堂，下溉喉咙神明通。

坐侍华盖游贵京，飘飖三帝席清凉。

五色云气纷青葱，闭目内眄自相望。

使心诸神还相崇，七玄英华开命门。

通利天道存玄根，百二十年犹可还。

过此守道诚独难，唯待九转八琼丹。

要复精思存七元，日月之华救老残，

肝气周流终无端。（三三）

肺之为气三焦起，视听幽冥候童子。

调理五华精发齿,三十六咽玉池里。

开通百脉血液始,颜色生光金玉泽。

齿坚发黑不知白,存此真神勿落落。

当忆此宫有坐席,众神合会转相索。（三四）

隐藏羽盖看天舍,朝拜太阳乐相呼。

明神八威正辟邪,脾神还归是胃家。

耽养灵根不复枯,闭塞命门保玉都。

万神方酢寿有余,是谓脾建在中宫。

五藏六腑神明主,上合天门入明堂。

守雌存雄顶三光,外方内圆神在中。

通利血脉五藏丰,骨青筋赤髓如霜。

脾救七窍去不祥,日月列布设阴阳。

两神相会化玉英,淡然无味天人粮。

子丹进馔肴正黄,乃曰琅膏及玉霜。

太上隐环八素琼,溉益八液肾受精。

伏于太阴见我形,扬风三玄出始青。

恍惚之间至清灵,坐于飚台见赤生。

逸城熙真养华荣,内盼沉默炼五形。

三气徘徊得神明,隐龙遁芝云琅英。

可以充饥使万灵,上盖玄玄下虎章。（三五）

沐浴盛洁弃肥熏,入室东向诵玉篇,

约得万遍义自鲜。散发无欲以长存,

五味皆至正气还,夷心寂闷勿烦冤。

过数已毕体神精,黄华玉女告子情。

真人既至使六丁,即授隐芝大洞经。

十读四拜朝太上,先谒太帝后北向。

黄庭内经玉书畅,授者曰师受者盟。

云锦凤罗金钮缠，以代割发肌肤全。

携手登山歃液丹，金书玉景乃可宣。

传得可授告三官，勿令七祖受冥患。

太上微言致神仙，不死之道此真文。（三六）

以上第四段。凡六章，九十六句，六百七十二字。

（一）《云笈七签》梁丘子分章本作：上清章第一

（二）上有章第二　　　　　　（三）口为章第三

（四）黄庭章第四　　　　　　（五）中池章第五

（六）天中章第六　　　　　　（七）至道章第七

（八）心神章第八　　　　　　（九）肺部章第九

（一〇）心部章第十　　　　　（一一）肝部章第十一

（一二）肾部章第十二　　　　（一三）脾部章第十三

（一四）胆部章第十四　　　　（一五）脾长章第十五

（一六）上睹章第十六　　　　（一七）灵台章第十七

（一八）三关章第十八　　　　（一九）若得章第十九

（二十）呼吸章第二十　　　　（二一）琼室章第廿一

（二二）常念章第廿二　　　　（二三）治生章第廿三

（二四）隐形章第廿四　　　　（二五）五形章第廿五

（二六）高奔章第廿六　　　　（二七）玄元章第廿七

（二八）仙人章第廿八　　　　（二九）紫清章第廿九

（三〇）百谷章第三十　　　　（三一）心典章第卅一

（三二）经历章第卅二　　　　（三三）肝气章第卅三

（三四）肺气章第卅四　　　　（三五）隐藏章第卅五

（三六）沐浴章第卅六

《太上黄庭外景经》

老君闲居作七言，解说身形及诸神。

上有黄庭下关元，后有幽阙前命门。

呼吸庐间入丹田，玉池清水灌灵根，

审能修之可长存。黄庭中人衣朱衣，

关元茂籥阖两扉，幽阙侠之高巍巍。

丹田之中精气微，玉池清水上生肥，

灵根坚固老不衰。中池有士服赤朱，

横下三寸神所居。中外相距重闭之，

神庐之中当修治。玄膺气管受精符，

急固子精以自持。宅中有士常衣绛，

子能见之可不病。横理长尺约其上，

子能守之可无恙。呼吸庐间以自偿，

保守完坚身受庆。方寸之中谨盖藏，

精神还归老复壮。心结幽阙流下竟，

养子玉树令可仗。至道不烦无旁午，

灵台通天临中野。方寸之中间关下，

玉房之中神门户。既是公子教我者，

明堂四达法海源，真人子丹当吾前。

三关之中精气深，子欲不死修昆仑。

绛宫重楼十二环，琼室之中五色集。

赤神之子中池立，下有长城玄谷邑。

长生要慎房中急，弃捐淫欲专守精。

寸田尺宅可治生，繫子长留心安宁。

观志游神三奇灵，行闲无事心太平。

常存玉房神明达，时思太仓不饥渴。

役使六丁玉女谒，闭子精门可长活。

正室堂前神所舍，洗心自治无败洿。

历观五藏视节度，六府修治洁如素，

虚无自然道之固。物有自然道不烦，

垂拱无为身体安，虚无之居在帏间。

寂寞廓然口不言，修和独立真人官。

恬然无欲游德园，清净香洁玉女前，

修德明达神之门。（一）

作道优游深独居，扶养性命守虚无。

恬然自乐何思虑，羽翼已具正扶骨。

长生久视乃飞去，五行参差同根蒂。

三五合气其本一，谁与共之斗日月。

抱玉怀珠和子室，子能守一万事毕。

子自有之持无失，即欲不死入金室。

出日入月是吾道，天七地三回相守。

升降进退合乃久，玉石落落是吾宝，

子自有之何不守。心晓根基养华彩，

服天顺地合藏精。七日之午回相合。

昆仑之上不迷误。九原之山何亭亭，

中有真人可使令。蔽以紫宫丹城楼，

侠以日月如明珠，万岁昭昭非有期。

外本三阳物自来，内拘三神可长生。

魂欲上天魄入渊，还魂返魄道自然。

庶几结珠固灵根，玉筦金篇身完坚。

戴地悬天周乾坤，象以四时赤如丹。

前仰后卑列其门，送以还丹与玄泉。

象龟引气致灵根，中有真人巾金巾。

负甲持符开七门,此非枝叶实是根,

昼夜思之可长存。仙人道士非异有,

积精所致和专仁。人尽食谷与五味,

独食太和阴阳气,故能不死天相溉。

诚说五藏各有方,心为国主五藏王。

受意动静气得行,道自将我神明光。

昼日昭昭夜自守,渴可得浆饥自饱。

经历六府藏卯酉,通我精华调阴阳。

转阳之阴藏于九,常能行之可不老。

肝之为气修而长,罗列五藏主三光。

上合三焦下玉浆,我神魂魄在中央。

精液流泉去臭香,立于玄膺舍明堂。

雷电霹雳往相闻,右酉左卯是吾室。(二)

伏于玄门候天道,近在子身还自守。

清静无为神留止,精神上下关分理。

精候天道长生草,七窍已通不知老。

还坐天门候阴阳,下于喉咙神明通。

过华盖下清且凉,入清灵渊见吾形。

期成还年可长生,还过华池动肾精。

立于明堂望丹田,将使诸神开命门。

通利天道存灵根,阴阳列布若流星。

肝气周还终无端,肺之为气三焦起。

上坐天门候故道,津液醴泉通六府。

随鼻上下开二耳,窥视天地存童子。

调和精华治发齿,颜色光泽不复白。

下于喉咙何落落,诸神皆会相求索。

下入绛宫紫华色,隐藏华盖观通庐。

专守心神转相呼，观我神明辟诸邪。

脾神还归依大家，致于胃管通虚无。

藏养灵根不复枯，闭塞命门如玉都，

寿传百岁年有余。脾中之神主中宫，

朝会五藏列三光。上合天门合明堂，

通利六府调五行。金木水火土为王，

通利血脉汗为浆，修护七窍去不祥。

二神相得化玉英，上禀天气命益长，

日月列布张阴阳。五藏之主肾最精，

伏于太阴成吾形。出入二窍合黄庭，

呼吸虚无见吾形。强我筋骨血脉盛，

恍惚不见过青灵，坐于庐下见小童。

内息思存神明光，出于天门入无间。

恬淡无欲养华茎，服食玄气可遂生。

还过七门饮大渊，道我悬膺过青灵。

坐于膺间见小童，问于仙道与奇方。

服食芝草紫华英，头戴白素足丹田。

沐浴华池生灵根，三府相得开命门。

五味皆至善气还，被发行之可长存。

大道荡荡心勿烦，吾言毕矣慎勿传。（三）

（一）《云笈七签》务成子本此段为上部经第一

（二）中部经第二

（三）下部经第三

（原文取《正统道藏》本所收《云笈七签》中《黄庭内景经》、《黄庭外景经》及其分章，而《黄庭内景经》更为合成四段。）

四、《入药镜》原文

先天炁	后天炁	得之者	常似醉	日有合	月有合	穷戊己
定庚申	上鹊桥	下鹊桥	天应星	地应潮	起巽风	运坤火
入黄房	成至宝	水怕乾	火怕寒	差毫发	不成丹	铅龙升
汞虎降	驱二物	勿纵放	产在坤	种在乾	但至诚	法自然
盗天地	夺造化	攒五行	会八卦	水真水	火真火	水火交
永不老	水能流	水能焰	在身中	自可验	是性命	非神气
水乡铅	只一味	归根窍	复命关	贯尾闾	通泥丸	真橐籥
真鼎炉	无中有	有中无	托黄婆	媒姹女	轻轻地	默默举
一日内	十二时	意所到	皆可为	饮刀圭	窥天巧	辨朔望
知昏晓	识浮沉	明主客	要聚会	莫间隔	采药时	调火功
受气吉	防成凶	火候足	莫伤丹	天地灵	造化悭	初结胎
看本命	终脱胎	看四正	密密行	句句应		

(原文取《正统道藏》本所收混然子注所用之《入药镜》。)

五、整理《悟真篇》原文

目录

五言凡一首

　　——象取太乙

　　以上象取九九数,共八十一首

西江月凡一十二首

　　——象取十二律吕

附：歌颂乐府及杂言等凡七首

　绝句凡五首

　　——象取五行

　西江月凡一首

　　——象取禅几

　读《周易参同契》凡一文

　　——象取简易

　　总上象取十十数,共百首

禅宗歌颂

　性地颂凡六首

　无罪福

　三界唯心

　见物便见心

　圆通

　随他

　宝月

　心经颂

　人我

　读雪窦禅师《祖英集》

　戒定慧解

　即心是佛颂

　采珠歌

禅定指迷歌

无心颂

西江月凡一十二首

　　以上象取四八数，共三十二首

后叙

自序

　　嗟夫！人身难得，光景易迁，罔测短修，安逃业报。不自及早省悟，惟只甘分待终，若临歧一念有差，堕三涂恶趣，则动经尘劫，无有出期。当此之时，虽悔何及。故老释以性命学开方便门，教人修种以逃生死。释氏以空寂为宗，若顿悟圆通，则直超彼岸，如其习漏未尽，则尚徇于有生。老氏以炼养为真，若得其要枢，则立跻圣位，如其未明本性，则犹滞于幻形。其次《周易》有穷理尽性至命之辞，《鲁语》有毋意必固我之说，此又仲尼极臻乎性命之奥也。然其言之常略而不至于详者何也？盖欲序正人伦，施仁义礼乐之教，故于无为之道未尝显言，但以命术寓诸易象，性法混诸微言耳。至于庄子推穷物累逍遥之性，孟子善养浩然之气，皆切几之。迨夫汉魏伯阳引易道交姤之体，作《参同契》以明大丹之作用。唐忠国师于语录首叙老庄言，以显至道之本末。如此岂非教虽分三，道乃归一。奈何后世黄缁之流各自专门，互相非是，致使三家宗要迷没邪歧，不能混一而同归矣。且今人以道门尚于修命，而不知修命之法理出两端，有易遇而难成者，有难遇而易成者。如炼五芽之气，服七耀之光，注想按摩，纳清吐浊，念经持咒，噀水叱符，叩齿集神，休妻绝粒，存神闭息运眉间之思，补脑还精习房中之术，以至服炼金石草木之类，皆易遇而难成。以上诸法，于修身之道率多灭裂，故施力虽多而求效莫验。若勤心苦志，日夕修持，止可以辟病，免其非横，一旦不行，则前功渐弃。此乃迁延岁月，事必难成，欲望一得永得，还婴返老，变化飞升，不亦难乎？深可痛伤。盖近世修行之徒妄有执著,不悟妙法之真,却怨神仙谩语。殊不知成道者皆因炼金丹而得,恐泄天机,遂托数事为名。其中惟闭息一法,如能忘机绝虑,即与二乘坐禅颇同。若勤而行之,可以入定出神。奈何精神属阴,宅舍难固,不免长用迁徙之法,既未得金汞还返之道,又岂能回阳换骨,白日而升天哉。夫炼金液还丹者,则难遇而易成,要须洞晓阴阳,深达造化,方能超二气于黄道,会三性于元宫,攒簇五行,和合四象,龙吟虎啸,夫倡妇随,玉鼎汤煎,金炉火炽,始得玄珠有象,太乙归真,都来片饷工夫,永保无穷逸乐。至若防危虑险,慎于运用抽添,养正持盈,要在守雌抱一。自然复阳生之气,剥阴杀之形,节气既周,脱胎神化,名题仙籍,位号真人,此乃大丈夫功成名遂之时也。今之学者,有取铅汞为二气,指藏府为五行,分心肾为坎离,以肝肺为龙虎,用神气为子母,执津液为铅汞。不识浮沉,宁分主客,何异认他财为己物,呼别姓为亲儿,又岂知金木相克之幽微,阴阳互用之奥妙。是皆日月失道,铅汞异炉,欲望结成还丹,不亦远乎。仆幼亲善道,涉猎三教经书,以至刑法书算、医卜战阵、天文地理、吉凶死生之术,靡不留心详究。惟金丹一法,阅尽群经及诸家歌诗论契,皆云日魂月魄、庚虎甲龙、水银朱砂、白金黑锡、坎男离女能成金液还丹,终不言真铅真汞是何物色,不说火候法度、温养指归。加以后世迷徒恣其臆说,将先圣典教妄行笺注,乖讹万状,不唯紊乱仙经,抑亦惑误后学。仆以至人未遇,口诀难逢,遂至寝食不安,精神疲悴,虽询求遍于海岳,请益尽于贤愚,皆莫能通晓真宗,开照心腑。后至熙宁二年己酉岁,因随龙图陆公入成都,以凤志不回,初诚愈恪,遂感真人授金丹药物火候之诀。其言甚简,其要不繁,可谓指流知源,语一悟百,雾开日莹,尘尽鉴明,校之仙经,若合符契。因念世之学仙者十有八九,而达真要者未闻一二。仆既遇真筌,安敢隐默,罄所得成律诗九九八十一首,号曰《悟真篇》。内七言四韵一十六首,以表二八之数;绝句六十四首,按《周易》诸卦;五言一首,以象太乙;续添《西江月》一十二首,以周岁律。其如鼎器尊卑,药物斤两,火候进退,主客后先,存亡有无,吉凶悔吝,悉备其中矣。于本源真觉之性有所未尽,又作为歌颂乐府及杂言等附之卷末,庶几达本明性之道,尽于此矣。所期同志者览之,则见末而悟本,舍妄以从真。

时熙宁乙卯岁旦天台张伯端平叔叙。

七言四韵　凡一十六首

一　　不求大道出迷涂　　纵负贤才岂丈夫
　　　百岁光阴石火烁　　一生身世水泡浮
　　　只贪利禄求荣显　　不顾形容暗悴枯
　　　试问堆金等山岳　　无常买得不来无

二　　人生虽有百年期　　寿夭穷通莫预知
　　　昨日街头犹走马　　今朝棺内已眠尸
　　　妻财遗下非君有　　罪业将行难自欺
　　　大药不求争得遇　　遇之不炼是愚痴

三　　学仙须是学天仙　　惟有金丹最的端
　　　二物会时情性合　　五行全处虎龙蟠
　　　本因戊己为媒娉　　遂使夫妻镇合欢
　　　只候功成朝北阙　　九霞光里驾祥鸾

四　　此法真中妙更真　　都缘我独异于人
　　　自知颠倒由离坎　　谁识浮沉定主宾
　　　金鼎欲留朱里汞　　玉池先下水中银
　　　神功运火非终夕　　现出深潭日一轮

五　　虎跃龙腾风浪粗　　中央正位产玄珠
　　　果生枝上终期熟　　子在胞中岂有殊
　　　南北宗源翻卦象　　晨昏火候合天枢
　　　须知大隐居廛市　　何必深山守静孤

六　　人人尽有长生药　　自是愚迷枉摆抛

	甘露降时天地合	黄芽生处坎离交
	井蛙应谓无龙窟	篱鹓争知有凤巢
	丹熟自然金满屋	何须寻草学烧茅
七	要知产药川源处	只在西南是本乡
	铅遇癸生须急采	金逢望远不堪尝
	送归土釜牢封闭	次入流珠厮配当
	药重一斤须二八	调停火候托阴阳
八	休炼三黄及四神	若寻众药便非真
	阴阳得类归交感	二八相当自合亲
	潭底日红阴怪灭	山头月白药苗新
	时人要识真铅汞	不是凡砂及水银
九	莫把孤阴为有阳	独修一物转羸尪
	劳形按引皆非道	炼气餐霞总是狂
	毕世谩求铅汞伏	何时得见虎龙降
	劝君穷取生身处	返本还元是药王
十	好把真铅著意寻	莫教容易度光阴
	但将地魄擒朱汞	自有天魂制水金
	可谓道高龙虎伏	堪言德重鬼神钦
	已知寿永齐天地	烦恼无由更上心
十一	黄芽白雪不难寻	达者须凭德行深
	四象五行全借土	三元八卦岂离壬
	炼成灵质人难识	消尽阴魔鬼莫侵
	欲向人间留秘诀	未闻一个是知音
十二	草木阴阳亦两齐	若还缺一不芳菲
	初开绿叶阳先唱	次发红花阴后随
	常道只斯为日用	真源返覆有谁知
	报言学道诸君子	不识阴阳莫强嗤

十三　不识玄中颠倒颠　争知火里好栽莲
　　　牵将白虎归家养　产个明珠似月圆
　　　谩守药炉看火候　但看神息任天然
　　　群阴剥尽丹成熟　跳出凡笼寿万年

十四　三五一都三个字　古今明者实然稀
　　　东三南二同成五　北一西方四共之
　　　戊己自居生数五　三家相见结婴儿
　　　婴儿是一含真炁　十月胎圆入圣基

十五　不识真铅正祖宗　万般作用枉施功
　　　休妻谩遣阴阳隔　绝粒徒教肠胃空
　　　草木金银皆滓质　云霞日月属朦胧
　　　更饶吐纳并存想　总与金丹事不同

十六　万卷仙经话总同　金丹只此是根宗
　　　依他坤位生成体　种向乾家交感宫
　　　莫怪天机俱漏泄　都缘学者尽迷蒙
　　　若人了得诗中意　立见三清太上翁

绝句　凡六十四首

一　先把乾坤为鼎器　次抟乌兔药来烹
　　既驱二物归黄道　争得金丹不解生
二　安炉立鼎法乾坤　锻炼精华制魄魂
　　聚散细缊为变化　敢将玄妙等闲论
三　休泥丹灶费工夫　炼药须寻偃月炉
　　自有天然真火用　不须柴炭及吹嘘
四　偃月炉中玉蕊生　朱砂鼎内水银平
　　只因火力调和后　种得黄芽渐长成
五　咽津纳气是人行　有药方能造化生

鼎内若无真种子　犹将水火煮空铛

六　调和铅汞要成丹　大小无伤两国全

若问真铅是何物　蟾光终日照西川

七　未炼还丹莫入山　山中内外尽非铅

此般至宝家家有　自是愚人识不全

八　竹破须将竹补宜　覆雏当用子为之

万般非类徒劳力　争似真铅合圣机

九　用铅不得用凡铅　用了真铅也弃捐

此是用铅真妙诀　用铅不用是诚言

十　虚心实腹义俱深　只为虚心要识心

莫若炼铅先实腹　且教守取满堂金

十一　梦谒西华到九天　真人授我指玄篇

其中简易无多语　只是教人炼汞铅

十二　道自虚无生一炁　便从一炁产阴阳

阴阳再合生三体　三体重生万物昌

十三　坎电烹轰金水方　火发昆仑阴与阳

二物若还和合了　自然丹熟遍身香

十四　离坎若还无戊己　虽含四象不成丹

只缘彼此怀真土　遂使金丹有返还

十五　日居离位翻为女　坎配蟾宫却是男

不会个中颠倒意　休将管见事高谈

十六　取将坎位中心实　点化离宫腹里阴

从此变成乾健体　潜藏飞跃尽由心

十七　震龙汞自出离乡　兑虎铅生在坎方

二物总因儿产母　五行全要入中央

十八　赤龙黑虎各西东　四象交加戊己中

复姤自兹能运用　金丹谁道不成功

十九	西山白虎正猖狂	东海青龙不可当
	两兽捉来令死斗	炼成一块紫金霜
二十	华岳山头雄虎啸	扶桑海底牝龙吟
	黄婆自解相媒合	遣作夫妻共一心
二十一	月才天际半轮明	早有龙吟虎啸声
	便好用心修二八	一时辰内管丹成
二十二	先且观天明五贼	次须察地以安民
	民安国富方求战	战罢方能见圣君
二十三	用将须分左右军	饶他为主我为宾
	大凡临阵休轻敌	恐丧吾家无价珍
二十四	木生于火本藏锋	不会钻研莫强攻
	祸发只因斯害已	要须制伏觅金翁
二十五	金翁本是东家子	送回西邻寄体生
	认得唤来归舍养	配将姹女作亲情
二十六	姹女游从自有方	前行须短退须长
	归来却入黄婆舍	嫁于金翁作老郎
二十七	纵识朱砂及黑铅	不知火候也如闲
	大都全借维持力	毫发差殊不作丹
二十八	契论经歌讲至真	不将火候著于文
	要知口诀通玄处	须共神仙仔细论
二十九	八月十五玩蟾辉	正是金精壮盛时
	若到一阳来起复	便堪进火莫延迟
三十	一阳才动作丹时	铅鼎温温照幌帷
	受气之初容易识	抽添运用且防危
三十一	玄珠有象逐阳生	阳极阴消渐剥形
	十月霜飞丹始熟	恁时神鬼也须惊
三十二	前弦之后后弦前	药味平平气象全

　　　　　采得归来炉里锻　　　锻成温养似烹鲜

三十三　长男乍饮西方水　　　少女初开北地花
　　　　　若使青娥相见后　　　一时关锁住黄家

三十四　兔鸡之月及其时　　　刑德临门药象之
　　　　　到此金砂须沐浴　　　若还加火必倾危

三十五　日月三旬一遇逢　　　以时易日法神功
　　　　　守城野战知凶吉　　　增得灵砂满鼎红

三十六　否泰才交万物盈　　　屯蒙二卦受生成
　　　　　个中得意休求象　　　若究群爻谩役情

三十七　卦中设象本仪形　　　得象忘言意自明
　　　　　后世迷徒惟泥象　　　却行卦炁望飞升

三十八　天地盈虚自有时　　　审观消息始知机
　　　　　由来庚甲申明令　　　杀尽三尸道可期

三十九　要得谷神长不死　　　须凭玄牝立根基
　　　　　元精既返黄金室　　　一颗灵光永不离

四十　　玄牝之门世罕知　　　休将口鼻妄施为
　　　　　饶君吐纳经千载　　　争得金乌搦兔儿

四十一　异名同出少人知　　　两者玄玄是要机
　　　　　保命全形明损益　　　紫金丹药最灵奇

四十二　始之有作无人见　　　及至无为众始知
　　　　　但见无为为要道　　　岂知有作是根基

四十三　黑中有白为丹母　　　雄里藏雌是圣胎
　　　　　太一在炉宜守慎　　　三田聚宝应三台

四十四　恍惚之中寻有象　　　杳冥之内觅真精
　　　　　有无从此自相入　　　未见如何想得成

四十五　四象会时玄体就　　　五行全处紫金明
　　　　　脱胎入口通身圣　　　无限龙神尽失惊

四十六	华池饮罢月凝辉	跨个金龙访紫微
	从此众仙相识后	海潮陵谷任迁移
四十七	要知金液还丹法	须向家园下种栽
	不假吹嘘并著力	自然丹熟脱真胎
四十八	徒施巧伪为功力	认取他家不死方
	壶内旋添留命酒	鼎中收取返魂浆
四十九	雪山一味好醍醐	倾入东阳造化炉
	若过昆仑西北去	张骞方得见麻姑
五十	不识阳精及主宾	知他那个是疏亲
	房中空闭尾闾穴	误杀阎浮多少人
五十一	万物芸芸各返根	返根复命即长存
	知常返本人难会	妄作招凶众所闻
五十二	欧冶亲传铸剑方	莫耶金水配柔刚
	炼成便会知人意	万里诛妖一电光
五十三	敲竹唤龟吞玉芝	鼓琴招凤饮刀圭
	近来透体金光现	不与常人话此规
五十四	药逢气类方成象	道合希夷即自然
	一粒金丹吞入腹	始知我命不由天
五十五	赫赤金丹一日成	古仙垂语实堪听
	若言九载三年者	尽是推延款日程
五十六	大药修之有易难	也知由我亦由天
	若非积行施功德	动有群魔作障缘
五十七	三才相盗食其时	此是神仙道德机
	万化既安诸虑息	百骸俱理证无为
五十八	阴符宝字逾三百	道德灵文止五千
	今古上仙无限数	尽于此处达真诠
五十九	饶君聪慧过颜闵	不遇师传莫强猜

　　　　　　只为丹经无口诀　　教君何处结灵胎

六十　　　了了心猿方寸机　　三千功行与天齐
　　　　　自然有鼎烹龙虎　　何必担家恋子妻

六十一　　未炼还丹须急炼　　炼了还须知止足
　　　　　若也持盈未已心　　不免一朝遭殆辱

六十二　　须将死户为生户　　莫执生门号死门
　　　　　若会杀机明返覆　　始知害里却生恩

六十三　　祸福由来互倚伏　　还如影响相随逐
　　　　　若能转此生杀机　　反掌之间灾变福

六十四　　修行混俗且和光　　圆即圆兮方即方
　　　　　显晦逆从人莫测　　教人争得见行藏

五言　凡一首

　　　　　　女子著青衣　　郎君披素练
　　　　　　见之不可用　　用之不可见
　　　　　　恍惚里相逢　　杳冥中有变
　　　　　　一霎火焰飞　　真人自出现

西江月　凡一十二首

一　　　　内药还如外药　　内通外亦须通
　　　　　丹头和合类相同　　温养万般作用
　　　　　内有天然真火　　炉中赫赫长红
　　　　　外炉增减要勤功　　妙绝无过真种

二　　　　此道至神至圣　　忧君分薄难消
　　　　　调和铅鼎不终朝　　早睹玄珠形兆
　　　　　志士若能修炼　　何拘在市居朝
　　　　　工夫容易药非遥　　说破人须失笑

三　　白虎首经至宝　华池神水真金
　　　故知上善利源深　不比寻常药品
　　　若要修成九转　先须炼己持心
　　　依时采取定浮沉　进火须防危甚

四　　七返朱砂返本　九还金液还真
　　　休将寅子数坤申　但看五行成准
　　　本是水银一味　周流经历诸辰
　　　阴阳气足自然灵　出入岂离玄牝

五　　若要真铅留汞　亲中不离家臣
　　　木金间隔会无因　须假黄婆媒娉
　　　木性爱金顺义　金情恋木慈仁
　　　相吞相啖却相亲　始觉男儿有孕

六　　二八谁家姹女　九三何处郎君
　　　自称木液与金精　遇土方成三姓
　　　更假丁公锻炼　夫妻始结欢情
　　　河车不敢暂留停　运入昆仑峰顶

七　　牛女情缘道合　龟蛇类禀天然
　　　蟾乌遇朔合婵娟　二气相资运转
　　　总是乾坤妙用　谁能达此深渊
　　　阴阳否隔即成愆　怎得天长地远

八　　雄里内含雌质　负阴抱却阳精
　　　两般和合药方成　点化魄纤魂胜
　　　信道金丹一粒　蛇吞立化龙形
　　　鸡餐亦乃变鸾鹏　飞入青阳真境

九　　天地才经否泰　朝昏好识屯蒙
　　　辐来凑毂水朝宗　妙在抽添运用
　　　得一万般皆毕　休分南北西东

298

损之又损慎前功　命宝不宜轻弄

十　　冬至一阳来复　三旬增一阳爻

月中复卦朔晨超　望罢乾终姤兆

日又别为寒暑　阳生复起中宵

午时姤象一阴朝　炼药须知昏晓

十一　德行修逾八百　阴功积满三千

均齐物我与亲冤　始合神仙本愿

虎兕刀兵不害　无常火宅难牵

宝符降后去朝天　稳驾鸾车凤辇

十二　不辨五行四象　那分朱汞铅银

修丹火候未曾闻　早便称呼居隐

不肯自思己错　更将错路教人

误他永劫在迷津　似恁欺心安忍

附：歌颂乐府及杂言等　凡七首

绝　句　凡五首

一　　饶君了悟真如性　未免抛身却入身

何似更兼修大药　顿超无漏作真人

二　　投胎夺舍及移居　旧住名为四果徒

若解降龙并伏虎　真金起屋几时枯

三　　鉴形闭气思神法　初出艰难后坦途

倏忽虽能游万国　奈何弃旧却移居

四　　释氏教人修极乐　亦缘极乐是金方

大都色相惟兹实　余二非真谩度量

五　　俗语常言合圣道　宜向其中细寻讨

能将日用颠倒求　天地尘沙尽成宝

西　江　月　凡一首

丹是色身至宝　炼成变化无穷

更能性上究真宗　决了无生妙用

不待他身后世　见前获佛神通

自从龙女著斯功　尔后谁能继踵

读《周易参同契》　凡一首

大丹妙用法乾坤，乾坤运兮五行分。五行顺兮，常道有生有死。五行逆兮，丹体常灵常存。一自虚无兆质，两仪固一开根，四象不离二体，八卦互为祖孙。万象生乎变动，吉凶悔吝兹分。百姓日用不知，圣人能究本源。顾易道妙尽乾坤之理，遂托象于斯文。否泰交则阴阳或升或降，屯蒙作则动静在朝在昏。坎离为男女水火，震兑乃龙虎魄魂。守中则黄裳元吉，遇亢则无位而尊。既未慎万物之终始，复姤昭二炁之归奔。月亏盈，应精神之衰旺，日出没，合荣卫之寒温。本立言以明象，既得象以忘言。犹设象以指意，悟其意则象捐。达者惟简惟易，迷者愈惑愈繁。故知修真上士，读《参同契》不在乎泥象执文。

禅宗歌颂

夫学道之人，不通性理，独修金丹，如此既性命之道未备，则运心不普，物我难齐，又焉能究竟圆通，迥超三界。故《楞严经》云："有十种仙，皆于人中炼心，坚固精粹，寿千万岁。若不修正觉三昧，则报尽还来，散入诸趣。"是以弥勒菩萨《金刚经颂》云："饶君百万劫，终久落空亡。"故此《悟真篇》中，先以神仙命术诱其修炼，次以诸佛妙用广其神通，终以真如觉性遣其幻妄，而归于究竟空寂之本源矣。

性　地　颂

一　　佛性非同异　千灯共一光

300

增之宁解溢　　减著且无伤

取舍皆为过　　焚漂总不妨

见闻知觉法　　无一可猜量

二　　如来妙体遍河沙　　万象森罗无障遮

会得圆通真法眼　　始知三界是吾家

三　　视之不可见其形　　及至呼之又却应

莫道此声如谷响　　若还无谷有何声

四　　一物含闻见觉知　　盖诸尘境显其机

灵常一物尚非有　　四者凭何作所依

五　　不移一步到西天　　端坐诸方在目前

项后有光犹是幻　　云生足下未为仙

六　　求生本自无生　　畏灭何曾暂灭

眼见不如耳见　　口说争如鼻说

无　罪　福

终日行不曾行　　终日坐何曾坐

修善不成功德　　造恶元无罪过

时人若未明心　　莫执此言乱做

死后须见阎王　　难免镬汤碓磨

三　界　惟　心

三界惟心妙理　　万物非此非彼

无一物非我心　　无一物是我己

见物便见心

见物便见心　　无物心不现

十方通塞中　　真心无不遍

若生知识解　　却成颠倒见

睹境能无心　　始见菩提面

圆　　通

见了真空空不空　　圆明何处不圆通
根尘心法都无物　　妙用方知与物同

随　　他

万物纵横在目前　　随他动静任哗谨
圆明定慧终无染　　似水生莲莲自干

宝　　月

一轮明月当虚空　　万国清光无障碍
收之不聚拨不开　　前之不进后不退
彼非远兮此非近　　表非外兮里非内
同中有异异中同　　问你傀儡会不会

心　经　颂

蕴谛根尘空色　　都无一法堪言
颠倒之见已尽　　寂静之体儵然

人　　我

我不异人　　人心自异
人有亲疏　　我无彼此
水陆飞行　　等观一体
贵贱尊卑　　首足同己
我尚非我　　何尝有你
彼此俱无　　众泡归水

读雪窦禅师《祖英集》

　　曹溪一水分千派，照古澄今无滞碍，近来学者不穷源，妄指蹄洼为大海。雪窦老师达真趣，大震雷音推法鼓。狮王哮吼出窟来，百兽千邪皆恐惧。或歌诗，或语句，丁宁指引迷人路。言辞磊落义高深，击玉敲金响千古。争奈迷人逐境留，却将言相寻名数。真如实相本无言，无下无高无有边。非色非空非二体，十方尘刹一轮圆。正定何曾分语默，取不得兮舍不得。但于诸相不留心，即是如来真轨则。为除妄相将真对，妄若不生真亦晦。能知真妄两俱非，方得真心无挂碍。无挂碍兮能自在，一悟顿消穷劫罪。不施功力证菩提，从此永离生死海。吾师近而言语畅，留在世间为榜样。昨宵被我唤将来，把鼻孔穿放杖上。问他第一义如何，却道有言皆是谤。

戒 定 慧 解

夫戒定慧者，乃法中之妙用也。佛祖虽尝有言，而未达者有所执。今略而言之，庶资开悟。然其心境二忘，一念不动曰戒；觉性圆明，内外莹彻曰定；随缘应物，妙用无穷曰慧。此三者相须而成，互为体用。或戒之为体者，则定慧为其用；定之为体者，则戒慧为其用；慧之为体者，则戒定为其用。三者未尝斯须相离也，犹如日假光而能照，光假照以能明，非光则不能照，非照则不能明。原其戒定慧者，本乎一性，光照明者，本乎一日。一尚非一，三复何三，三一俱忘，湛然清静。

即 心 是 佛 颂

佛即心兮心即佛，心佛从来皆妄物。若知无佛复无心，始是真如法身佛。法身佛，没模样，一颗圆光舍万象。无体之体即真体，无相之相即实相。非色非空非不空，不动不静不来往。无异无同无有无，难取难舍难听望。内外圆通到处通，一佛国在一沙中。一粒沙含大千界，一个身心万个同。知之须会无心法，不染不滞为净业。善恶千端无所为，便是南无及迦叶。

采 珠 歌

贫儿衣中珠，本自圆明好，不会自寻求，却数他人宝。数他宝，终无益，只是教君空费力。争如认取自家珍，价直黄金千万亿。此宝珠，光最大，遍照三千大千界。从来不解少分毫，刚被浮云为障碍。自从认得此摩尼,泡体空花谁更爱。佛珠还与我珠同,我性即归佛性海。珠非珠,海非海,坦然心量包法界。任你尘嚣满眼前,定慧圆明常自在。不是空,不是色,内外皎然无壅塞。六通神慧妙无穷,自利利他宁解极。见即了,万事毕,绝学无为度终日。怕兮如未兆婴儿,动止随缘无固必。不断妄,不修真,真妄之心总属尘。从来万法皆无相,无相之中有法身。法身即是天真佛,亦非人兮亦非物。浩然充塞天地间,只是希夷并恍惚。垢不染,光自明,无法不从心里生。心若不生法自灭,即知罪福本无形。无佛修,无法说,丈夫智见自然别。出言便作狮子鸣,不似野子论生灭。

禅定指迷歌

如来禅性如水,体静风波自止,兴居湛湛常清,不独坐时方是。今人静坐取证,不道全在见性,性于见里若明,见向性中自定。定成慧用无穷,是名诸佛神通,几欲究其体用,但见十方虚空。空中杳无一物,亦无希夷恍惚,希恍既不可寻,寻之却成乖失。只此乖失两字,不可执为凭据,本心尚乃如空,岂有得失能所。但将万法遣除,遣令净尽无余,豁然圆明自现,便与诸佛无殊。色身为我桎梏,且恁和光混俗,举动一切无心,争甚是非荣辱。生身只是寄居,逆旅主号毗卢,毗卢不来不去,乃知生灭无余,或问毗卢何似,只为有相不是。眼前叶叶尘尘,尘叶非同非异,况此尘尘叶叶,个个释迦迦叶。异则万籁皆鸣,同则一风都摄,若要认得摩尼,莫道得法方知。有病用他药疗,病差药更何施,心迷须假法照,心悟法更不要。又如昏镜得磨,痕垢自然灭了,本为心法皆妄,故令离尽诸相,诸相离了何如,是名至真无上。若欲庄严佛土,平等行慈救苦,菩提本愿虽深,切莫相中有取。此为福慧双圆,当来授记居先,断常纤尘有染,却于诸佛无缘。翻念凡夫迷执,尽被情爱染习,只为贪著情多,常生胎卵化湿。学道须教猛烈,无情心刚似铁,直饶父母妻儿,又与他人何别。常守一颗圆光,不见可欲思量,万法一时无著,说甚地狱天堂。然后我命在我,空中无升无堕,出没诸佛土中,不离菩提本座。观音三十二应,我当亦从中证,化现不可思议,尽出逍遥之性。我是无心禅客,凡事不会拣择,昔时一个黑牛,今日浑身总白。有时自歌自笑,傍人道我神少,争知被褐之形,内怀无价之宝。更若见我谈空,恰似囫囵吞枣,此法唯佛能知,凡愚岂解相表。兼有修禅上人,只学斗口合唇,夸我问答敏急,却元不识主人。盖是寻枝摘叶,不解穷究本根,得根枝叶自茂,无根枝叶难存。便逞已握灵珠,转于人我难除,与我灵源妙觉,远隔千里之殊。此辈可伤可笑,空说积年学道,心高不肯问人,枉使一生虚老。乃是愚迷钝根,邪见业重为因,若向此生不悟,后世争免沉沦。

无 心 颂

堪笑我心,如顽如鄙,兀兀腾腾,任物安委。不解修行,亦不造罪,不曾利人,亦不私己。不持戒律,不徇忌讳,不知礼乐,不行仁义。人间所能,百无一会,饥来吃饭,渴来饮水。困则打睡,觉则行履,热则单衣,寒则盖被。无思无量,何忧何喜,不悔不谋,无念无意。死生荣辱,逆旅而已,林木栖鸟,亦可为比。来且不禁,去亦不止,不避不求,无赞无毁。不厌丑恶,不羡善美,不趣静室,不远闹市。不说人非,不夸己是,不厚尊崇,不薄贱稚。亲爱冤仇,大小内外,哀乐得丧,钦悔险易,心无两睹,坦然一揆。不为福先,不为祸始,感而后应,迫而后起。不畏锋刀,焉怕虎兕,随物称呼,岂拘名字。眼不就色,声不来耳,凡所有相,皆属妄伪。男女形声,悉非定体,体相无心,不染不碍,自在逍遥,物莫能累。妙觉光圆,映彻表里,包裹六极,无有遐迩。光兮非兮,如月在水,取舍既难,复何比拟。了兹妙用,迥然超彼,或问所宗,此而已矣。

西 江 月

一　　妄想不复强灭　真如何必希求

　　本源自性佛齐修　迷悟岂拘前后

　　悟即刹那成佛　　迷时万劫沦流
　　若能一念契真修　　灭尽恒沙罪垢

二　　本自无生无灭　　强作生灭区分
　　只如罪福亦无根　　妙体何曾增损
　　我有一轮明镜　　从来只为蒙昏
　　今朝磨莹照乾坤　　万象昭然难隐

三　　我性入诸佛性　　诸方佛性皆然
　　亭亭寒影照寒泉　　一月千潭普现
　　小即毫毛莫识　　大时遍满三千
　　高低不约信方圆　　说甚短长深浅

四　　法法法元无法　　空空空亦非空
　　静喧语默本来同　　梦里何劳说梦
　　有用用中无用　　无功功里施功
　　还如果熟自然红　　莫问如何修种

五　　善恶一时忘念　　荣枯都不关心
　　晦明隐显任浮沉　　随分饥餐渴饮
　　神静湛然常寂　　不妨坐卧歌吟
　　一池秋水碧仍深　　风动莫惊尽恁

六　　对境不须强灭　　假名权立菩提
　　色空明暗本来齐　　真妄休分两体
　　悟即便名净土　　更无天竺曹溪
　　谁言极乐在天西　　了即弥陀出世

七　　人我众生寿者　　宁分彼此高低
　　法身通照没吾伊　　念念不须寻觅
　　见是何曾见是　　闻非未必闻非
　　从来诸用不相知　　生死谁能碍你

八　　住相修行布施　　果报不离天人

恰如仰箭射浮云　　坠落只缘力尽

争似无为实相　　还源返朴归淳

境忘情尽任天真　　以证无生法忍

九　　鱼兔若还入手　　自然忘却筌蹄

渡河筏子上天梯　　到彼悉皆遗弃

未悟须凭言说　　悟来言说成非

虽然四句属无为　　此等仍须脱离

十　　悟了莫求寂灭　　随缘且接群迷

断常知见及提携　　方便指归实际

五眼三身四智　　六度万行修齐

圆光一颗好摩尼　　利物兼能自济

十一　　我见时人谈性　　只夸口急酬机

及逢境界转痴迷　　又与愚人何异

说得便须行得　　方名言行无亏

能将慧剑斩摩尼　　此号如来正智

十二　　欲了无生妙道　　莫非自见真心

真身无相亦无音　　清净法身只恁

此道非无非有　　非中亦莫求寻

二边俱遗弃中心　　见了名为上品

后叙

窃以人之生也，皆缘妄情而有其身，有其身则有患，若其无身，患从何有。夫欲免夫患者，莫若体夫至道，欲体夫至道，莫若明夫本心。故心者，道之体也，道者，心之用也。人能察心观性，则圆明之体自现，无为之用自成，不假施功，顿超彼岸。此非心镜朗然，神珠廓明，则何以使诸相顿离，纤尘不染，心源自在，决定无生者哉。然其明心体道之士，身不能累其性，境不能乱其真，则刀兵乌能伤，虎兕乌能害，巨焚大浸乌足为虞。达人心若明镜,鉴而不纳,随机应物,和而不唱,故能持物而无伤也,此所谓无上至真之妙道也。原其道本无名,圣人强名,道本无言,圣人强言耳。然则名言若寂,则时流无以识其体而归其真。是以圣人设教立言以显其道,故道因言而后显,言因道而返忘。奈何此道至妙至微,世人根性迷钝,执其有身而恶死悦生,故卒难了悟。黄老悲其贪著,乃以修生之术顺其所欲,渐次导之。以修生之要在金丹,金丹之要在乎神水华池,故《道德》《阴符》之教得以盛行于世,有益人悦其生也。然其言隐而理奥,学者虽讽诵其文,皆莫晓其义,若不遇至人授之口诀,纵揣量百种,终莫能著其功而成其事。岂非学者纷如牛毛,而达者乃如麟角也。伯端向己酉岁于成都遇师授丹法,当年且主公倾背,自后三传与人,三遭祸患,皆不逾两旬。近方忆师之所戒云,异日有与汝解缰脱锁者,当宜授之,余不许。尔后欲解名籍,而患此道人不知信,遂撰此《悟真篇》叙丹药本末。既成而求学者凑然而来,观而意勤,心不甚怪,乃择而授之。然而所授者,皆非有巨势强力能持危拯溺、慷慨特达、能仁明道之士。初再罹患,心犹未知,竟至于三,乃省前过。故知大丹之法,至简至易,虽愚昧小人得而行之,则立超圣地,是以天意秘惜,不许轻传于非其人也。而伯端不遵师语,屡泄天机,以其有身,故每膺谴患,此天之深戒如此之神且速,敢不恐惧克责。自今以往,当钳口结舌,虽鼎镬居前,刀剑加项,亦无复敢言矣。此《悟真篇》中,所歌咏大丹、药物、火候细微之旨,无不备悉,好事者夙有仙骨,观之则智虑自明,可以寻文解义,岂须伯端区区之口授之矣。如此乃天之所赐,非伯端之趣传也。其如篇末歌颂谈见性之法,即上之所谓无为妙觉之道也。然无为之道,齐物为心,虽显秘要,终无过咎。奈何凡夫缘业有厚薄,性根有利钝,纵闻一音,纷成异见,故释迦文殊所演法宝,无非一乘,而听学者随量会解,自然成三乘之差。此后若有根性猛利之士见闻此篇,则知伯端得达磨六祖最上一乘之妙旨,可因一言而悟万法也。如其习气尚余,则归中小之见，亦非伯端之咎矣。

时皇宋元丰改元戊午岁仲夏月戊寅日天台张伯端平叔再叙。

（原文取《正统道藏》本所收《修真十书》之《悟真篇》及《禅宗歌颂》整理而成。）

后　记

　　《易老与养生》是潘雨廷先生晚年的重要著作,于一九八七年十月应出版社之约,穷数月之力而成。此书写作时间虽短,却体系谨严、思想缜密,包含了潘先生晚年思想的精粹。

　　在中国传统学术整体中,养生学相当于《周易·系辞下》所谓"近取诸身"。然而深入认识养生不仅相关于"近取诸身",还相关于"远取诸物",仰观俯察乃至"以通神明之德,以类万物之情"皆关涉于此,实际上是中国古代文化认识宇宙、世界之内在角度。养生问题贯穿整个中国思想史和文化史,而理解养生学也成为理解中国文化乃至东方文化的一把钥匙。以人类文明而言,其核心内容之一是达成自我认识(know thyself),对此东西方文化实有不同之取径。中国养生学于此积累了丰富的实践和文献,有重要的借鉴意义。中国养生学源远流长,随着时代思潮变化不断加深其内涵。潘雨廷先生本书结合东西方文化,总结数百年文化交流之成果,是近代养生学最重要著作之一,在认识论上有超越前人之处。

　　潘雨廷先生写作时见到的易老原文以一九七三年出土的马王堆帛书为最早,《易》的卦象则以殷墟周原所得的数字卦为最早,本书所

310

作的相关论断以此为基。本书言:"李耳出关至秦遇关尹强作《道德经》事未可全信","传本《道德经》决非全属李耳之言","总结李耳思想及百余年来发展情况以写成《道德经》,太史儋为最大可能者"。今观一九九三年新出土郭店楚简所得的战国中期《老子》原文,其基本思想仍同,故本书结论依然具有参考价值。

此书写成后,因种种原因未立即出版。潘雨廷先生一度准备抽取其中部分内容另成《修习〈参同契〉、〈黄庭经〉、〈悟真篇〉的体验》一书,但仍未出版。今恢复本来书名,以存原貌。原书写作时间较短,以后又因忙于其他工作而未及更定,整理时有所修治。

张文江

1999 年 4 月 22 日

修订本补记

　　潘雨廷先生晚年感慨说："我三十年所读的书，用三十年来不及写。"他以易学史、道教史为主线，同时从事几个论题，冒出新的想法就作出调整，因此留下很多未成稿。《易老与养生》是少数完整写成的著作之一，有其特殊的价值。如果说，传统养生学以结合印度文化、倡导三教合一的《悟真篇》为集大成的话，那么本书结合西方文化，以多维空间理论为基础，开辟了一条新时代的道路。

　　本书第一章至第四章，总论易老与养生。其中有二节尤其应该注意：一、"通贯古今的三才易学——整体易和科学易"，二、"养生的理论和实践"。潘先生提出多维空间理论，有其严密的推导过程，然而中间环节有所亡佚。在这两节中，作者叙述了主要的逻辑线索，列出了关键性图表。有志者或能据此线索，恢复其缺省的内容，更有所演进。第五章至第六章，介绍中国历代的养生文献。养生学以先秦为其源头，此后历述五部典籍，三长两短，篇篇有其精义。这部分内容，曾取名为《修习〈参同契〉、〈黄庭经〉、〈悟真篇〉的体验》，一度拟单独出版。其中《考订编次〈参同契〉原文》，透彻解析了原始文本，发前人所未发，是现代研究《参同契》最令人心动的成就。

《易老与养生》写于 1987 年 9 至 10 月间,前后不满五十天,约二十五万字的著作,几乎一气呵成。2001 年,此书和《易学史发微》一起,编入"火凤凰"丛书,由复旦大学出版社出版。本次重版,核对了部分引文,校正了一些错失。

张文江

2011 年 10 月 12 日